강한 시민사회
강한 민주주의

사회를 문명화하고 민주주의를
강하게 만드는 방법을 찾아서

강한 시민사회
강한 민주주의

초판 1쇄 인쇄 2025년 12월 1일
초판 1쇄 발행 2025년 12월 10일

지은이 벤저민 R. 바버
옮긴이 이선향
펴낸이 천정한
펴낸곳 도서출판 정한책방

출판등록 2019년 4월 10일 제446-25100201900036호
주소 충북 괴산군 청천면 청천10길 4
전화 070-7724-4005
팩스 02-6971-8784
블로그 http://blog.naver.com/junghanbooks
이메일 junghanbooks@naver.com

ISBN 979-11-991627-6-1 (03300)

- 책값은 뒤표지에 적혀 있습니다.
- 잘못 만든 책은 구입하신 서점에서 바꾸어 드립니다.
- 이 책의 일부 또는 전부를 재사용하려면 반드시 저작권자와
  도서출판 정한책방의 동의를 얻어야 합니다.

강한 시민사회 강한 민주주의

벤저민 R. 바버 지음
이선향 옮김

우리를 위한 공간

- 사회를 문명화하고 민주주의를 강하게 만드는 방법을 찾아서 -

리(Leah)에게 이 책을 바친다.
그가 만들어낸 "우리를 위한 공간"은
단순한 책 제목 이상의 의미다.

차례

머리말   8

01 시민사회의 세 가지 유형   25

자유주의적 관점: 사적 영역과 동의어로서의 시민사회   34

공동체주의적 관점: 공동체와 동의어로서의 시민사회   45

강건한 민주주의적 관점: 정부와 시장 사이에 존재하는
                   영역으로서의 시민사회   66

02 시민의 사회적 공간: 강건하고 민주적인 시민사회 만들기   75

03 시민사회 활성화를 위한 실천 전략   133

공공의 공간   145
새로운 공공 의사 전달의 기술   153
글로벌 경제의 생산   171
글로벌 경제와 소비   191
시민 교육과 공동체 봉사   199
시민사회의 예술과 인문학   203

04 시민사회의 의사소통과 담론   215

05 시간, 일, 여가의 재구성: 235
시민사회는 민주주의를 위해 무엇을 해야 하는가

옮긴이의 글   282
찾아보기   289

머리말

우리가 살고 있는 세계, 새로운 밀레니엄을 막 시작한 이 세계는 점점 더 복잡해지고 있다. 인구 폭증, 지독한 혼란, 참혹한 전쟁 그리고 비참한 종속 상황이 이어지고 있다. 실제로 이러한 혼란, 갈등, 소외, 관료제와 시장에 의한 일상생활의 식민화, 전통적 직종의 쇠퇴, 의미 있는 직업의 소멸의 영향하에 신음하고 있기 때문에, 우리는 오히려 스스로를 공동으로 통치할 수 있는 공간을 허망하게 희구하기도 한다. 즉, 살아갈 만한 안락한 공간을 확보하고 서로 간의 차이를 중재할 수 있거나 시민성에 기대어 그 차이를 극복할 수 있는 공동의 터전을 찾아내고, 내부의 다면적 속성을 상업과 소비주의에 중독된 생활에 굴복시키지 않기를 바라는 것이다. 우리를 위한 공간의 확보, 이것이 모두가 바라는 것이다. '당신'과 '나', 즉 공동체 안에서의 '우리'를 충분히 표현할 수 있도록 허락된 실질적 터전이자, 추상적인 '우리'를 통해 당신과 나의 과거를 끌어당기는 흔적을 발견할 수 있는 공간이다.

월트 휘트먼(Walt Whitman)은 위대한 미국적 추상성을 인간적 요소로 환원하여 대비시키면서 그러한 흔적을 다음과 같이 표현했다.

오, 나는 이 아메리카가 바로 당신과 나라는 감동을 맛보네.
그 권력, 무기, 심판이 바로 당신과 나이며,
그 범죄, 거짓, 도둑질, 변절도 당신과 나이고,
그 의회도 당신과 나이며, 경찰, 의사당, 군대,
함선도 모두 당신과 나이며……
자연적인 것과 인공적인 것이 당신과 나이며,
자유, 언어, 시, 직업도 당신과 나이고,
과거, 현재, 미래도 당신과 나다.
감히 나는 이러한 나 자신의 어느 한 부분도 회피하지 못하며,

미국의 좋은 면이나 나쁜 면,
그 어느 것의 한 부분도 피할 수 없다네.[1]

자유로운 국가에서 조성된 이상적인 시민적 구조에서 '당신과 나'의 상호성을 조화시키는 공간이 바로 시민사회다. 이 개념은 정부나 사적 시장이 주권을 행사하지 않는, 자유로운 사회생활이 이루어지는 독립적인 영역을 의미한다. 이 영역에 속하는 가족, 친족 집단, 교회, 공동체 안에서 우리는 서로 연관되는 공동의 활동을 통해 스스로를 창조한다. 이러한 '제3섹터'(나머지 둘은 국가와 시장이다)는 경제적 생산자 및 소비자로서의 특수한 개별성과 주권 국가 구성원으로서의 추상적인 집단성을 매개한다. 철학자 마이클 왈처(Michael Walzer)의 말을 빌리면 시민사회는 "비강제적인 인간적 결사체의 공간이고, 가족, 신념, 이해관계, 이데올로기 등을 위해 만들어진 일련의 관계망이 그 공간을 채우고 있다".[2] 그러나 문제는 비강제적인 결사체의 공간을 채우고 있는 가족과 신념의 관계망 그 자체가 종종 강제성을 발휘한다는 점이다. 이러한 역설은 내가 설명하는 모든 유형

---

[1] Walt Whitman, "By Blue Ontario's Shore", *Leaves of Grass*.
[2] Michael Walzer, "The Idea of Civil Society", *The Kettering Review*, Winter 1997, p. 8. 원문은 1990년 스웨덴에서 열린 강연 Gunnar Myrdal Lecture의 연설문이고, 《디센트》지에 1991년 발표되었다.

의 시민사회의 핵심적 특징이기도 하다.

모든 정치적 구성물과 마찬가지로 시민사회 역시 단일한 의미나 유일한 이데올로기 내용만을 갖고 있는 것이 아니다. 수없이 다양한 시대와 장소에서 시민사회는 아주 많은 일을 했고, 많은 역할을 수행했다. 전체주의적 공산주의 국가와 파시스트 국가에서 시민사회는 상상 속에 존재하는 미래의 자유의 땅이었고, 반체제 인사와 저항자에게는 반란을 기획하는 데 필요한 순수한 활력소가 됐다. 중앙집권화된 국가의 경우 시민사회는 고대 자치도시의 자유를 상상하게 만들어줌으로써 보수주의자들에게는 국가중심주의에 저항할 수 있는 직접적인 수단이 됐다. (그러므로 토크빌(Alexis de Tocqueville)은 《앙시앵 레짐과 프랑스혁명》에서 옛 프랑스의 지방의회가 누렸던 전통적인 자유를 칭송했던 것이다. 그는 프랑스혁명에 의해서뿐만 아니라 부르봉 왕조의 중앙집권 국가에 의해서도 그러한 전통이 파괴되었음을 비판했다.)

자유주의자들 역시 정부의 거대화에 대한 경종을 울리는 데 시민사회를 이용해왔다. 1996년 빌 클린턴(Bill Clinton, 미국 42대 대통령(1993~2001)) 대통령은 의회 연설에서 거대 정부 시대의 종말을 선언했다. 그 선언은 20년간 거대 정부를 공격해온 보수주의 운동에 대해 진보주의적 정당성을 확실하게 부여하는 의미를 지니는 셈이었다. 그러나 정부에 대한 저항이 반드시 시민사회를 위한 프로그램을 만들어낸다는 뜻은 아니다.

과격한 경제적 보수주의자들의 정부 해체 요구는 시장 옹호론과 더불어 제기되고 있다. 시장이 아무리 개인적이고 탐욕스럽고 비시민적이라고 하더라도, 보수주의자들에게 있어 시장은 시민사회와 동의어다. 사람들이 정부 관료제의 전횡을 참지 못한다는 점은 이해할 만하다. 그러나 그 대체물로 시장을 제안하는 논리에 굴복할 경우, 총체적인 민영화를 완전히 받아들여야 하는 위험을 감수해야 한다. 민영화란 도움이 절실한 사람들을 불확실한 시장의 자비에 의존하도록 방치하는 것이며, 민주적 협력을 통한 해결을 구하는 사람들로부터 공동 의지를 찾아 실천하기 위한 공적 수단을 빼앗아버리는 결과를 초래한다.

큰 정부는 항상 약자의 동맹이 돼주었다. 그러한 정부의 축소는 일반적으로 사적 영역의 독점 권력을 향상하기 위한 처방으로 작용해왔다. 교실 안에서 활개 치는 패거리들은 복도에 설치되어 있는 감시용 카메라의 정당성에 늘 의문을 제기하게 마련이다. 최근 미국의 민주당이나 공화당 양측 모두 '현재 수준의 복지'를 폐지하려고 시도함으로써 정부 정책은 쉽게 변할 수 있다. 결과적으로 말해서 그러한 움직임으로 인해 도움이 절실한 사람들을 가장 위험한 상태로 방치해버리는 셈이다.

이 책은 시민사회의 이상을 반(反)정치 운동에 이용하려는 자포자기한 정치인과, 시민사회를 민영화와 동의어로 사용하면서 시장만이 모든 사회악을 치유할 수 있다고 주장하는 자유방임주의자에 대한 도전으로 기획된 것이다. 나의 논리적 전제 – 그리고 희망 – 는 '군주와 상인', 즉 큰 정부와 완전히 사적인 상업시장의 양극단 사이에 놓여 있는 시민 영역 안에서만, 공적 영역과 사적 영역 사이, 공동체와 개인 사이, 그리고 공적 공동체의 권력과 사적 개인의 자유 사이에서만 서로 화해할 수 있다는 것이다. 시민사회의 이상은 '군주'를 민주화시킬 수 있고, 이와 동시에 정부를 다시금 정당화할 수 있다. 결국 정부는 시민의 편이 되고, 우리는 상인들을 길들일 수 있을 것이다.

시민사회는 민주적 정부의 대안이 아니라, 오히려 민주적 행태가 육성되고 민주적 행위가 이루어지는 자유로운 공간이다. 시민사회는 사적 시장과 동의어가 아니라, 상업적 이기성과 시장의 야만성에 대한 해독제다. 시민사회는 민주정부를 시민적 결사체의 최고 형태로 인식한다. 즉, 모든 결사체 중 최고의 결사체다. 자유의 이름으로 행해지는 공동 행위는 가장 일반적 수준에서 이루어진다. 그러므로 시민의 부흥은 민주적 부흥을 의미하는 것이다. 토크빌이 시민적 결사체에 대한 미국 청년들의 열정적 관심을 목격하고 감명받았을 때, 일찍이 이기적 행위와 민주적 시민의식 간의 관계를 완전히 이해하면서 다음과 같이 썼다.

> 미국 주민 중 일부는 세상을 발전시키려는 견해나 감정을 가지자마자 상호원조를 추구하고, 서로에 대해 인식하자마자 단결한다. 바로 그 순간부터 그들은 더 이상 고립된 존재가 아니다. 그러나 권력은 저 멀리 있다.⋯⋯ 그러므로 시민적 협력의 사례를 통해 시민들은 자신들이 상호의존함으로써 권력을 갖게 된다는 의식을 기를 수 있다. 이러한 노력이 시민권을 행사하는 훈련의 기회가 되는 것이다.[3]

시민사회는 자립이 아닌 상호의존을 통해 종속의 폐해를 치유한다. 능동적인 우리로 함께 뭉침으로써 시민사회는 마침내 당신과 나의 영역이 된다.

이렇게 주장한다고 해서 시민사회의 이상이 역사상 새로운 것이라는 의미는 아니다. 오늘날 시민사회론의 추세는 사회적

---

3 알렉시 드 토크빌, 《아메리카의 민주주의》, 아카넷, 2018.

혁신의 유혹에 빠지지 않으면서 과거의 사상을 재생시키는 데 관심을 두고 있다. 강력한 소수의 미디어가 지배하는 시대에 접어들면서 존 로크(John Locke), 헤겔(G.W.F. Hegel), 마르크스(Karl Marx)의 영향에 심취한 지식인의 신비주의적 집착에서 벗어나 서구의 시민사회는 실제로도 김이 빠져버린 것처럼 – 그다지 생각을 많이 하지 않는 열광자 대부분에게는 – 이데올로기적으로 매우 유연해진 우아한 유행어가 되어버렸다.

공동체주의, 시민적 공화주의, 신뢰, 자유시장, 시민적 덕목 등과 같은 용어를 통해 시민사회를 환기시키려는 사람들은 스스로 새로운 정치적 선택의 메뉴를 개발하는 중이라고 생각한다. 그러나 그러한 선택의 근거는 여전히 충분하지 않다. 이 책의 한 가지 목표는 바로 정치적 선택의 근거를 구체적이고 명확하게 제시하려는 것이다. 다른 한편, 시민사회의 새로운 처방을 엉망으로 망치고 있는 사람들은 시민사회의 의미보다는 그 새로움에 대한 관심에 훨씬 더 많은 정치적 비용을 지불하는 실정이다. 시민들이 시민사회에 관심을 기울이는 것은 분명한 이유가 있는 것이므로 그러한 새롭고, 솔깃하게 만들고, 때로는 공허한 이상에 대해서는 회의를 품을 수밖에 없다.

최근 미국에서 시민사회에 대해 새로운 관심을 불러일으키려는 여러 노력은 시민사회에 대한 희망과 냉소를 동시에 끌어내고 있다. 개인들이 참여하여 기금을 조성한 '시민부흥을 위한 전국위원회(National Commission on Civil Renewal)' 같은 '가치 있는' 프로젝트에 대해 누구도 노골적으로 적대적인 입장을 취하지 못한다. (누가 과연 그것을 가치 없다고 말할 수 있겠는가?) 이 단체는 윌리엄 베넷(William Bennett)과 상원의원 샘 넌(Sam Nunn)이 공동 의장을 맡았고, 민주, 공화 양당이 협력하는 민간 기구의 성격을 갖고 있다. 이것은 1996~1997년 청문회를 개최하고, 논집을 발간했으며, 입장을 담은 보고서를 간행했다.[4] 또한 '미국 미래에 관한 의장단 회의(Presidents' Summit on America's Future)'는 콜린 파월(Colin Powell) 장군이 대표를 맡은 자원봉사 단체의 전국 회의로, 1997년 4월 필라델피아에서 자원봉사 주간을 선포했다. 그리고 어린이들을 위한 봉사를 목표로 설정했다. 그 밖에 미디어로 하여금 나쁜 뉴스 보도와 좋은 뉴스 보도의 균형을 맞출 것을 권고하고 인종범죄, 유괴, 아동학대, 살인 등 비도덕적인 일상적 사건을 보도할 때 동시에 지역사회의 시민 참여에 관한 일화도 열심히 소개하도록 하는 운동을 전개함으로써 새로운 추세의 '시민의 언론'이 등장했다.

---

[4] 이들 연구 보고서 중 일부는 이 책의 초판에 수록되었다.

그러나 이러한 프로그램 자체가 병으로 찌든 몸에 바르는 화장품보다 좋은 것이라고 주장하는 사람들은 거의 없는 실정이다. '민주, 공화 양당에 협조적인', 시민사회의 언어로 주로 사용되는 근사한 형용사인 '비정치적인' 특징을 갖추려는 노력은 우리 시대처럼 정치에 회의적인 시대에는 칭송받을 만한 것일 수도 있다. 그러나 한편으로는 현실적인 문제를 회피하기 위한 명목주의 내지는 공허한 노력에 불과할 수도 있다. 이데올로기적 주장은 이익 갈등의 표현이며, 갈등은 정치가 존재하는 이유다. 장자크 루소(Jean-Jacques Rousseau)가 지적했듯이, 조화롭게 살아가는 천사에게는 정치가 애당초 필요 없을 것이다.

시민사회 개념의 '중립적' 허세에도 불구하고 갈등을 피할 수 없다는 것이 진실이다. 평온하고 비당파적이라고 믿어지는 현실의 표면 바로 아래에서 시민사회의 핵심을 둘러싼 투쟁이 벌어진다. 결국 이데올로기적 설득에 전적으로 몰두하는 열정적인 당파주의자들에 의해 시민사회의 이념이 지배당할 수밖에 없다. 대표적인 당파주의, 예를 들면 전형적인 전체주의적 정부에 저항하는 유럽의 좌파들, 정치적 신념을 훼손시키지 않는 정부를 대안으로 추구하는 신자유주의적 중도파로 분류되는 새로운 민주당파들, 일종의 자유시장 이념을 사회적으로 과

대 포장하려는 자유방임주의적 경제적 자유주의자들, 그리고 복지국가를 최소화하고 국가를 개인주의적 윤리 공화국으로 대치하려는 목표를 추구하고 가족 가치를 내세우는 반동적 우파로 분류되는 공화파 등이다.[5] 시민사회의 개념이 그와 같이 다양하게 활용될 수 있어서 아마 비당파적이라기보다는 다양한 당파성을 담고 있다고 이해해야 할 것이다.

이와 비슷하게 애매한 방식으로 이해되는 사례는 많다. 시민사회 개념은 토크빌이 미국의 앤드루 잭슨(Andrew Jackson)을 방문했던 시대에 그 개념이 명확해질 수 있었던 것처럼, 자유주의 국가의 로크적 토대를 벗어버리고자 하는 사람들에 의해서도 사용되었고, 또 동유럽이나 라틴아메리카의 독재 정부에 대한 급진적 저항 세력이나 시민 저항의 기반을 상상 속의 유토피아적 미래에서 찾으려는 사람들에 의해서도 사용되어왔다.[6]

시민사회론의 다양한 당파성은 계급복지에 관한 진부한 담

---

5 *The New Democrat*, 7(2)(March/April 1995), 시민사회 특집호 참조, 그리고 George Liebmann, *The Little Platoons: Local Governments in Modern History*(1995)에서는 중도좌파적 시각에서 설명하고 있다. 또한 우파적 입장은 다음을 참조하면 된다. 상원의원 Dan Coats, "Can Congress Revive Civil Society?" Policy Review, Jan./Feb. 1996, 그리고 Peter Berger and John Neuhaus, *To Empower People: The Role of Mediating Structures in Public Policy*(1977)는 이 문제에 관한 고전적인 작품으로서 새로운 재판이 나왔다.

6 이러한 정신에서 브로니슬라프 게레멕(Bronislaw Geremek)은 다음과 같이 쓰고 있다. "시민사회의 개념은 중유럽과 동유럽에서 공산주의에 대한 저항이 전개되는 시대에 꽤 늦게 등장한 셈이었다. …… 그것은 1970년대 말과 1980년대 폴란드에서 일종의 저항 프로그램으로 등장했다." "Civil Society and the Present Age", *in The Idea of Civil Society*(1992), p.11.

론으로부터 어느 정도 벗어날 수 있는 전망을 분명하게 제시해 주었다. 19세기 초기 산업사회의 계급 현실에 근거한 이데올로기적 논쟁은 21세기 탈산업적 정보사회의 경제적, 사회적 위기와는 점점 더 어울리지 않게 되었다. 그러나 이데올로기와 전혀 관련을 맺지 않는다면 시민사회의 이념은 정치적 영역에서 영향력을 잃을 것이고, 이익 갈등을 애매하게 만들어버리고, 권력의 문제를 희석해버리는 문제점에 직면한다. 결국 평등과 사회적 정의는 모호해지고 논의의 핵심에서 밀려나는 것이다. 모든 당파에 구원을 약속하는 전망은 아무 전망도 제시할 수 없다. 모든 사람을 위한 정치는 의미 없는 정치뿐이다. 이미 언급한 것처럼 정치는 차이를 전제한다. 시민사회에 관한 서로 다른 이데올로기적 접근을 검토하는 과정에서 나는 그 핵심적 의미를 포기하려는 것이 아니라, 그 이념을 분석하여 최소한 그 정치적 경계를 복원시킬 수 있기를 바란다.

시민사회에 관한 담론은 최근 미국에서 사회구성원의 의식, 사회적 신뢰, 사회적 자본이 점점 쇠락하는 현실을 둘러싸고 활발한 논쟁이 이루어진 덕분에 더 많은 관심을 얻고 있다. 이 문제는 로버트 퍼트넘(Robert Putnam), 프랜시스 후쿠야마(Francis Fukuyama), 아미타이 에치오니(Amitai Etzioni), 마이클 샌델(Michael Sandel), 윌리엄 베넷, 상원의원 댄 코츠(Dan Coats), 해리 보이트(Harry Boyte) 등의 작업에서 활발하게 논의되었다.[7] 여러 가지 주장이 경쟁적으로 제기되고 있지만, 어떤 확실한 추세가 있음을 부인하기는 어렵다. 최근 미국에서는 대통령 선거라도 참여율이 대부분 50%에도 미치지 못한다. 이 수치는 역대 최고 투표율에 비해 거의 30%나 하락한 것이다. 뿐만 아니라 교사-학부모협의회(Parent-Teacher Associations) 등 상징적인 시민단체 참여율도 지난 30년간 절반 정도로 떨어지고 있다.[8] 많은 사람이 주장하듯이 전통적인 자발적 시민적 결사체에 대한 참여가 이런 식으로 저조해진다면, 또 투표율이 이 정도로 하락한다면, 사회적 신뢰가 위기에 처한다면, 그리고 이러한

---

[7] Robert Putnam, "Bowling Alone: America's Declining Social Capital", *Journal of Democracy*, 6(1): 65(jan. 1995); Francis Fukuyama, *Trust: Social Virtues and the Creation of Prosperity*(1995); Amitai Etzioni, ed., *New Communitarian Thinking*(1995); Michael Sandel, *Democracy's Discontent: In Search of a Public Philosophy*(1996); Joseph S. Nye, Jr., Philip Zelikow, and David King, eds., Why People *Don't Trust Government*(1997). 이와 관련된 주장들은 다음의 문헌에서도 찾아볼 수 있다. Dan Coats, *Policy Review*, Jan./Feb. 1996; Harry Boyte and Benjamin Barber, *Civic Declaration—A Call for a New Citizenship: A New Citizenship Project of the American Civic Forum*, Dec. 9, 1994. 또 케터링재단(Kettering Foundation)의 특별 연구 보고서, Harry Boyte and Nancy Kiri, *Building Ameria: The Democratic Promise of Public Work*(1996) 참조. 신뢰와 구성원 의식의 '쇠퇴'에 대한 책임은 논쟁거리다. 특히 포럼에서 퍼트넘이 이 논쟁을 제기했다. 이 논쟁에 관해서는 다음의 글 참조. The American Prospect, Winter 1996.

[8] 전국 PTA 회원은 1960년 1,200만 명에서 1990년 700만 명으로 감소했다. 퍼트넘의 자료는 회원 집단의 전반적인 현상을 상징적으로 보여주는 것이다. 그는 AARP(American Association of Retired Persons), 시에라클럽(Sierra Club, 미국의 환경보호 단체) 등 기본적으로 회비 납부만이 '활동'의 전부인 수동적인 회원으로 운영되는 조직에서는 다른 추세를 보인다고 지적했다.

모든 현상이 우리가 시민사회로 지칭하는 것과 어떤 식으로든지 연관되어 있다면, 민주주의의 생존 그 자체를 위해 시민사회에 대한 치유와 처방이 필수적으로 선행되어야 하는 상황인 것이다.

   클린턴 대통령의 "사회적 파열을 방지한다"라는 약속은 구체적으로 말하자면 시민사회의 전망에 관한 것이다. 그렇지 않다면 그것은 아무런 의미도 없다. 독재 정부에서 민주 정부로의 과도기를 통과하는 사회에서 지도자가 저항을 정당화하기 위해 이러한 전망을 제시할 때, 그들 역시 시민사회를 민주주의 발전에 필수 불가결한 것으로 인식하는 것이다. 그러나 이러한 입장은 시민사회가 실제로 무엇을 의미하는가에 관한 명확한 이해가 관건이다. 시민사회에 대한 추상적인 이해가 아니라 일상의 관행 속에서 어떤 의미를 지니는지 이해하는 것이 핵심이다. 즉, 과거와 현재, 미국과 유럽, 혁명론자와 보수주의자 등 매우 다양한 맥락에서의 이해가 중요하다. 우리는 사회조직에 대한 설명으로서뿐만 아니라, 사회가 어떻게 이상적으로 조직되어야 하며 아직 자유롭지 못한 사회의 민주화를 촉진하거나 현실 민주주의의 병폐를 우리가 어떻게 치유할 수 있는가 등에 대한 처방으로서 시민사회가 의미하는 바를 탐구해야 한다.

이 책에서 나는 몇 가지 명확하고 서로 밀접하게 연관된 목표를 추구한다. 첫 번째 목표는 최근에 나타나는 시민사회 개념의 혼란을 정리하기 위해 개념적 틀을 분명히 제시하는 것이다. 이러한 목표로 인해 정치 이론보다는 정치 위기의 현실에 더 큰 관심을 지닌 독자의 인내심을 시험하듯 이론적 내용이 상당히 포함될 수밖에 없었다. 그러나 나는 이러한 노력이 이루어지지 않은 채, 말하자면 시민사회 개념을 먼저 이해하지 않고 실질적인 민주적 변화를 전개해가기 위한 현명한 방법이 있다고는 생각하지 않는다.

두 번째 목표는 상당히 진보적이고 민주적이라고 알려진 시민사회에 대한 이해 방식을 면밀하게 따져보는 것이다. 이러한 접근은 다양한 전통적인 당파주의자들에게 포괄적이고 매력적으로 수용되고, 특히 민주적 투쟁과 사회정의를 주장하는 사람들에게는 더욱 유용하게 사용된다. 나는 여기서 시민사회에 대한 강력하고, 민주적이고, 진보적인 해석을 정당화하기 위해 노력할 것이다. 그리고 이러한 시도가 이데올로기적 주장을 복원시키는 결과가 된다고 해도 후회하지 않을 것이다.

세 번째 목표는 강건한 민주적 시민사회의 중추가 되는 제도와 관행을 재건하기 위한(또는 이런 것들이 이미 존재한다면 더욱 강화시키기 위한) 구체적인 제안과 실천 전략을 제시하는 것이다. 시장의 글로벌화와 맹렬한 반정부적 집착으로 인해 우리의 시민적 전망이 흐려지고 있다. 그래서 큰 정부와 상업적 시장 사이에 시민의 공간이 존재한다는 사실을 인식하기가 점점 힘들어진다. 그 공간에서 비로소 시민들은 자유롭게 숨 쉬고 민주적으로 행동하면서 스스로를 수동적인 불평론자로 간주하지 않을 수 있다. 또한 소비자이거나 고립된 희생양에 불과하다는 인식에서도 벗어날 수 있다.

이런 세 가지 목표를 성취할 수 있다면, 최근 절박하게 제기된 두 가지 문제의 맥락에서 시민사회 이념을 재고할 수 있는 여지를 마련하는 셈이다. 그러한 문제 중 하나는 공적 담론의 야만성이 점차 증대해가는 현실(이러한 야만성은 우리가 '비시민사회'에서 살고 있음을 반영한다)이며, 다른 하나는 '노동의 종말'이다. 이것은 임금노동이 가치 체계의 토대가 되어는데도 직업 창출보다는 상품 생산에 더 익숙한 사회가 된 민주주의 체제에서 발생하는 강요된 '여가'의 문제를 내포하고 있다. 이 두 가지 문제를 성찰함으로써 강건한 시민사회와 건전한 민주주의 간의 생생한 관계를 확실하게 밝혀낼 수 있을 것이다.

01

시민사회의 세 가지 유형

오늘날 정치활동에서 시민사회가 매우 중요해졌기 때문에 사람들은 각자 나름대로 시민사회를 규정한다. 모두가 동의할 수 있는 핵심 개념이나 객관적인 정의가 존재하는가? 사회과학에서 제시되는 대답에만 의존하지 말자. 나는 사실과 가치가 쉽게 분리될 수 있다거나, 사실과 가치가 별개의 것이 될 수 있다(사회과학자들은 이러한 관점을 '실증주의'라고 부른다)는 식의 순진한 생각은 하지 않는다. 실제로 정치는 사실과 이상이 뒤섞이는 지점에서 이루어진다. 그러므로 정치적 측면에서 볼 때 시민사회는 경험적이면서 규범적인 의미를 지닌다. 정치 영역에서 "우리가 어떻게 행동해야 하는가?"라는 '이상'에 관해 논의할 때 '현실'적으로는 어떻게 행동해야 하는가에 관해서도 이야기하는 셈이다. 현실적 관행에서 이상을 분리하려는 노력은 대개 현실과 이상의 의미를 모두 무효화함으로써 부질없이 끝나게 마련이다. 정치학은 바로 이러한 종류의 헛된 노력을 하고 있다는 죄책감에 빠지기 쉽다. 역사가 앨프리드 코반(Alfred Cobban)이 지적했듯이, 정치학을 경험적인 '정치과학'으로 만들려는 시도는 과학의 목적도 달성하지 못한 채 정치적 문제를 회피하려는 장치에 불과하다.

시민사회는 특정한 유형의 제도나 사회구성원(어떤 사회과학자는 특정한 경험적 지표를 가지고 시민사회를 설명할 수 있으며, 시민사회가 예측이나 실험뿐만 아니라 관찰과 비교의 대상이 될 수도 있다고 말하기도 한다)을 지칭하는 개념일 뿐만 아니라, 고유한 이상(사회과학자는 가치와 목적을 언급하면서 시민사회는 경험적이라기보다는 규범적 개념이라고 말한다)을 함의하기도 하는 양면적인 개념이다. 시민사회와 같은 정치적 용어를 불가피하게 사용할 경우 특정한 민주적, 시민적 이상을 통해 부여하는 규범적이고 관념적인 의미는 우리가 살아가는 세계에서 나타나는 다양한 시민적 태도 및 관행 등과 떼려야 뗄 수 없게 결합되어 있음을 강조할 필요가 있다. 우리가 정치라고 이해하는 것은 실제로 정치에 대해 원하는 것과 관련이 깊다. 이상과 현실 간의 상호의존성을 중시하는 입장은 '무엇이든 상관없다'는 뜻이 아니라, '객관적' 개념 규정에 쉽게 도달할 수 있다거나 현실의 정치적 문제에 대한 '과학적' 답이 존재한다는 식으로 단순하게 정치를 인식하는 것을 허용하지 않는 태도다.

이 책에서 시민사회에 대한 계보학적 설명은 하지 않을 것이다. 시민사회가 계몽주의 시대 이래 서구 정치철학의 근본적인 개념으로서 유구하고 의미심장한 역사를 쌓아왔다고는 하지만 말이다. 스코틀랜드 계몽주의 철학자 애덤 스미스(Adam Smith), 애덤 퍼거슨(Adam Ferguson) 등 두 명의 애덤을 비롯해, 존 로크도 일찍이 국가와 개인을 연결하는 개념으로서 시민사회를 널리 보급하는 데 크게 공헌했다. 이후 헤겔과 마르크스는 시민사회를 부르주아 사회에 대한 성찰과 비판의 개념으로 급진전시켰다. 토크빌은 미국 정치를 설명하기 위한 개념으로 시민사회를 도입했다. 그 이후 다소 역설적인 영향을 미치기는 했지만, 어쨌든 시민사회 개념이 중요한 역할을 한 것은 분명하다. 실제로 오늘날 정치적 연설은 시민사회와 그 제도에 미친 토크빌의 영향이나 토크빌의 이름을 언급하지 않는 경우는 없는 듯하다(나 역시 이미 몇 번이나 훌륭한 이름을 거론하면서 이 글을 써 내려가고 있다). 그러나 이러한 생생한 역사가 있어도 더 이상 이것이 최근의 정치적 논의에서 거론되는 시민사회 이념에 결정적인 영향을 미치거나 제한하지는 못한다. 이것은 애덤 스미스가 18세기에 주장한 자유방임적 자유주의 논리가 글로벌 시장경제를 둘러싼 오늘날의 논쟁에 아무런 영향을 미치지 못하는 것과 같은 이치다. 누구나 지성사에 의존하고 있지만, 이제 그것을 한 단계 넘어설 때가 온 것이다.[1]

여전히 우리는 이 시대의 다양한 정치 상황의 고유한 특징에 천착해야 한다는 책임을 안고 있다. 최근 10여 년간 시민사회 개념은 서로 다른 두 가지 정치적 환경에서 자리를 잡았고, 각각 두 사회의 특징을 형성하면서 계속 발전해왔다. 우선 동부 유럽, 라틴아메리카, 그리고 독재 경험을 지닌 아시아 사회에서 시민사회의 개념은 지하출판물 정치와 저항을 표현하는 방식이 되었고, 독재 체제의 결함을 지적할 뿐만 아니라, 비판자나 체제 반대자가 내세우는 제도는 어떤 것인지 언급하는 방법이기도 했다. 이러한 맥락에서 볼 때 시민사회 개념은 급진적인 유토피아를 지향하는 성향이 있었다. 우리가 이념적으로

---

[1] 시민사회의 철학적 계보에 관한 완벽한 설명은 아직 없다. 앤드루 아라토(Andrew Arato)와 진 코헨(Jean Cohen)이 《시민사회와 정치 이론》(1992)에서 상당히 포괄적인 설명을 시도했다. 그러나 철학적으로 너무 복잡한 수준인 데다 유럽의 역사에만 초점을 맞추기 때문에 일반 독자가 접근하기 어렵다. 유럽에서 진행된 중요한 논쟁을 잘 정리한 책은 아돌프 비비치(Adolf Bibic)와 지지 그라치아노(Gigi Graziano)의 《시민사회, 정치사회, 민주주의》(1994)다. 애덤 셀리그먼(Adam B. Seligman)의 《시민사회의 이념》(1992)에서 시도된 시민사회 개념의 역사에 대한 설명은 훨씬 읽기 쉽다. 그러나 동유럽에 대한 강조, 미국에서 진행된 논쟁의 실천적인 정치 특성에 대한 의도적 무관심 등으로 인해 최근의 시민사회를 둘러싼 정치적 논쟁에 관한 편견이 담겨 있고 애매한 성격의 일화가 뒤섞여 있다는 단점이 있다. (또한 그의 책이 출판된 이후 가장 흥미 있는 최근의 논쟁이 일단락되었다.) 또 셀리그먼은 자신의 주장을 모호하게 만들면서까지 처방적 측면과 설명적 측면을 구분하려는 헛된 노력을 기울인 것 같다.

지지하는 상상 속의 시민사회는 현재의 독재정권에 대한 비판의 준거가 되었다. 또한 최근 많은 사람이 인식하고 있듯이, 시민사회 개념은 국가를 민주화하고 경제를 자유화한다고 해서 민주적 자유의 실질적인 영역이 필연적으로 형성되는 것은 아니라는 사실을 알고 있는 민주주의자에게는 이정표가 되기도 한다. 즉, 민주화나 자유화와 더불어 교육적, 박애적, 종교적 시민 결사체 등 다양한 시민사회의 형태가 만들어짐으로써 사회가 문명화되고 다원화되지 않으면 안 된다는 사실을 강조하는 것이다.

한편, 제도적으로 정착된 민주주의 체제의 경우 위기에 처한 오늘날과 같은 상황에서 역사적·제도적 정당성을 갖는 근본적인 이상을 강조할 필요가 있을 때 시민사회 개념이 자주 인용된다. 이러한 환경에서 현재의 상황을 비판하기 위해 시민사회는 우리가 한때 가지고 있었던 것을 복원시키자는 호소의 근거로 활용되기도 한다.

1980년대 동유럽에서 인기를 끌었던 시민사회 개념은 순수하고 단순한 이상, 그리고 새로운 제도를 건설하는 프로그램을 강조했다. 그러므로 급진적이고 유토피아적 전략의 특성을 보여준다. 한편, 오늘날 미국이나 유럽 등에서 사용되는 시민사회 개념은 사회적 유산을 강조하고 구제도를 복구하자는 주장을 내세운다. 자유민주주의자에 의해 사용될 때조차도 반드시 보수적이거나 반동적인 전략을 추구하는 것은 아니지만, 그 과거 지향적인 특징은 현재의 관행을 개혁하기 위해 초기의 이상을 강조하는 경향이 있다.[2] 즉, 옛 영국 촌락의 대면적 삶의 풍요함, 스위스의 자유로운 공동체, 옛 러시아의 마을 등은 오늘날에 재생될 가능성이 의문스러운 역사적 시민사회의 공동체주의적 잠재성을 내포한 것으로 언급된다. 시민사회에 대한 공동체주의적 호소를 통해 현재의 관행을 총체적으로 신랄하게 비판할 수도 있고, 가족의 가치와 전통적인 중재 제도에 근거한 보수 이데올로기를 불러올 수도 있기 때문이다.

시민사회에 대한 강조는 설사 급진주의적 성향을 내재하더라도 흔히 과거나 기억에 대한 호소로서 표현된다. 폴란드 지식인 스타니슬라프 바란차크(Stanislaw Baranczak)는 억압 정권하에서 살아가는 예술가에 대해 이렇게 설명한다. "동부와 중부 유럽에서는 어떠한 반(反)전체주의적 저항 활동이든 항상 '기억'을 간직하거나 재생시키는 작업을 의미했다. 우리는 왜곡을 교정하는 일에 종사했다. 국가는 기억을 퇴색시키기 위해 공식적

---

2 예를 들면, Arato and Cohen, *Civil Society and Political Theory*.

인 당 예술인을 지명하고 고용하기도 했다. 그러나 그러한 부당한 조치를 무효화시키기 위해 우리는 우리 자신을 임명했다."[3]

나는 이 책에서 미국이나 서유럽 국가 등 잘 정비된 민주주의에 주로 관심을 기울인다. 그리고 과거 민주주의에서 전승된 고유의 유산으로 이해하려는 맥락에서 시민사회 개념을 사용한다. 이러한 입장을 옹호하는 사람들은 시민사회란 상상 속에서나 존재하는, 지금은 사라진 옛날 옛적 사회라고 굳게 믿는다. 예를 들면, 프랑스의 중세 회합, 스위스의 고대 연맹 체제, 이탈리아와 네덜란드의 자치도시 공화국 등이 있다. 뒤에서 설명하겠지만, 민주화를 위한 노력이나 급진적인 의미에서 시민사회 개념을 사용하는 것은 상상의 역사로부터 도출된 이상이 존재하는 곳에서 나타나는 현상이다.

고대사회의 이상을 품은 이러한 '근본주의적' 유산에서 발견되는 시민사회에 대한 특징적인 관점을 언급된 설명할 수 있다. 시민사회 이념의 세 가지 변형은 자유주의, 공동체주의, 강한 민주주의(strong democracy) 모델이다. 이것들은 전통적으로 국가와 개인, 공적 영역과 사적 영역을 구분하려는 입장을 공유하고, 이를 바탕으로 한다. 그래서 훨씬 그림이 복잡해진다. 음악

---

[3] Stanislaw Baranczak, "On the Role of Artists and Intellectuals", in *The Idea of Civil Society*(1992), p.10.

으로 치면 두 박자 구간에서 세 박자를 연주하는 셈이다. 내가 말하는 세 박자는 국가, 시민사회, 시장(또는 정치, 사회, 경제) 영역을 가리키며, 이 책에서는 공적 영역과 사적 영역을 양분하기만 하는 논리는 구사하지 않을 것이다. 즉, 국가와 개인, 권력과 자유를 적대적인 것으로 파악하는 전통적인 이분법적 관점에 입각하여 논의를 전개하지 않는다는 뜻이다. 시민사회의 세 가지 변형 중 처음 두 가지는 공적 영역과 사적 영역, 권력과 자유 등을 단순히 나누는 이분법적 경향을 반영한다. 시민사회는 주로 사적 영역을 의미하며, 국가의 공적 영역과 대비된다. 사적 영역은 개인과 기업, 공동체 등으로 구성된다. 자유주의 모델이나 공동체주의적 모델은 시민사회가 사적 영역만을 가리킨다고 선세하고 그 공적 성격에는 주의를 기울이지 않는다. 그러므로 시장을 길들이고, 사회를 시민화시키고, 정부를 민주화하는 조건으로서 시민사회를 효율적으로 활성화할 수 있다고 생각하지는 못한다.

자유주의적 관점:
사적 영역과 동의어로서의 시민사회

우리의 생활과 제도가 공적 측면과 사적 측면이라는 두가지 측면만 갖는다고 상정하기는 매우 쉽다. 이러한 일반적 관점에서 볼 때, 공적 영역은 정치와 보편성의 세계다. 우리는 이러한 세계에 살면서 투표하고, 세금을 내고, 전쟁에 나가 싸우고, 배심원의 의무를 수행하고, 시민의 의무를 이행하는 등 정의의 이념을 토대로 다양한 역할을 수행한다. 사적 영역은 공적 영역의 역할 외의 모든 일이 이루어지는 장이다. 여기서 우리는 일하고, 놀고, 기도하고, 잠자고, 배우고, 생산하고, 소비하고, 재생산한다.

정치적 삶과 사적인 삶을 이렇게 정반대의 영역으로 인식하는 방식은 우리의 삶을 구성하는 두 세계가 서로 경쟁적이며 양립 불가능하다는 사실을 전제로 한다. 전자는 국가와 공식적 정치 제도의 영역으로서 '그것'이라고 냉소적으로 지칭된다. 후자는 '우리'라는 범주를 전제로 하는 좀 더 공감할 수 있는 영역을 가리키며, 공적 영역을 제외하고 상상할 수 있는 모든 것을 포괄하므로 개인에서 사회조직까지, 경제적 기업에서 시민적 결사체에 이르기까지를 망라한다. 공적 부문은 권력에 의해 규정된다. 즉, 국가는 강제력을 의미하며, 민주적 국가라고 해도 국가는 폭력 수단의 독점권을 정당하게 장악한다. 사적 영역은 자유에 의해 정의된다. 시장은 자유를 의미하고 자발적 계약과 자유로운 결사체로 구성되며 이것이 바로 사생활과 개인의 조건이 된다. 이러한 양분론적 이해는 정부와 시장 사이에서 한 가지만 선택해야 한다는 환상 같은 신념에 근거하고 있다.

이처럼 가장 일반적인 이해의 맥락에서 시민사회는 사적 시장 영역과 동의어이며, 자유로운 개인이 활동하는 장이다. 개인은 다양한 경제적, 사회적 집단을 자발적으로 결성하며, 집단의 근간은 계약이다. 여기에는 가족(암묵적인 계약의 산물이자 최소 수준의 조합)도 포함된다. 이렇게 국가와 개인을 양분하면, 하나의 발전은 다른 부문의 약화를 초래한다. 두 영역은 제로섬 게임처럼 서로 대치해서 한 부문의 변화는 다른 부문에서 꼭 그만큼 정반대의 변화를 일으킨다. 즉, 한쪽의 권력이 많아질수록 다른 쪽의 자유는 줄어들고, 사적인 성격이 강화될수록 공적인 영역은 축소된다. 그 반대의 경우도 마찬가지다. 로버트 돌(Robert Dole) 상원의원이 선거 유세에서 미국인들에게 "정부를 믿을 것인지, 일반 국민을 믿을 것인지" 양자택일하라고 했을 때, 바로 이러한 방식으로 공적 영역과 사적 영역을 양분한 셈이다. 공적 부문인 정부라는 악마성이 농후한 '그것'과, 사적 부문에 속하는 '우리, 일반 국민'이라는 위대하고 다양한 '나의 것'을 극단적으로 대비시킨 것이다.

이러한 고전적인 자유주의적 모델 - 일반 국민과 정부의 관계를 불평등하다고 설정하고, 권력은 자유를 응징하는 것으로, 국가는 개인이 복종해야 하는 적으로 인식한다 - 은 사적 영역 외에는 시민사회에 이르는 어떠한 통로도 남겨놓지 않는다.** 개인과 그 개인이 만들 수 있는 사적 부문의 시민 결사체, 경제적 기업과 시민 조직체, 그리고 시장의 영역과 문화, 윤리 또는 종교의 영역(일종의 상징적인 예로 나타나기도 한다)을 확실히 구분하기는 어렵다. 이러한 양분론은 조정하기 어려운(그리고 있을 수 없는) 대립을 낳는다. 그로 인해 정부를 불신하는 사람들은 민영화만이 유일한 선택이라고 생각한다. 만일 정부를 좋아하지 않는다면 정부의 규모를 줄이고, 권한을 제한하고, 정부의 역할을 가능한 한 시민적 영역으로 민영화하고, 개인이나 기업과 공동체가 하는 대로 내버려두면 될 일이다. 한편, 사적 시장의 기능을 좋아하지 않는다면 동맹과 보호자로서 큰 정부를 선택할 것이다. 이와 같은 선택은 존 로크의 제안을 떠올리게 한다. 즉, '스컹크와 여우'가 지배하는 무정부 상태(사유화된 시민사회)와 '주권자 사자'(국가)에 의해 길들여진 여우와 스컹크로 살아야 하는 경우 중에서 선택해야 하는 것이다. 그러나 주권자 사자는 언제든지 치명적인 약탈자가 될 잠재력을 숨기고 있을

**오늘날 '자유주의(Liberalism)'를 둘러싸고 혼란이 상당하다. 현대 이데올로기 논쟁에서 대문자 'L'은 좌파나 진보주의자 또는 복지국가론자와 동일시되고, 보수주의자들은 이 용어를 '세금과 지출'을 자의적으로 집행하는 큰 정부를 비난하는 데 사용한다. 그러나 초창기 '자유주의자'는 정부나 국가주의적 개입에 대해 자유로운 부문이나, 사적 영역을 옹호하는 사람들을 가리키는 용어였다. 이러한 용례로 미뤄 볼 때, 자유주의의 개념은 자유주의적, 반정부주의적 편향성을 갖는 보수주의자, 예를 들면 미국의 공화당이나 영국의 보수당 등을 묘사할 때 더 자주 사용되었다. 이 책에서는 혼동을 피하기 위해 사적 자유를 보호해주는 정부를 강조하는 고전적인 '자유주의적' 전략을 지칭하는 용어로서 '자유주의'를 일반적으로 사용할 것이며, 현대적 의미로는 '진보적' 함의에서 '자유주의'를 언급할 것이다.

뿐이다.

자유주의적 모델에서는 사적 부문과 국가 사이의 관계에 계약의 성격이 있고 전제한다. 이는 자유로운 개인이나 결사체가 자신들의 이익과 목적을 위해, 그리고 자유를 보장받기 위해 체결하는 일련의 거래다. 이러한 맥락에서 볼 때 자유주의적 모델은 일종의 사회계약이다. 여기서는 인간적 유대가 극단적으로 위축되며, 자유로운 사회관계는 '냉정한' 성향을 띤다. 로버트 노직(Robert Nozick)의 말을 빌리자면, 사람들은 "각각 고립된 존재로 살아간다". 여기서는 "어떠한 도덕적 균형도 가능하지 않으며", 어떤 사람이 다른 사람과 관계 – 상거래든지, 교회에서든지, 아니면 결혼을 비롯한 어떤 관계든지 – 를 맺을 때는 "자발적인 동의"가 필요하다.[4]

자유주의적 모델처럼 정부를 사적 영역을 권위적으로 통제하는 존재로 인식할 경우 개인들은 정부 관료제의 수혜자나 정부 서비스의 소비자로서 스스로를 인식하거나, 아니면 가끔 개인의 이익을 보장해주는 무시무시한 리바이어던으로 정부를 인식할 뿐이다. 다시 말해, 정부는 마치 개인의 자유를 완전히

---

[4] Robert Nozick, *Anarchy, State, and Utopia*(1974), p.ix. 노직의 이러한 자유주의적 관점에는 다분히 무정부주의적 색채와 니체적인 주장이 포함돼 있으며, 19세기 막스 슈티르너(Max Stirner)의 급진적 저작을 떠올리게 한다. Max Stirner, *The Ego and Its Own*(David Leopold가 편집하여 1995년 출판했다).

삼켜버리는 존재로 여겨진다. 파시스트와 공산주의의 전체주의로부터 살아남은 유럽인들은 정부가 자유에 미칠 영향을 심각하게 우려할 만한 합당한 근거가 있다. 오랫동안 전쟁의 피해를 입은 피난민들에게 전형적으로 나타나는 '정치에 대한 공포'로 인해 그들이 모든 국가권력에 의심을 품는 것은 이해할 만하다.[5] 그들은 무소불위의 정부가 자행하는 잔인성을 목격하고 경험했기 때문이다. 칼 포퍼(Karl Popper), 이사야 벌린(Isaiah Berlin), 주디스 스클라(Judith Shklar) 등이 대표적이다. 시민성이 곧 불법 프로파간다를 의미했던 프랑코 파시스트 체제의 그늘에서 막 독립한 스페인의 카탈루냐인들에게 정부가 후원하는 시민 교육 프로그램을 권고하거나 장려했다가는 불신의 벽에 부딪히는 것은 당연한 일인지도 모른다. 이러한 현상은 프랑코가 죽고 수십 년이 지나도 여전했다. 심지어 '시민의식'이라는 용어는 부다페스트나 모스크바에서 '베리아 동지(Comrade Beria)', '시민 인민위원' 등의 단어가 품고 있는 불행한 기억을 떠올리게 만든다. 그러나 미국에서는 그러한 공포를 이해하기 어렵다. 미국에서 다수의 지배자는 영원히 '사자의 통제를 받는 애완견'이기 때문이다. 이러한 표현은 루이스 하츠(Louis Hartz)

---

[5] 예를 들면 Karl Poper, *The Open Society and Its Enemies*(1952), Judith N.Shklar, "The Liberalism of Fear", in Nancy Rosenblum, ed., *Liberalism and the Moral Life*(1989).

의 《미국의 자유주의 전통》에서 통렬하게 풍자되었다. 우리는 미국 독립 당시 미국인들이 왜 입헌군주제만큼이나 민주정을 불신했는지 이해할 수 있다. 두 제도 모두 정부에 권한을 부여하는 만큼 제한도 가한다. 오늘날 대부분의 미국인은 마치 나폴레옹식 독재에서 탈출한 사람들이나 조지 3세의 야심을 의심했던 영국의 휘그당원처럼 여전히 민주정에 대한 불신을 품고 있다. 포드(Gerald Rudolph Ford Jr., 1974~1977년 재임) 전 대통령은 1996년 공화당 전당대회에 참석해서 이렇게 주장했다. "우리가 원하는 것을 모두 줄 수 있을 만큼 강력한 정부는 우리가 가진 모든 것을 빼앗을 만큼 강력한 정부이기도 하다." 신중한 자유주의자라면, 자유란 두터운 권리의 벽에 둘러싸여 있어야 한다고 결론 내릴 것이다.

서슴없이 침범해 오는 국가에 대항하여 스스로를 보호하기 위해 방어벽을 치면서 경제적 목표를 추구하는 까다로운 시민들을 바라보는 철학자들은 그런 사람들을 경제적 동물, 즉 호모 이코노미쿠스(homo economicus)에 불과하다고 생각할 수 있다. 이런 시민들은 정부가 제공하는 서비스의 소비자로서만 인식되며, 책임감 강한 정치적 대표를 선출하는 참여자가 아니라 단순한 감시자로만 규정된다. 자신을 경제적 동물로 인정하는 시민의 관점에서 볼 때, 시민의 결사체는 기껏해야 소비자 간 협력을 꾀하거나 권리를 보장하는 단체로만 느껴진다. 그러한 단체를 통해 자신을 좀 더 효율적으로 보호하고 안전하게 지킬 수는 있지만 참여, 협동, 사회성 등과는 무관해진다. 말하자면 공동체가 실현하려는 연대, 공동체 활동, 공공복지의 추구 등과는 거리가 한참 먼 것이다.

오늘날 정치를 등한시하고 개인의 권한만 옹호하려는 사람들에게 시장은 자유를 향한 입장권이다. 즉, 그들은 시장을 시민사회의 적절한 대체물로 여긴다. 동유럽에서 공산주의가 몰락한 이후, 흔히 자유시장의 보장은 시민사회의 형성과 거의 같은 의미로 인식되었다. 러시아 언론인 세르게이 그리고리예프(Sergei Grigoriev)는 "시민사회는 자유시장 경제와 병행할 수 있을 뿐이다"라고 썼다. 헝가리 편집자 죄르지 바르가(Gyorgy Varga)는 이에 덧붙여 "자발적 결사체, 박애주의, 그 밖의 시민사회의 미덕을 이끌 수 있는 존재는 개인 기업가다"라고 주장할 정도였다.[6] 서구 기업가들에게 자유시장 경제는 민주적 시민사회보다 우선순위에 놓일 수도 있다. 1996년 봄, 러시아 민주주의가 붕괴되면 어떤 영향을 미칠지 묻자, 펩시콜라 동유럽 담당

---

[6] 두 사람의 주장은 "On Markets and Privatization", in *The Idea of Civil Society*, p.8에 나와 있다.

자는 이렇게 대답했다. "우리는 어떤 정권이 들어서든 살아남을 수 있고, 돈을 벌어들일 수 있다고 생각한다." 무슨 일이 일어나든지 러시아인들은 "소비자로서의 필요를 포기하지 않을 것이며, 현대적이고 서구적인 상표를 거부하지도 않을 것이기 때문이다".

이처럼 사적 영역의 대체물이자 소비자의 선택과 동의어로 이해되는 시민사회는 강렬하지만 지극히 사적인 의미의 자유를 의미하면서 아주 피상적인 사회성을 표상한다. 이를 통해, 왜 동유럽에서 민주화의 이름으로 민영화 전략이 등장했는지 이해할 수 있다. 그 결과 민주주의의 근거가 되는 시민문화를 유지하는 데 늘 실패할 수밖에 없다. 소비자들은 새롭게 획득한 경제력을 즐기며, 새로운 의미의 권리를 누리고 있다. 그러나 그들은 참여 시민의 옷을 입지 않으며, 기껏해야 두 얼굴을 가진 민주주의자일 뿐이다. 민주적인 법과 민주화된 정부의 공식 제도들 덕분에 소비자들은 유권자가 될 수 있지만, 이런 유권자는 진중한 시민은 되지 못한다. 결국 민주주의는 얄팍하고 별 의미 없는 것이 되고 만다. 물건을 사는 일과 투표하는 일이 같은 수준으로 이해되는 상황에서, 쇼핑이 활발한 국가가 선거민주주의 체제를 갖춘 것처럼 잘못 인식되고 있다. 공공정책이나 공공선을 창출하지 못하고 그렇게 할 수도 없는 전적으로 사적인 행위("당신의 돈에 투표하라")가 투표와 혼동되고, 나만을 위한 장소인 쇼핑센터는 우리를 위한 장소인 민주주의와 뒤범벅이 된다.

자유주의적 시민사회 모델을 통해서는 피상적인 도구주의적 성향을 보여주는 원초적 형태의 사회관계만 상상할 수 있을 뿐이다. 이 모델은 권리의 보호막에 둘러싸인 자율적·개별적·이기적인 소비자가 최소한의 역할만 수행하는 서비스 제공자인 국가로부터 무엇인가를 얻어낼 때만 사회적 영역과 관련을 맺으려 한다는 점에 초점을 맞추고 있기 때문이다. 말하자면, 고객으로서의 시민, 소비자로서의 유권자, 소비자로서의 민주적 참여자 등을 그려낸다. 권리는 사적 시민이 상상할 수 있는 유일한 정치적 무기다. 즉, 이는 정부에 대한 요구를 의미하며, 정부는 그에 상응하는 어떠한 의무도 시민에게 강요할 수 없다.

이러한 맥락에서 자유주의적 모델은 자유를 초개인적인 것으로 다룬다. 말하자면, 자유를 소극적이고 매우 대응적인 것으로 간주한다. 자유는 정치와 사회가 주변적인 것으로 머물면서 최소한으로 기능하는 곳에서만 살아남을 수 있고, 정부와 대립하는 것으로 인식된다. 자유는 소비자가 스스로 만들 수 없는 상품 목록에서 물건을 고르는 것과 같은 사적인 선택으로 축소된다. 자유주의적 시민사회 모델은 많은 사회학자가 시도했듯이 개인과 국가의 관계를 조화롭게 만들 수도, 그 관계를 중재할 수도 없다. 페르디난트 퇴니스(Ferdinand Toennies)를 비롯한 19세기 사회학자들은 강제적인 국가와 개인 사이에서 중재하는 이익사회(Gesellschaft)와 공동체(Gemeinschaft)에 대한 논의를 진행했다. 자유주의적 시민사회 모델은 급격하게 변화하는 후기 산업사회의 현대인들에게는 매우 심각한 문제인 공동체와의 연대감에 대한 열망을 담아내지 못한다는 점에서 그 피상성을 드러낸다(이 문제는 로버트 벨라(Robert Bellah) 등이 저술한 《마음의 습속(Habits of the Heart)》에서 깊이 있게 다루고 있다). 그리고 자유주의적 시민사회의 취약성으로 인해 일종의 집단주의적 역작용이 발생할 수 있다. 그런 형태의 좌절은 민주주의를 위협할 수도 있다. 민주주의 공동체가 인간 존재에 필수 요소인 연대성과 정체성을 고양하는 역할을 할 수 없는 곳에서는 그 역할을 대신해줄 비민주적 공동체가 출현하는 것이 현대 정치의 기본원리 중 하나이기 때문이다. 대안이 없는 상황에서 비민주적 유대는 거부할 수 없는 힘을 가진 것처럼 보일 수 있다. 이웃 간의 연대가 존재하지 않으면 갱 집단이 등장할 테고, 정신적 공동체가 사라져버리면 임시변통의 분파 집단이 솟아날 것이다. 또한 정치적 모임이 자리를 잡지 못하면 전체주의 운동이 활개 친다.

공동체주의적 관점:
공동체와 동의어로서의 시민사회

공동체주의적 시민사회라는 이념은 앞에서 지적한 정치적 좌절에 대한 대응으로 등장했다. 그러나 사회가 단 두 영역, 즉 하나는 정부의 영역, 다른 하나는 사적 영역으로 분명히 나뉜다는 전제를 그대로 유지했다. 공동체주의자들은 사적 영역이 연대 의식과 권리를 주장하는 개인, 배고픈 소비자, 아니면 탐욕적인 기업가로만 이루어진다는 사실을 믿지 않는다. 오히려 인간이 공동체를 통해 결속되어 있으며, 개인보다 우선하고, 개인의 조건을 좌우하는 공동체적 유대를 통해 단단히 결합되어 있다고 그들은 주장한다. 인간이 피해 갈 수 없는 사회관계의 복잡한 조건으로서 시민사회를 인식한 것이다. 인간은 이러한 관계를 통해 결합된다. 처음에는 가족, 부족 등 친족 결사체로, 그 다음에는 소집단, 이웃, 공동체, 회합으로, 더 나아가 사회적 위계질서로 이어진다. 자유주의자들이 사적 개인 간의 계약을 통해 선택된 자발적·계약적 결사체를 위한 활동의 장으로 인식하고 고립 상태와 별반 다르지 않은 것으로 시민사회를 다루었다면, 공동체주의자들은 공동체 안에서의 상호작용을 통해 깊은 연관이 맺어지는 영역으로, 또 모든 사회적 유대를 형성하기 위한 조건으로 시민사회를 다룬다.

공동체주의자들은 대부분의 결사체가 선택된('자발적') 것이라기보다는 주어진다는('귀속적') 전제에서 출발한다. 인간은 여성 또는 남성으로 태어날 뿐만 아니라, 유대인이나 가톨릭 교인으로, 코카시안이나 동양인 또는 페르시아 사람이나 타이인으로 태어난다. 우리는 소속된 공동체를 만드는 데 아무 역할도 하지 않았으며, 이러한 공동체는 대부분 도구적이기보다는 자연적인 것처럼 보인다. 가장 '자연적인' 결사체조차도 오래전에는 한때 자발적이었을 가능성이 있다(전통과 고대의 공동체 역시 사회적으로 만들어진 것이다). 그러나 전통적 소속감을 내세우는 공동체는 효용주의적(utilitarian)이거나 계약적인 조직에서는 도저히 적용할 수 없을 법한 시간과 전통에 의한 제약을 받는다. 물론 오늘날의 인위적 조직이 내일은 좀 더 확실한 공동체가 될 수도 있다. 마치 지금의 혁신적인 발명이 내일은 진부한 전통이 되어버리는 것과 마찬가지로 말이다.

 우리가 품을 수 있는 최고의 희망이 스스로 고안해낸 정체성(회의주의적 자유주의 철학자 리처드 로티(Richard Rorty)가 말했듯이)**7**의 '우연한 산물'에 불과하더라도, '자연적인' 고대의 공동체와, 좀 더 명백하게 '인위적'으로 보이는 새로운 결사체 간의 구분은 분명하다. 뿐만 아니라, 정치적인 의미도 지닌다. 현대의 자연적 공동체는 원래 인위적으로 만들어졌으므로, 그 보수적인 정치적 속성으로 인해 현대적 유행이나 대중의 변덕까지도 포용할 수 있을 만큼 '고대적'이고 '자연적'인 결사체처럼 되지는 못할 것이라는 점을 로티가 인식한 것 같지는 않다. 그러한 희망을 담아 한때 '캔자스의 러셀'이나 '아칸소의 호프'가 건설되어 보존되었다. 이를 두고 한 현대 정치인은 정치적 개성을 담은 고대 주거단지라고 강조했다. 산업문명을 상징하는 대도시와 비교해보면 '자연적'으로 보이기도 한다. 말하자면, 호프나 러셀이 얼마나 이색적인지 보려면 플로리다에 새로 세워진 디즈니월드라고 하는 셀러브레이션(Celebration)과 대비하면 된다. 이것은 에드먼드 버크(Edmund Burke)가 쓴 영국 '관례법에 의거한 헌법' 설명에 들어 있는 위대한 교훈이기도 하다. 버크

---

7 Richard Rorty, *Contingency, Irony, and Solidarity* (1989), p.61

에 의하면, 그러한 인위적인 제도는 국가가 다수의 자의적 횡포에 대해 당연히 저항할 수 있다는 내용을 담은 근대 관습헌법의 단초가 되었다.

자유주의적 모델에서 볼 때 시민사회가 성립하던 초기에 능동적 행위자는 권리를 주장하는 반란자였다고 한다면, 선진 민주주의 국가에서는 권리를 주장하는 소비자이고, 공동체주의적 모델에서는 동향인, 즉 출생, 혈연 등에 의해 공동체에 함께 속한 동족인이다. 여기서 시민의식은 문화적 감정을 포함하며, 포섭이 아닌 배제를 통해 그 영역을 결정한다. 또 익명의 '타자'와 '이방인'을 규정하는데, 그 이질성은 (배타적인) 내부인의 공동체를 분명하게 설정하는 역할을 한다.

이와 같이 긴밀하게 연결된 사적 공동체의 폐쇄적인 망으로 이해되는 시민사회의 가장 큰 장점은 사회적 결속력이다. 그것이 없다면 점점 더 무정부주의적으로 향해 가는 사회적·경제적 세계에서 개인과 집단은 공통점을 전혀 찾아낼 수 없을 것이다. 만일 근대성의 확실한 계기가 사회적 유대의 해체(마르크스의 표현을 빌리자면, "단단했던 모든 것이 공기 속으로 흩어져버렸다"), 사회적 관계의 합리화, 세속화, 관료제화(막스 베버)였다면, 공동체주의적 연대성과 형제애는 떠도는 영혼에게 다시금 소속감을 주고 전통이 사라진 사회에서 살아가는 사람들의 불확실성과 심리적 고립감을 완화해준다. 물론 연대성은 위계질서, 배타성, 순응성을 동반할 수도 있다. 말하자면, 어떤 공동사회의 특별한 속성을 통해 사회적 소속감을 느끼는 시민은 능률적인 민주주의자는 될 수 없을 것이다. 실제로 공동체주의를 통하지 않고서는 파생되지 않는 가치를 보완하거나 조절할 수 없는 상황에서, 권위주의, 편파성, 불평등, 가부장주의, 위계질서 등의 비자유주의적 규범이 힘을 얻는 것은 불가피할지도 모른다. 앨런 에른헐트(Alan Ehrenhalt)는 1950년대 시카고에 관한 회고주의적 연구 《잃어버린 도시》에서 바로 이러한 측면에 주목했다. 이 책에서 저자는 공동체가 권위를 행사하다가, 이제는 사람들의 선택으로 인해 붕괴되고 있음을 강조했다. 교황 요한 바오로 2세도 다음과 같이 썼다. "이제는 가족이 아니라 중간적인 사회 집단이 대중을 비인격성과 익명성의 나락 – 현대사회에서 너무 흔히 일어나는 현상 – 으로 떨어지지 않게 하는 기본적인 역할을 수행하고 있습니다."[8] 과연 그러한 집단은 교황이 원하는 일을 할 수 있으며, 또한 개방적이고 민주적으로 유지될 수 있을까? 좀 더 단단한 공동체는 그다지 평등주의적이지도, 개방적

---

8 1991년 연두 축사(Centesimus Annus). 교황은 두 영역이 아닌 세 영역을 인식하고, '국가와 시장이라는 양극' 사이에서 개인의 파괴를 구원할 수 있는 시민사회의 기능을 강조했다.

이지도, 자유롭지도 않은 것 아닌가?

물론 민주주의 공동체는 존재할 수 있다. 아미타이 에치오니 (Amitai Etzioni) 등의 공동체주의자가 이끄는 현대적인 공동체주의 강령은 민주주의적인 공동체주의를 실현하기 위한 열망을 분명히 담고 있다. 〈티쿤〉의 진보적인 유대인 편집자 마이클 러너(Michael Lerner)는 정의롭고 평등주의적인 유대인 공동체주의를 정립하기 위해 "의미의 정치(Politics of Meaning)"를 반포했다.[9] 그러나 민주주의는 공동체주의에는 필수적인 것도 아니고, 공동체주의의 속성과 잘 맞지도 않다. 공동체주의자들은 공동체주의 자체를 완성하기 위해 지속적으로 활동해야 한다. 더욱이 그들이 정의, 평등, 포용의 기준에 저항하는 사회적 친교 양식에 민주주의적 기준을 적용하려 함에 따라, 역설적으로 공동체주의적 유대를 약화시킬 위험에 빠진다. 공동체의 역설은 공동체의 결속을 가능하게 만들어주는 다원주의와 독립성 때문에 바로 그 결속력이 약화된다는 점이다. 민주주의 공동체가 반드시 형용모순은 아니지만, 공동체는 민주주의를 방해하는 이념적 속성을 가지고 있다. 반면 민주주의는 공동체를 훼손할

---

9 Amitai Etzioni ed., *New Communitarian Thinking: Persons, Virtues, Institutions, and Communities*(1995), Michael Lerner, *The Politics of Meaning: Restoring Hope and Possibility in an Age of Cynicism*(1996).

수 있는 요구를 만들어낸다. 위계질서는 공동체가 선호하는 형식은 아니지만 공동체가 추구하려는 가치 중 많은 측면을 강화한다. 타인이나 적에 의해서도 둘러싸여 있기 때문에, 공동체가 개방적이고 포용적으로 운영될 경우에는 도저히 유지될 수 없기에 결속력이 절대적으로 필요하다. 물론 우리는 두 가지 모두를 원한다. 결속력과 자유, 단단한 공동체와 포용성을 전부 추구한다. 그러나 시민사회를 건설하기 위해서는 선택해야 할 것이다.

고전적 의미에서 영미 자유주의는 계약에 의한 시장 결사체 이상의 것을 고려하지 않았다. 그러나 유럽식 공동체주의는 경제적 집단을 자연적 공동체의 변형에 불과한 것으로 이해하는 경향이 있었다. 이것은 이탈리아 파시스트 사상가 알프레도 로코(Alfredo Rocco)나 조반니 젠틸(Giovanni Gentile) 등이 상상한 유기체적 조합주의를 떠올리게 한다. 순수한 형태의 공동체주의에 내재한 정치적 위험은 그것이 모든 공공의 공간을 흡수하고 동화시키고 결국은 독점해버리는 경향을 보인다는 것이다. 미국의 '문화적 보수주의자들'이 소비 자본주의(예를 들면, 할리우드)나 얄팍하고 상대주의적인 자유주의 국가(패트릭 뷰캐넌(Patrick Joseph Buchanan)의 문화전쟁)에 대해 전쟁을 선포했을 때,

그들은 사장되다시피 한 문화투쟁(Kulturkampf)의 개념을 재생한 데 불과하며 국가와 사적 영역을 동화시키는 식민주의적 문화 패러다임을 사용한 것일 뿐이다. 정치를 혐오하는 고전적 자유주의는 통치 기구를 최소화하는 것뿐만 아니라, 국가와 사적 영역 간의 엄격한 분리를 주장할지도 모른다. 그러나 정부의 사법적 권한에 대한 제한을 제외하고는, 통치 문제 그 자체에 대해서는 무관심하다. 수많은 정부기능을 적절하게 대체할 수 있는 자유시장을 상상하지만, 그들의 목표는 정부를 인수하기보다는 없애버리는 것이다.

이에 비해 공동체주의자들은 때로는 국가와 그 제도를 좀 더 광범위한 공동체에 종속시키길 원하는 것처럼 보인다. 침례교도들이 디즈니 사에 전쟁을 선포할 때, 디즈니의 '친동성애적' 사회정책과 종교에 대한 희화화를 더 크게 문제 삼았다. 또한 그들은 자신들의 도덕적 규범을 사회 전반에 적용하려 한다. 사회 전반에 대해 ― 국가와 경제에도 ― 종교 공동체의 주권을 확립시키지 못한다면 어떻게 신과 인간의 융합이 가능하겠는가? 여기서 시민사회는 모든 사회의 유기적이고 포괄적인 공동체이고, 정부를 비롯한 모든 도덕적, 정치적 권위의 근간이다. 국가 관료가 자유로운 개인과 집단에 구체적인 가치를 강요할 것이라고 자유주의자들이 우려하는 바로 그 지점에서, 공동체주의자들은 국가가 침몰해가는 불가지론자가 되어 아무 가치도 제시하지 못할지도 모를 것을 두려워한다. 공동체주의자들은 국가로부터 자유방임주의를 쟁취하려는 것이 아니라, 국가를 문화적으로 접수함으로써 문화적 안정을 추구하려 한다. 그것은 마치 패트릭 뷰캐넌과 랠프 리드(Ralph Reed)가 1992년과 1996년 대통령 선거운동에서 내세운 주장이나, 오스트리아 자유당의 외르크 하이더(Jörg Haider)나 프랑스 국민전선의 장마리 르펜(Jean-Marie Le Pen) 등 유럽의 우익이 자유주의적 반국가주의자 및 복지국가를 지향하는 사회주의자들을 겨냥하여 선거운동에서 주장한 것과 같다. 이슬람 근본주의자의 공동체 역시 자유시장주의자들이 선호하는 피상적이고 물질주의적인 시민사회에 대해 반기를 든다(이러한 싸움에 대해 나는 이미 《지하드 대 맥월드》에서 논의한 바 있다).

공동체주의가 품고 있는 정치적 열망은 민족공동체(Volksgemeinschaft)에 대한 독일의 이상에서 분명하게 나타난다. 이러한 이상은 1920년대 바이마르공화국의 허약한 자유주의 정치에 대한 공동체주의적 대응 논리를 담았을 뿐만 아니라, 당시 독일 및 전 세계의 절망적인 상황에 직면해 공동체주의적 편향성이 정치를 압도한 것이었다. 그러한 독일적 형태에서 보이는 적대적 민족주의는 어떠한 대안적 정체성도 허용하지 않는 독일 민족의 공동체주의 관념에 뿌리를 두고 있다. 예를 들어, 바이마르공화국의 '시민'이 되는 것, 단순한 소비자나 생산자가 되는 것, 심지어 가톨릭교도나 바바리아인이 되는 것 등은 집시나 유대인 중에서 아리안 독일계의 '혈통'을 반드시 구별해내려는 열정에 비해선 턱없이 '보잘것없는' 정체성을 가질 뿐이었다. 독일적인 정체성 정치의 문화적 편견은 전혀 민주적이지 않지만, 분명히 공동체주의적이면서 반(反)상업적이었다. 독일의 경험으로 인해, 공동체에 대한 주장이 인간 정신 저 깊은 곳에서 솟아나는 욕구와 조화를 이룬다고 해도 자유주의와 민주주의 모두를 손상하는 방식으로 나타날 수도 있다는 사실을 깨달았다. 시민사회가 혈연공동체로 해석되면, 일당지배 국가나 소비에 집착하는 세계시장처럼 일종의 전체주의로 전락할 수 있다. 공동체주의자들은 공동의 정체성에 대한 열망에서 어두운 측면을 항상 생생하게 밖으로 드러내지는 않는다. 그들이 신봉하는 관습의 핵심이 항상 합리적인 것도 아니다. 또한 사랑에 대한 갈망이 때로 증오의 갈망에 뿌리를 두고 있는 듯 보일 수 있다.

외국인 혐오증을 서슴없이 드러내었던 오스트리아 자유당의 하이더는 1996년 미국 방문 이후 자신의 이미지를 씻어내기 위해 열심히 노력하고 있으며, 그의 새 책은 오스트리아의 민족주의적 열정을 폄하했던 토니 블레어와 빌 클린턴에게서 빌린 '새로운 민주주의' 강령으로 가득 차 있다. 이를 통해 그는 공동체주의자로 거듭났다. 한때는 나치에 열광했던 그가 이제는 미국 성조기 앞에서 사진 찍거나 마틴 루터 킹과 자신을 비교하기를 좋아한다. 그러나 그가 지닌 뿌리 깊은 비민주주의적 공동체주의적 속성으로 인해, 정치와 정치인에 대한 경멸을 감추지 못하고 자신의 신념을 속일 수도 없다. 그는 시민사회라는 것이 국가와 사적 영역 사이에서 날조된 '도덕적 근본주의'에 뿌리내렸음이 틀림없다고 믿는다.[10]

미국의 공동체주의자들은 대개 실용적 민주주의자들이고, '피상적이기는 하지만' 매우 뿌리 깊은 자유주의 정부의 보호를 받으며 활동한다. 자유주의 정부는 공동체주의자들의 '확고한'

---

[10] 하이더는 선출직 공직자와 그들이 임명하는 사람을 "강제적 제도에서 일하는 직원", "경직된 관료제의 괴물"이라고 언급한다. 그들의 정치적 행위가 살아 있는 민중의 민주주의를 가로막는다는 것이다. Jörg Haider, *Befreite Zukunft jenseits von links und rechts: Menschliche Alternativen für eine Brücke ins neue Jahrtausend*(1997), p.23. 하이더의 책 제목 -《해방된 미래, 좌·우를 넘어서: 새로운 밀레니엄으로의 전환기에 서 있는 인류의 선택》- 은 새로운 공동체주의가 내세우는 초당파주의를 모방하고, 클린턴 대통령 같은 지도자에게는 절절한 경의를 표하고 있다. 이와 같이 유럽의 새로운 우파 공동체주의는 자신들의 편견을 시민사회 비당파주의의 미사여구로 감추려고 노력하고 있다.

입장 덕분에 유리한 점이 있을 것이다. 하이더 같은 문화적 보수주의자들에 의한 몰(沒)문화적 문화 차용 때문에, 특정 국가의 상황에 맞는 해결 방안을 찾아내기 위해 역사적, 문화적 맥락에서 시민사회에 관한 일반화를 시도할 필요가 있다. 말하자면, 국가주의적 경향이 강한 프랑스에서는 중재 제도에 대한 관심보다는 개인주의적 접근이 중시된다. 오스트리아에서는 나치 경험의 배경과는 상치되는 공동체주의적 주장을 살펴볼 필요가 있다. 그리고 매우 개인주의적인 미국에서는 공동체주의적인 관점을 더욱 주목해야 한다. 공동체주의자가 역사적 제약을 받지 않든(오스트리아가 여기에 해당할까?) 상당히 많이 받든지(미국) 간에, 개인주의 전통과 악의적인 원주민 보호주의를 구분하기 어려운 순간 맞닥뜨릴지도 모른다. 불가지론자, 열성파 청교도, 기타 근본주의자들이 미국 대륙 전역을 거쳐 지독한 반(反)이민 캠페인을 벌였던 한 세기 전만 해도 분명히 그 두 가지는 쉽게 구분되었다.

역설적으로, 시민 결사체에 대한 공동체주의적이거나 자유주의적인 논리는 공과 사를 구분한다는 명목으로 국가와 개인(또는 국가와 공동체)을 양극화하면서, '나머지 한 측'을 식민화해 버리는 경향이 있다. 기본적으로, 또는 완전히 자기 자신을 경제적 존재－소비자와 생산자－로 생각하는 사람은 정부에 대해서도 고객의 필요를 만족시켜줘야 하는 존재로만 생각한다. 그리고 근본적으로, 혹은 배타적으로 자신을 인종적, 부족적 정체성의 맥락에서만 인식하는 사람들은 정부를 정체성의 저장소로 여긴다. 결국 그들은 공적 공간을 사적 실체로 식민화한 것이다. 시장자유주의자들의 관점에서 말한다면, 국가가 완전히 사라질 때까지("가장 좋은 정부는 정부가 없는 것이다") 국가를 축소하는 것이다. 즉, 사적 영역을 완전한 주권체로 만든다. 그들은 생산자나 소비자 외의 모든 정체성을 소멸시키는 데 온 힘을 기울이는 존재가 된다. 공동체주의자들의 경우를 보면, 국가는 충실하게 봉사해야 하는 거대한 공동체에 종속된다－그 공동체가 조국이든 민족공동체이든 다른 유형의 혈연 부족체든 상관없다(예를 들면, "대오스트리아 국민", "위대한 스코틀랜드 국가", "보스니아계 세르비아 국가" 또는 "기독교도의 미국" 등 과장된 표현이 사용된다). 신정국가에 대한 이슬람교도의 열망은 공동체주의적 전체주의화 경향이 논리적으로 확대된 것이다.

전체주의적 유혹에 빠져드는 공동체주의자들은 자신들이 강화하려고 열망하는 자연적 공동체가 인위적인 노력으로만 현실적으로 존재할 수 있다는 역설에 직면한다. '자연적인' 사회적 유대의 쇠퇴, 세속주의, 효용주의 등으로 인해 자연적 공동체에 적합한 환경이 손상당한 현대의 상황에서, 전통적이거나 자연적 정체성을 강조하는 대부분의 공동체는 더 이상 존재하지도, 존재할 수도 없는 유기적인 자연적 공동체에 불과하다. 그러므로 스스로를 재건하기 위해 인위적으로 끈질기게 노력해야 한다. 이러한 수고는 '자연적 공동체'인 척하는 '자발적' 결사체를 만들어낼 것이다. 예를 들어, 혈연공동체를 확장된 의미에서 볼 때 폴란드계 미국인이나 아프리카계 미국인이 실제로는 폴란드인이거나 아프리카인인 것처럼, KKK는 '씨족'이거나 혈연적 결속 집단이라기보다는 강한 자의식을 지닌 미국 시민들의 단체 같은 성격을 지닌다. 미국에서 태어난 폴란드인이나 아프리카인은 문화적 뿌리를 기억하거나 재구축함으로써 민족적 동질감을 느낄 것이다. 그러나 정작 고국을 방문하면 자신이 만들어낸 정체성이라는 것이 실제와 얼마나 동떨어졌는지 금방 발견한다. 자신이 얼마나 뿌리 뽑힌 미국인의 모습을 하고 있는지 깨닫는 것이다. 키스 리치버그(Keith B. Richburg)는 《미국으로부터 벗어나기: 아프리카와 맞닥뜨린 어느 흑인》에서 이런 사실을 매우 솔직하게 털어놓는다.

  인간은 기억 속에 뿌리를 내린다. 그러나 폭정에 저항하는 시인이나 애국자가 호소하는 '기억'은 독재에서 해방되고 공동의 정체성을 갖기 위해 노력하는 사람들에게만 통하는 정교한 수단일 수 있다. 아프리카학은 스와힐리어 같은 역사적인 아프리카 언어와 끈끈한 관계를 맺을 수 있지만, 한편으로는 일상생활에서 흑인이 사용하는 방언이 미국의 국가적인 '문자 해득력'의 기준을 얼마나 복잡하게 만드는지에 관심을 기울임으로써 아프리카계 미국인의 정치적 목표 달성에 도움이 될 수 있다. 기억 속에는 남아 있지만 역사적으로 쇠퇴한 정체성을 재구성하는 작업은 원형 그대로의 특정 공동체를 재현하는 일과 같지 않다. 현대의 공동체주의가 보여주는 구체적인 병리 현상의 대부분은 공동체의 원래 특성에서 발생한 게 아니라 일종의 모방 때문에 생긴 것이다. 현대의 공동체주의는 굳건하고 자기 충족적인 정체성에 대한 요청에도 불구하고, 공동체의 이상만을 모방하기 때문에 허약하고 방어적일 수밖에 없다. 오늘날 이슬람의 지하드는 이슬람주의의 신학적 본질만큼이나 그 적대적 입장을 통해서도 정체성을 확인받는다. 이것은 오늘날 미국의 정통 청교도주의가 기독교 초기의 아우구스티누스 모델(4세기 활동한 신학자이자 성직자이자 서구 기독교에서 교부로 존경받는 아우구스티누스의 가르침—옮긴이)이나 매우 엄격한 보스턴의 청교도주의와 매우 친화적인 한편, 세속적이고 물질주의적인 문화에 대해 훨씬 더 공격적인 것과 마찬가지다. 말하자면, 내가《지하드 대 맥월드》에서 '지하드'라는 용어로 주목한 병리 현상은 200년 전 식민지로 전락하기 전의 이보(Ibo) 부족민의 문제가 아니라, 식민지 경험을 가진 라고스(Lagos) 등의 상업도시에서 다른 부족들과 더불어 살아야 하는 이보 원주민의 범세계주의가 초래한 문제다.

이미 사라져버린 옛 공동체를 '새롭게' 재현하려는 시도는 원형에 비해 훨씬 더 많은 문제를 일으킬 수 있다. 즉, 20세기를 도탄에 빠뜨린 것은 아리안족이나 알라만족 자체가 아니라, 생활권(Lebensraum)을 주장하고 그 이름을 빌려 전쟁을 일으킨 나치였다. '세르비아(Serbia)'와 '보스니아(Bosnia)' 자체는 역사적으로는 그다지 비극적이지 않았다. 오히려 그들이 재구성한 탈근대적 이름 찾기의 결과가 더욱 참담한 비극적 현실을 초래했다. 모방은 '자연적' 원형보다 더 가혹한 노력이 필요하다. 뿌리에 대한 불안으로 인한 인위적인 시도 때문에 더 위험해지는 것이다. 바로 그런 이유로 하이더나 르펜이 자신들은 민족주의자들과는 전혀 다르다는 점을 부각시키기 위해 무진장 애쓰더라도, 시민성에는 실제로 매우 큰 위협이 될 수 있다.

전 세계적인 무질서와 급진적 개인주의가 수반하는 무정부 상태에 직면해서 공동체주의자들의 우려가 크다는 점은 이해할 만하다. 초창기 공동체주의적 정체성의 파멸을 불러온 것이 근대성의 그런 측면이기 때문이다. 전통적인 문화적 공동체주의자들이 보수적이며 때로는 반동적이라는 사실은 놀라운 일이 아니다. 사회학자이자 문화비평가인 리처드 세넷(Richard Sennett)은 범세계주의가 수반하는 무질서의 도시적 의미를 명쾌하게 설명한 바 있다. 비록 '공중(public man)의 몰락'을 나중에 한탄하기는 했지만, 그가 몰락했다고 표현한 공중은 공동체주의자가 아니라 세계인이었다.[11] 공동체주의자들은 창조적인 무정부 상태를 두려워하는 것 같으며, 권위주의적 질서 유지에 적극적으로 동조한다. 그들의 두려움은 자유에도, 공중에도 도움이 되지 않는 것이 분명하다. 예를 들면, 명쾌하고 보수적인 사회학자 로버트 니스벳(Robert Nisbet)은 서구 문명의 말기에 나타난 공동체의 쇠퇴가 권위의 파괴적인 황혼기(그의 후기 저작의 제목이기도 하다)를 동시에 불러왔다고 믿었다. 피터 버거(Peter Berger)나 앨런 에른헐트 등의 사회학자와 윌리엄 베넷 등의 정치비평가들은 질서와 권위의 쇠퇴, 가족과 가족주의를 강화시

---

[11] *The Uses of Disorder: Personal Identity and City Life*(1970); *The Fall of Public Man*(1977) 참조.

키는 교회 제도의 쇠락을 현대 가치관의 위기와 연관시켜 논의했다.[12] 공동체주의와 권위(그리고 위계질서)의 관계는 고정되거나 결정된 게 아니라, 현실의 관행 속에서 확립되는 것이다. 공동체주의자들은 연대와 형제애가 권위주의 및 위계질서로 자연스럽게 발전되는 경향이 있다는 사실을 피하기 위해 현대의 위기 상황에 어느 정도 책임을 전가하려는 것이다.

바로 그런 이유 때문에 일부 사람들 – 대개 모험심이 강하고 창조적인 젊은층 – 에게 공동체주의는 은둔적이고 답답하다고 느껴질 수 있다. 작은 마을이 가진 함정은 지역적 위계질서, 엄격한 규율, 지나친 친밀성으로 인해 인습과 소문으로 얽매인 경직된 문화를 만들어낸다는 것이고, 사람들은 그로부터 도망치기 위해 안간힘을 쓴다. 빌 클린턴이나 밥 돌(Bob Dole, 1996년 미국 대통령선거 공화당 후보)은 성인이 된 후 마을 공동체에서 시간을 보낸 적이 거의 없지만, 바로 그곳에 미국의 희망이 있다고 찬사를 보냈다. 거대 도시와 작은 마을 간의 뚜렷한 차이는 자아 창조와 주어진(귀속적인) 정체성 사이의 긴장으로 표현된다. 뿌리 없는 도시 거주자가 그리움에 사무쳐 고향을 동경하는 마음에서 형성되는 정체성이 마을 공동체 생활에 녹아들어 있는

---

12 Robert Nisbet, *The Twilight of Authority*(1975); Peter Berger and John Neuhaus(서론의 주 5), 그리고 Alan Ehrenhalt, *The Lost City*(1995) 참조.

한, 실제 현실은 감옥 생활보다 나을 것이 없다. 문학에서 그려지는 마을 공동체 생활은 다음과 같은 두 가지의 이미지를 담고 있다. 한 가지는 딜런 토마스(Dylan Thomas)와 소턴 와일더(Thorton Wilder) 등이 향수로 가득 찬 온화한 기억을 묘사해내는 경우다. 그들은 세상의 음울한 도시에서 멀리 떨어진 피난처를 그려냈다. 오래전에 동심의 구세주가 살았던 웨일스의 마을로, 우리가 늘 동경하고 있는 '우리의 마을'이었다. 다른 하나는 토니 모리슨(Toni Morrison)이나 토마스 하디(Thomas Hardy) 등의 냉정한 현실주의자들이 그려낸 것으로, 그것은 죽음의 함정일 뿐이었다.[13] 우리의 마을도, 그들의 마을도 아니고 아무런 동정심도, 관용도 존재하지 않는 냉혹한 마을일 뿐이다.

20세기의 대표적인 보수주의 사상가로 꼽히는 영국의 마이클 오크쇼트(Michael Oakeshott)는 역동적인 르네상스 시대에 대해 저술했을 때 거대 도시의 정신을 잘 그려냈다. 그 시대에는 "어떠한 여지도 허용하지 않는 세계에서 자기 방식대로 세계를 만들어가는 젊은이들, 무역을 위해 육지를 떠난 맨발의 모험가,

---

[13] 죽음의 함정이라는 이미지는 Michael Lesy, *Wisconsin Death Trip*(1973)에서 나온 것이다. 토마스 하디는 어두운 측면에 초점을 맞추어 *Jude the Obscure*에서 마을 공동체를 규정하는 불관용에 대한 불협화음의 감정을 표현했다. 토니 모리슨은 *Bluest Eye*에서 한때 향수의 주제가 되었음 직한 가난한 아프리카계 미국인 가족을 황량하게 그려내고 있다. 또 Sherwood Anderson, *Winesburg, Ohio* 참조.

방랑하는 학자, 그리고 농촌의 공동체적 속박에서 자신을 해방시킨 도시 거주자들이 살고 있었다".[14] 그러한 모험은 근대의 여명기를 지나면서 중세의 씨족과 같은 헌신이 더 이상 들어설 자리가 없는 도시 생활에 대한 동경으로 향했다. 그러나 그들은 둔감한 공동체 세상에서 벗어나 뿌리 없는 도시 생활의 광기에 빠져들어감으로써 이후 공동체주의에 대한 향수의 근거를 남겨두었다. 도시의 해방을 위해 포기해버렸던 작은 마을은 도시적 병폐를 벗어난 상상의 피난처로서, 또 근대성과의 전쟁에서 정치적 공격 수단으로서, 후손의 손에 의해 재건되었다.

공동체와 거대 도시에 대한 이런 다양한 묘사는 정반대의 문학적 입장을 드러낼 수도 있지만, 외면적으로 보이는 것만큼 실제로 그렇게 상충지는 않는다. 그들은 같은 속성을 선과 악이라는 공동체적 정체성의 두 얼굴로 그려낸 것이다. 그리고 그들은 초창기의 직접적인 대면 공동체로부터 거대한 근대 도시 문명으로 머나먼 여정을 떠났다. 이것은 대부분의 서구인에게 근대적 삶의 모습이다. 이제 상상에나 존재하는 사라져버린 삶의 방식이 승자가 되어 새로운 공동체주의가 주창되고 있다.[15] 그

---

14 Michael Oakeshott, *On Human Conduct* (1975), p.239.
15 Peter Laslett, *The World We Have Lost* (1965), 이 책은 향수에 가득 찬 철학자가 16~17세기 영국의 매우 친밀한 마을 공동체에서의 삶을 이상화해서 설명한 내용을 담고 있다.

들도 시민사회에 대한 공동체주의적 관점이 사회정책의 측면에서는 왜 문제로 가득 차 있는지 잘 알고 있다. 공동체주의자들은 고대 공동체의 특징을 복원하려 하지만, 그것이 사라진 이유는 그들이 비방하는 근대화 과정(그리고 탈근대화 과정)의 불가피한 결과였다. 그런데도 그들은 공동체를 처방으로 내놓은 것이다. 그들이 시민사회의 근간으로서 재건하려는 세계는 우리가 이미 잃어버린 세계다. 그들은 우리가 갈구하는 공간을 제시해주지만, 그곳은 더 이상 진정으로 우리의 것이 될 수 없는, 고대의 세계로 되돌아가야만 도달할 수 있는 곳이다. 만일 잃어버린 세계를 복구해야만 시민사회가 재건될 수 있다면, 더 이상 시민사회는 존재할 수 없을 것이다.

그러나 시민사회는 향수 속에서만 존재하는 것이 아니다. 이것이 바로 다음에서 설명할 강건한 민주주의적 관점이 제시하려는 메시지다.

강건한 민주주의적 관점:
정부와 시장 사이에 존재하는 영역으로서의 시민사회

전설적인 노동운동 지도자 새뮤얼 곰퍼스(Samuel Gompers)는 노동자가 진정으로 원하는 것이 무엇인지 질문을 받았을 때 아주 분명하게 민주주의의 현장으로서 시민사회를 인식하는 설명을 내놓았다. 텍사스주 샌안토니오 앨러모 근처에 있는 그의 동상에 새겨진 글을 보면 명확하다. "우리는 무엇을 원하는가?"

우리는 더 많은 학교를 원하며, 감옥이 줄어들기를 바란다.
책이 늘어날수록 총은 줄어들고,
배움이 커질수록 악은 감소하고,
여가 시간이 늘어날수록 탐욕은 줄어들고,
정의가 커질수록 복수는 감소하고,
우리는 인간의 좋은 품성을 길러줄 더 많은 기회를 원한다.

배움, 여가, 정의, 기회. 이것이 그의 대답이다. 민주적 시민사회를 위한 강건한 처방으로서의 자유로운 제도와 사회성이 정부에 의해 압도당하지 않고 시민의식에 편안하게 의존할 수 있는 사회를 말하는 것이다. 시민사회에 대한 강건한 민주적 개념은 지금까지 논의한 유형과는 다르다. 이 관점은 시민사회와 시민의식을 명확하게 연결하고 있기 때문이다. 이것은 공적 부문과 사적 부문을 정반대의 것이라고 보지 않으며, 실제로 현실적 사회 개입을 의미하는 제3의 매개적 영역을 상정한다. 즉, 활기 넘치는 시민적 활동을 원하는 시민을 위한 규범적 이상을 뜻하는 것이다. 그것은 시장자유주의처럼 피상적이거나 삭막하지도 않고, 씨족 공동체처럼 끈끈하거나 친밀하지도 않다.

자유주의자와 공동체주의자 모두 사적 부문과 시민적 공간을 동일시하려는 경향으로 인해(그것이 시장의 형태이든, 공동체의 유형이든), 우리가 이상주의자이든 현실주의자이든 상관없이 정치적 선택을 분명히 하라고 압력을 가한다. 계약에 의한 결사체나 혈족 공동체 또는 그와 유사한 형태는 다양한 참여 방식을 대변해주는 것이 확실하지만, 함께 살아야 하는 이웃, 친구, 시민 또는 이방인과 연대할 방안에 대해서는 아무것도 제시하지 못한다. 그러나 최소한 세 가지 특징적 영역을 갖춘 사회적 공간을 상상하면, 정치적·시민적 논쟁이 가능해지는 더 유연한 틀을 마련할 수 있다. 그리고 혈연이나 경제적 논리로만 규정되는 배타적인 운명보다는, 다원적 정체성과 다양한 목적을 갖는 존재로서 자신을 고려할 수 있을 것이다.

시민사회에 대한 강건한 민주주의적 관점은 공적 영역과 사적 영역을 구분한다. 말하자면, 정부와 주권을 행사하는 제도로 이루어지는 국가 영역, 개인 및 '시장'에서의 계약에 의한 결사체가 존재하는 사적 영역을 가리킨다. 그리고 양자의 가치를 공유하면서 그 둘을 매개해주는 제3의 영역을 상정한다. 이러한 제3의 독립적 영역은 시민적 공동체로서 규정된다. 그 핵심은 다원적인 시민적 공동체다. 이것은 자발적 참여를 장려하는 개방적이고 평등주의적인 회원들의 결사체다.

물론 자발적 시민사회를 위한 이상적 조건과, 우리가 본질적으로 시민적이라고 여기길 원하는 현실 집단 사이에는 간극이 있다. 그러므로 완전히 민주적, 자발적 이상을 결여한 집단조차 포용할 만큼 관용이 넘치는 민주적 시민사회의 경계선을 그려내고 싶은지도 모른다. 예를 들면, 교회는 분명히 시민사회에 속할 수 있는 구성 요소이지만, 확고한 '자발주의자'들의 입장에서는 어른이 되어 세례를 받았다거나 개종한 사람들로 구성된 의식 있는 신도만이 회원 자격이 있다고 주장할 것이다. 그러나 그런 조건을 적용하면 대부분의 신도는 배제될 것이므로 그 조건을 완화하려 한다. 이와 마찬가지로, NAACP(National

Association for the Advancement of Colored People, 1909년 창설된 전미 흑인지위향상협회-옮긴이)처럼 본질적으로 아프리카계 미국인의 권익을 옹호하는 시민 집단까지 포괄하는 매우 광범위한 규정을 원한다. 이 단체는 회원 자격이 모든 사람에게 개방되어 있어서 포괄적인 인종적 조화를 꾀한다는 명분으로 자신들의 인종적 공동체의 이익 증진에 봉사한다.

시민적 영역의 우월한 특징은 본질적인 측면에서 볼 때 개방적인 공적 영역(국가 영역)에서 나타나지만 자발적이고 비강제적인 속성(사적 영역의 경우)도 갖는다. 그러므로 공동체가 그 구성 요소가 되려면 개방성과 포용성을 어느 정도 갖추어야 한다. 비록 시민 영역이 사적이라고 해도 민주적인 공적 영역이 지닌 평등주의적인 비배타성이 내재돼 있기 때문이다. 또한 설사 공적이라고 해도 시민 영역은 주권을 행사하거나 강제력을 행사하는 것은 아니며 사적 영역 고유의 자유와 자발성을 갖추고 있어야 한다. 공적이고 사적인 덕목을 모두 갖추고 있기 때문에 강력하고 든든한 민주적 특질을 지니는 것이다. 그러한 공동체는 사적 활동은 물론이고 공적 업무에서의 공동의 행위 및 역사의 공유를 통해 창조된다. 그리고 공동체가 각각 공평하고 평등주의적이라서가 아니라 다원적이기 때문에 일정한 수준의 평등을 유지하는 것이다. 시민적 영역은 다양한 집단의 기본 토대가 되며 그러한 다양성이 민주적 특징을 의미한다. 따로 떼어보면 개별적 공동체나 단체는 고립적이고 배타적이고 불평등하고 비자발적이라고 보일지도 모르지만 전체적으로 그들은 다양성과 차이에 의해 짜인 하나의 구조물을 이룬 것이다. 시민사회는 총체적으로 자유롭다. 여성이나 남성이 그들 나름대로 결사체의 종류를 선택할 수 있는 자발적인 영역이기 때문이다. 어떤 흑인 무슬림이 취향상 매우 민족주의적이라면 NAACP나 민주당, 침례교회나 여성유권자연맹, 아니면 젊은 공화당원을 위한 리펀회(Ripon Society) 중에서 선택하면 된다. 모든 단체가 꼭 같은 수준으로 내부적 자유를 허용하지는 않지만 시민사회에서는 어느 정도 선택의 자유를 준다. 즉, 각각의 개별적 공동체가 특별한 정체성을 강요하기는 하지만 시민사회는 단일하고 완고한 정체성의 영향하에서도 유지될 수 있는 다원적 본질을 시민들에게 부여하고 공동체의 날카로운 모서리를 다듬어줌으로써 공동체 특유의 정체성이 유연해져서 공동체가 상호 교류할 수 있도록 해준다. 완고한 공동체는 자유로운 시민사회의 느슨한 분위기와 더불어 공존할 수 있다. 다시 말해, 강건한 민주적 시민사회의 자유는 모든 개별적 공동체의 특징보다는 사회의 일반적인 특징을 통해 측정된다는 뜻이다. 이미 지적했듯이, 특정 종교 집단이 개방적 시민사회의 자유로운 기준에 적합한지 걱정하기보다는 애덤 스미스의 충고에 귀를 기울일 필요가 있다. 《국부론》의 저자일 뿐 아니라 시민사회를 탐구한 자유주의 사상가이기도 했던 그는 이미 200년 전에 이렇게 썼다. "사회에서 어떤 분파를 제외한 한편만이 허용되거나, 아니면 전체 사회가 둘 내지 세 개의 커다란 분파로 분열된 곳에서는 종교 지도자의 관심과 적극적 열정이 문제를 일으키거나 심각한 위험을 초래할 것이다."[16] 강건한 민주적 시민사회에서 다원주의는 자유의 전제조건이다. 많으면 많을수록 좋은 것이다.

강건한 민주적 시민사회는 예를 들어 '시민적 공화주의'로 불릴 수 있듯 다양한 유형으로 나타난다. 이러한 의미에서 시민사회는 민주적 덕목을 보유하고, 민주적 삶의 관습과 관행을 장려하며, 공공성과 자유, 평등주의와 자발주의에 의해 규정된다. 이것이 바로 이상적인 민주적 시민사회의 모델이다. 여기서 시민은 정부 서비스의 소비자로 머물거나 정부의 개입을 저지하려는 우익 인사만이 아니다. 또한 정치적 대리인이 책임지는 척

---

[16] Adam Smith, *An Inquiry into the Nature and Causes of the Wealth of Nations*, Edwin Cannan ed.(1976), II, 314. 스미스는 다양한 분파의 존재를 통해 "훌륭한 기질과 성품" 두 가지를 사회에서 길러낼 수 있다고 쓰고 있다.

만 하도록 방관하는 단순한 유권자나 수동적 감시인도 아니다. 오히려 민주적 시민은 적극적이고 책임감 넘치는, 집단이나 공동체의 구성원이다. 상충하는 가치와 이익 갈등이 발생하면 공동의 토대를 찾아내고, 공공의 업무를 수행하고, 공동의 관계를 추구함으로써 그러한 차이를 조정하려 노력하는 존재다. 강건한 민주적 시민사회에서 맺어지는 사회관계는 생산과 소비를 통해 이루어지는 경제적 상호작용이나 시장에서 제공하는 것보다 훨씬 더 보상이 크고 굳건하다. 물론 혈연공동체가 제공하는 것보다 뿌리가 깊고 단단하지는 않을 것이다. 자발적으로 공원을 청소하면서 누군가의 이웃이 되는 일은 피를 나눈 형제가 되는 일보다야 든든하지 않겠지만, 투표소에서 만난 유권자나 상점에서 부딪치는 익명의 소비자에 대해 느끼는 감정보다는 훨씬 더 단단한 것이다.

이제 나는 이웃, 단체의 회원, 상호협력적인 이방인이 만들어낼 수 있는 강건한 민주적 시민사회 모델을 구체적으로 살펴보려 한다. 그것은 역사적으로 미국에서 존재했던 공화주의적 시민사회에 관한 토크빌의 전통적인 이상을 담고 있을 뿐만 아니라 강력한 규범적 이상도 보여준다. 오늘날 시민사회가 위기에 빠져 민주주의의 결함을 드러내고 있다고 논의할 때, 복고주의적 향수에 빠지지 않도록 주의하면서—토크빌이 찬미한 미국은 노예제를 허용했으며, 여성, 아메리카 원주민 등 여러 집단에는 참정권을 부여하지 않았기 때문이다—토크빌이 제시한 이념에 주목할 필요가 있다. 오늘날 민주주의의 위기는 민주주의가 이미 확립된 곳은 물론이고 민주주의를 쟁취하기 위한 투쟁이 여전히 벌어지는 곳에서도 발생하고 있다.

02

시민의 사회적 공간
: 강건하고 민주적인 시민사회 만들기

시민사회에는 시민을 위한 공간이 있어야 한다. 그 공간은 실제로 우리, 즉 시민을 위한 것이고, 우리가 공유한 것을 위한 장(場)이며, 공유를 통해 '우리'가 되는 사람들을 위한 공간이다. 그 공간은 민주적이어야 한다. 즉, 공적이면서 자유로운(비강제적이고 비국가주의적인) 영역이어야 한다. 시민사회에 대한 강건한 민주적 관점은 개인적 생산자와 소비자로서의 사적인 삶, 유권자와 권리 주장자로서의 공적인 삶이라는 두 가지 사이에서 시민적 삶을 구분해낸다. 또한 이 관점은 역사적이며, 사회학적인 뿌리를 이전의 역사에서 찾는다. 그러나 역설적으로 그 시대의 시민사회는 별로 포괄적이지도 않았고 해당되는 사람에게만 민주적이었을 뿐이다.

한때 미국인은 정부와 시장, 국가와 개인, 계약에 의한 결사체와 공동체라는 양극단 사이에서 중간적 선택을 중요하게 내린 적이 있었다. 그리고 그것이 전 세계로부터 칭송받고 모범적 사례로 손꼽히기도 했다. 이러한 제3영역은 자립적인 영역으로서 핵심적 특징은 구성원들 간의 상호의존이었다. 오늘날 이런 영역이 심하게 훼손되고 있는데도 여전히 미국 건국 초기의 민주적 에너지와 시민적 능동주의의 핵심으로서 지금까지 유지되고 있다. 정치철학자 마이클 샌델은 《당신이 모르는 민주주의》라는 책에서 전통적인 "시민 공화국적" 관점에 대해 매력적인 설명을 제시한다(이것은 내가 "강건한 민주적" 관점이라고 지칭한 것의 사촌쯤 될 것 같다). 그 책은 결정적으로 공동체주의적 입장을 반영한다. 공화주의가 우리의 역사에서 황금기를 누린 적은 없다고 해도―실제로 노예제 아니면 불평등한 참정권과 다양하게 공존했다―샌델이 믿고 있듯이 그것은 자유와 "자치 참여 여부"를 연결하고 있다. 그러한 공유란 "공동선에 대해 동료 시민과 함께 깊이 생각하고 또 정치 공동체의 운명을 만들어나가는 데 힘을 보탠다는 뜻"으로 이해되었다.[17]

시민적 공화주의가 노예제나 백인 남성에게만 한정된 참정권(일부 국가의 경우에는 재산을 소유한 백인 남성의 제한 선거권)을 바탕으로 유지되었기 때문에, 남북전쟁 이전에 미국의 시민적 공화주의는 이러한 결점을 보완해줄 일종의 민주적 자유주의의

---

[17] Michael Sandel, *Democracy's Discontent* (1996), p.5.

이념이 필요했다. 그것은 앞 장에서 자유주의적 시민사회 모델이라고 지칭한 입장이었다. 참정권은 제한되었지만 시민에 속한 사람에게 자유는 풍족함을 의미했고, 충분한 보상이 주어졌다. 자유는 지역적, 개인적 수준에서 부여되었고 이웃에 대한 소수인종 보호주의를 추구하는 시민적 활동을 바탕으로 성장했기 때문이다. 자유는 외국의 국가 및 전혀 별개의 영역인 상업과 갈등을 일으키는 의미로는 해석되지 않았다. 일반적인 정부 영역과 소박한 상업적 영역은 그 당시 든든한(가부장적인) 가족에 뿌리내리고 있었다. 당시 미국에 있는 대부분의 공동체는 학교, 마을, 교회, 자발적 결사체와 결속된 확장된 시민사회와, 이들의 순응주의-토크빌의 용어에 따르면 여론이라는 폭군-에 의해 압도당했다. 모든 정부에 대해 뿌리 깊은 불신을 품은 연방주의자의 헌법과 이후 등장한 공화당이 18세기 휘그당의 기준에서는 상당히 포괄적으로 보였지만, 실제로는-오늘날의 기준으로 보면-매우 소박한 시민의 입장에 서 있었다. 말하자면, 우체국 업무에다 대통령을 더한 것에 지나지 않았다. 조지 워싱턴의 반대자들은 그가 군주제를 윤색한 것에 불과한 대통령제를 만들지도 모른다고 두려워했지만, 조지 워싱턴은 사실상 12명도 안 되는 행정부 관리를 두고 새로운 국가를 통치했으며, 로마 공화정의 킨킨나투스(Cincinnatus, B.C. 519~430. 로마의 정치가. 원로원의 부름을 받아 한때 로마의 집정관을 지냈다—옮긴이)를 통치 모델로 제시했다. 킨킨나투스는 시민 대표로서 의무를 다한 후 은퇴해서 농장으로 돌아갔다. 워싱턴도 그와 같은 행태를 보여주었다. 워싱턴은 겸손한 리더십을 발휘했고, 그래서 존경받았다. 권리장전(그 유명한 미국 헌법의 10번째 수정 조항)은 중앙 정부에 완전히 위임되지 않은 모든 권력을 '주와 주민'의 시민적 재량권에 맡김으로써 지역적으로 공화주의를 강화했다. 독립 이후 처음 60~70년 동안 우체국 직원의 수가 미국의 연방정부 고용인 중 가장 많았다(그리고 기적에 가까울 만큼 효율적으로 업무를 수행했다). 우체국을 예외로 해도, 헌법에서 인정한 얼마 안 되는 정부 활동은 엄청난 수의 연방 관리 및 주 행정관이 필요했다. 그러나 남북전쟁이 일어날 때까지 자치 단체와 공동체 안에서 이루어지는 일이 시민적 활동의 진정한 현장이었던 것이다.

이렇게 매우 단순한 시대에 사람들은 스스로 시민이라고 생각했고, 자신들이 속한 집단을 시민 결사체로 여겼다. 즉, 그들은 함께 시민사회를 형성했던 것이다. 남북전쟁이 끝나자 전쟁의 발단이 된 남부 11개 주의 탈퇴 및 연방에 대한 문제 제기,

전쟁이 촉발한 재건의 책임 등이 국가에 새로운 부담을 안겨주었고, 새로운 활력을 얻은 연방정부와 팽창 욕구를 가진 자본주의적 기업의 권력 증대 및 독점화 경향으로 인해 시민사회는 그 터전을 잃었다. 기업들이 '법인'과 주식회사로서 법에 의해 정당화되기 시작하면서 비정부적 영역에서는 기본적인 행위자로서 자발적 결사체를 대신했다. 이처럼 시장 세력이 급격하게 확장되면서 그들은 시민사회를 침범하고 때로는 분쇄하면서 밀려들었다. 연방정부는 공중의 일에 직접 개입하는 것이 아니라, 공동선을 대변한다는 명분으로 나름 공격적인 입장을 취하면서 공공 복리를 증진하기 위해 대응했다. 정부가 기업에 대응하기 위해 필요한 권력을 행사하면서, 또 다른 측면에서는 시민사회를 잠식했고 시민사회에 서슴없이 타격을 주었다.

국가와 기업이 독점적 영역을 둘러싸고 전투에 가까운 경쟁을 벌이는 동안, 그 사이에 낀 시민사회는 결국 미국 사회에서 우세한 지위를 잃어버렸다. 두 명의 루스벨트 행정부 시대(1901~1908/1933~1945)를 거치는 동안, 시민사회는 고전적인 공화주의적 관행을 포기해버렸다. 시민사회의 거주민들은 거대한 정부(그 수호자와 공무원)의 보호 아래, 아니면 사적 영역에서 은신처를 찾아 나서게끔 내몰렸다. 이제 사적 영역에서는 학교, 교회, 각종 재단이 기업의 형태를 갖추기 시작했고, 회원들의 특수한 목적을 위해 구성된 특정 이익집단에 불과한 것처럼 보였다. 그리고 가족은 자력으로(가족이 대응하기에 적절하지 않은 도전에 직면해서도) 살아남아야 했다. 말하자면, 시민적 결사체에 의해 추구하는 목표가 무엇이든지 간에 시장의 이윤 획득 능력이나 국가의 도덕적 정신은 사적인 시민 결사체와는 무관한 것이 되었다. 개념 정의상 모든 사적 결사체는 사적 목적을 갖는 존재였기 때문이다.

공공의 이익 방어를 위해 조직된 집단이 한 가지 이상의 사적 이익을 추구하는 결사체를 약탈하려는 대표적인 사례가 되는 역설적 상황이 발생했다. 해리 보이트와 낸시 카리(Nancy Kari)는 《아메리카 건설(Building America)》에서 이러한 측면을 잘 보여주었다. 이 책은 궁극적으로는 공적 의식을 바탕으로 강건한 민주주의적 삶에 기여한다고 이해되었던 모든 활동에 관한 논의를 담고 있다.[18] 그러나 모든 것이 변했다. 노동자 세력

---

18 보이트와 카리가 "노동과 시민의식과 민주주의의 관계"를 심도 있게 논의하지는 못하지만, "미국에서 사람들이 공동체의 창조자, 유지자, 공동 작업을 통해 공공복지의 수호자가 되어가는" 과정을 관찰하고 있다. Harry C. Boyte and Nancy N. Kari, *Building America: The Democratic Promise of Public Life* (1996), pp.2~3. 보이트는 어쩌면 자신의 논리가 시민적 공화제로 간주되는데 반발할지도 모르겠다. 그러나 공공복지(예를 들면, 그의 책 *Commonwealth: A Return to Citizen Politics*, 1989), 공공 노동, 시민의식에 대한 그의 관심은 자유주의도, 공동체주의도 아닌 시민사회에 대해 중요한 관점을 보여준다.

의 목을 조르는 기업을 연방정부가 규제하려고 할 때 정부는 규제 대상 기업보다 결코 나을 것이 없는, 아니, 그보다 더 나쁜 또 하나의 특수한 이익집단으로 낙인찍혔다. 연방정부는 민중 신화에 나옴 직한 노동자를 대변하는 권위 있는 존재의 지위를 잃어버린 채 얼마 안 가서 곧 자기 이익 추구에 몰두했다. 연방정부가 여전히 분배적 정의(공정한 보상), 완전 고용, 모든 노동의 존엄성 등에 관심을 기울이고 있어도 사람들은 흔히 연방정부를 기업이 속한 사적 영역의 대립자로 생각하며, 연방정부 역시 그렇게 행동하고 있다.

최근 들어 시민권 및 환경운동 집단도 똑같이 재규정되는 경험을 하고 있다. 비판자들에 의하면, 시민권 운동은 대부분의 미국인이 공감하지 않는 소수 집단의 특수 이익을 보장하기 위한 것으로 우스꽝스럽게 변모해버렸다. 소수인종 보호 정책(Affirmative action)은 한때 특정한 역사적 실체를 인정해주기 위한 자유주의적인 노력이었지만, 그런 역사적 배경과 상관없이 모든 미국인에게 동등한 기회를 주기 위해 고안된 것이었다. 그러나 시간이 지나면서 특정 집단의 특권을 요구하는 특수한 이익 정치의 생성물로 여겨졌다. 정부 영역도 사적 영역도 아닌 부문에서 정부는 공동의 시민적 권리를 옹호하는 것이 아니라 자유롭게 경쟁해야 하는 사적 집단 사이에서 자의적으로 특혜를 베푼다며 비판받았다. 시민사회를 공적으로 정비해가는 과정에서 소수인종 보호 정책을 최소한으로 펼치기 위한 주장이 등장했지만, 사적이며 상업적 영역에서 그러한 정책은 흔히 모든 행위자의 평등을 전제함으로써 이익집단 간의 '공평한' 경쟁의 이점을 강조하는 시장의 규칙을 왜곡시키려는 시도에 불과한 듯 보일 뿐이다.

환경보호에 관심을 기울이는 단체 역시 이와 비슷한 왜곡을 수없이 경험해왔다. 이론적으로 독특한 시민적 공화제(말하자면, 공적 공화제!)의 주장, 즉 모든 사람이(여기서 '모든'에는 공기를 오염시키는 환경 파괴범까지도 포함된다. 그들의 파괴 행위에도 불구하고, 그들 역시 시민이기 때문이다) 맑은 공기를 마셔야 한다는 주장이 호감을 얻는 동안에도, 환경 단체는 사회를 공적 영역과 사적 영역으로 양극화시키는 반대자들 때문에 중도적 입장을 유지할 수가 없었다. 오늘날 환경론자들은 시민적 덕목에 관한 토론을 제기하기보다는 자신들의 도덕적 정당성에 집착하면서 공동선에 대한 엄격하고 완강한 주장을 방어적으로 고수할 수밖에 없다고 느끼곤 한다. 또한 통나무 운반 트랙터나 제설차의 권리에 버금가도록 들새 관찰자와 자전거 타는 사람의 권리가 보호되어야 한다고 강력하게 주장한다. 지속 가능한 환경에 관심을 기울이는 공동체에서 통나무 운반 트랙터와 들새 관찰자를 모두 아우를 수 있는 공공선은 반대자들의 강력한 이익 추구 정치에 직면하여 설 자리를 점점 잃고 있다.

이러한 조건 아래서 '공공선'은 합리적인 공공의 이상으로 살아남을 수도, 유지될 수도 없다. '공공 업무'는 과소평가되고, 공무원은 고작해야 '고객'(시민)에 대한 봉사만을 최선의 목표로 삼는다. 그리고 '노동'은 사적 영역에서 생계를 유지하기 위해 하는 일일 뿐이다. 전체 공동체에 이익을 가져오는 프로젝트에 시민들이 협력을 아끼지 않는 것이 곧 공동 작업을 의미했던 오랜 시민사회 전통은 사라진 것 같다. (미국 사회의 헛간 상량식이나 스위스에서 공동 작업(Gemeinarbeit)—산간 목장을 함께 깨끗하게 치우거나, 마을 전체를 보호하기 위해 눈사태 경비대를 세우는 일—등은 20세기까지 이어진 대표적인 예다.) 그러나 공동 작업의 이상은 오늘날 정치적 반향을 불러일으키지 못한다. 보이트와 카리가 동료 시민들에게 "공동 작업"의 감동을 열정적으로 촉구할 때, 일반 미국인들은 그들이 지역 고속도로 담당국의 공적 업무 분담에 대해 언급하는 것이라고 의심하고, 그런 일이 과연 자신들에게 무슨 이득을 가져다줄지 의심할 것이다.

이러한 우울한 역사로 인해 시민이 시민적 활동을 위한 공간도 확보할 수 없고, 문명을 위한 목소리도 낼 수 없는 시대를 살아가도록 스스로 방치하고 있다. 마이클 샌델이 지적한 바 있듯이, 우리 시대의 흔적만 남은 자유주의는 "개인을 자유롭고 독립적인 자아로 인식한다. 이러한 개인들은 자신들이 선택하지 않은 도덕적, 시민적 연대에 대한 부담을 느끼지 않는 존재다. 이러한 자유주의적 관점으로의 이행은 우리의 공적 생활을 괴롭히는 무력감을 불러오는 잘못된 장치이며, 자치 정부를 유지할 만한 시민적 자원을 결여하고 있다".[19] 우리는 무엇을 선택할 것인가? 바쁘게 돌아가는 대규모 관료제 국가에 의해 수동적으로 보호받는(아니, 수동적으로 착취당하는) 존재가 될까? 이런 곳에서 '시민'이라는 단어는 아무런 영향력도 발휘하지 못하며, 유일한 시민적 행위는 투표하는 것뿐이다(그러나 실제로는 선거권자의 반 정도만이 투표에 참여한다). 또는 '시민'이라는 단어가 아무런 의미도 갖지 못하고 유일한 행위는 소비하는 것(이것이야말로 정말 모든 사람이 하는 일이다)뿐인 곳에서, 사적 영역의 이기적이며 과격한 개인주의에 빠져들 것인가? 그것도 아니면, 독단적인 자기주장과 폐쇄성을 통해서만 실현할 수 있는 고대

---

[19] Sandel, p.6.

의 유물 같은 일종의 조작된 공동체주의적 정체성에 잘못 빠져들 것인가? (샌델은 공동체주의적 참여 수준과 공화주의적 참여 수준을 항상 구분하지는 않는다.) 요약하자면, 수동적인 유권자가 되거나 공적인 악행을 저지른 자를 공직에서 쫓아내는 투표에만 겨우 참여하는 일, 사적이거나 공동체적 이익을 위해 사적 권리를 행사하는 부족민이 되거나 소비자가 되는 일 등은 점차 위축되는 시민의 역할 중 유일하게 남은 의무에 불과하다는 말이다. 물론 당신은 '어떤' 시민도 될 수 있다. 여기서 '어떤'이라는 부분은 진정한 시민이 되지 못하게 하는 요소다. 포괄적이고 원칙적인 내용을 담고 있는 시민적 정체성으로서의 시민의식은 조작된 토착적 부족주의로 대체돼버린다. (이것은 사실상 다문화주의자들이 매우 싫어하는 앵글로색슨적인 백인 청교도 헤게모니가 외곬으로 변형된 데 불과하다.)

샌델은 내가 강건한 민주주의적 시민사회라고 부르고 있는 것과 매우 유사한 시민적 공화주의가 사라지는 것을 환영하고 (다른 한편으로는 한탄하고) 있다. 즉, 그것은 정부 영역도 아니고 철저하게 사적 영역도 아닌, 시민 참여를 위한 제3의 영역을 의미하는 것으로 여전히 이 두 가지의 가치를 공유하고 있다. 그것은 공적 활동, 시민의 역할, 다른 공동의 행위를 위한 공간을 제공해준다. 이윤 창출에만 목적을 두는 것도 아니고, 그렇다고 해서 복지 정책을 펴는 관료제의 고객 봉사에만 초점을 맞추는 것도 아니다. 또한 시민성의 의사소통적 영역을 의미하기도 한다. 여기서 정치적 담론은 상호 존중에 뿌리를 내리고 차이점과 정체성 간의 갈등을 드러내는 순간에도 공동의 이해를 추구한다. 그것은 자원봉사주의를 찬미하지만 자원봉사주의는 시민의식의 첫걸음에 불과하다고 주장한다. 다시 말해, 자원봉사주의가 개별적 인성의 구축, 박애주의 또는 상류층의 도덕적 의무를 통해서만 행사되어서는 안 된다고 강조하는 것이다. 이것이 바로 진정한 우리의 공간, 즉 우리가 잃어버린 시민의 공간이다.

강건한 민주적 시민사회, 토크빌의 표현에 따르면 시민 공화제적 시민사회는 정부와 더불어 공공성의 정신을 공유하고 공공선과 공공복지에 대한 관심을 같이한다. 그러나 정부와는 달리, 합법적 강제력에 대한 독점권의 행사를 주장하지는 않는다. 자유라는 것이 사적 영역의 특별한 가치라는 점을 중시하지만, 그렇다고 개인주의적이거나 무정부주의를 내세우지는 않는다. 그러므로 오히려 자발적이고, 그러한 의미에서 볼 때 공공선에 헌신하는 "사적" 영역이다. 교회, 가정, 자발적 결사체 등으로 이루어지는 영역인 시민사회에서 "소속감"은 자유의 대체물이 아니라, 자유의 조건이자 훈련장이다.[20] 시민사회의 매개적인 특성을 통해 국가와 사적 영역 사이에서 잠재적인 조정자 역할을 담당할 수 있다. 그리고 자발적인 동시에 공적인 활동을 위해 사람들에게 공간을 제공할 수 있다. 정부가 국가 업무를 위해 배타적으로 '공적'이라는 의미를 독점할 경우, 진정한 공중(바로 당신과 나)은 스스로 공중('우리'로서의)이라고 더 이상 생각할 수 없고 정치인과 관료만이 유일하게 중요한 '공적 관리'가 되는 것이다. 이렇게 되면 정치는 전문 직업인의 활동이 되고, 시민권은 사적 영역으로 변형된다. 그와 같은 상황에서 사람들은 위축되고, 정치인에 대해 분노하고, 민주주의에 대해 냉소적일 수밖에 없다. 또한 자아도취적 소비주의나 배타적인 종족주의의 유혹에 쉽게 함몰되는 일이 흔해진다.

시민사회가 없다면 시민은 노숙자 신세가 되고 만다. 즉, 시민은 이제 더 이상 신뢰할 수 없는 거대한 관료제 정부(로버트 퍼트넘의 불만의 대상)와, 도덕적·시민적 가치에 기댈 수 없는 사적 시장(마이클 러너, 아미타이 에치오니 등이 비판한 대상) 사이에 갇혀버리는 것이다. 다시 말해, 시민 스스로 공동의 가치를 표현

---

[20] Sara Evans and Harry Boyte, *Free Spaces; The Sources of Democratic Change in America* (1992) 참조.

할 공간을 잃어버린다. '공동의 요소'들은 사라지고, 한때 공적 영역이 있던 곳에는 쇼핑몰이나 테마파크만이 들어서 있을 뿐이다. 이곳은 더 이상 당신과 내가 사적인 모든 것을 넘어 함께 모일 수 있는 희망을 갖게 하는, '우리'를 환영하는 유일한 장소가 아니다.

자유로운 국가에서는 자유가 공식적인 민주적 통치 제도나 자유로운 상업 시장에 의존하는 것이 아니라, 생생하고 다원적인 시민사회에 의존한다. 토크빌이 미국적인 자유의 지방적 특색을 매우 높게 평가했고, 또 앤드루 잭슨 시대의 미국을 특징짓던 활기 넘치는 도시의 시민적 활동을 통해서만 민주주의가 지속될 수 있다고 생각했다는 사실은 잘 알려져 있다. 토크빌은 오늘날의 미국을 전혀 예측할 수 없었을 것이다. 오늘날 미국에서 우리의 대안은 정부의 거대화로 인해 제한당하고 있다. 현실적으로 시장의 탐욕이 지배하거나, 각기 자기 정체성만을 강조하는 편협성에 매몰되어 있다. 최근 실시된 선거의 중요한 결과를 보면 뉴딜적인 오만이 시장 승리주의로 대체된 듯한 인상을 준다. 공화당 대변인 뉴트 깅리치(Newt Gingrich)나 클린턴의 민주당 모두 사적 영역의 손쉬운 승리가 낳을 고독과 탐욕에 대해 아무 대안도 제시하지 못한 채 거대 정부의 시대가 끝났다고 선언하고 있다.

이러한 이론적 모델이 현실적인 정책 논쟁에 미칠 영향은 최근 미국의 건강보험제도 개선 방안을 논의하는 과정에서 발생한 중대한 실수로 뚜렷하게 나타나고 있다. 건강보험을 개혁하려던 빌 클린턴 행정부의 계획은 발작에 가까운 비난이 서로를 향해 반복되면서 실패로 끝났다. 계획은 그것을 좌절시킨 개혁의 적대 세력으로 인해 실패했을 뿐만 아니라 행정부 스스로도 그 실패를 자초한 셈이었다. 추상적 수준에서 계획의 필요성을 둘러싸고 전문적이고 기술적인 논쟁이 진행되는 과정에서 일반 공중은 무시되었다. 공적 자격을 갖춘 전문가는 사적 이익을 대변하는 전문가와 논쟁을 벌였지만, 정작 개혁이 이루어지면 당사자가 되는 일반 시민들은 인식의 대상조차 되지 못했다. 오리건주의 건강보험 계획의 장점이 논쟁의 대상이 될 수 있었지만, 오리건 주는 이미 계획을 추진하고 있었다. 정책 결정 과정에 핵심적인 역할을 담당하도록 특별히 만들어진 건강보험회의라는 제도적 틀 안에서 이 문제와 관련한 시민적 논쟁을 다루고 있었기 때문이다. 그러나 연방정부 수준에서 벌어지는 논쟁에서 실제 당사자인 공중은 목소리를 전혀 낼 수 없었고, 의견을 내려고 노력하는 사람들은 참여할 방법을 전혀 알 수 없었다. 즉, 여론 조사도, 일반 시민을 위해 의견을 주장할 수 있는 특정 이익집단(흔히 소극적인 TV 광고에나 나왔다)도 미국 시민을 위한 대표자는 아니었다. 비록 대통령의 건강보험 개선안이 대중적 가치를 지닐 수 있어도, 대통령과 그로부터 이득을 볼 수 있는 지지자—미국의 공중은 배제된—사이를 갈라놓은 거리감 때문에 그 정책의 운명은 이미 결정된 것이다.

전국적 서비스를 촉구한 빌 클린턴의 요구는 보건 정책을 통해 형성된 교훈을 반영하는 듯하지만 실제로는 그 반대다. 기껏해야(대개 '기껏해야' 정도였다) 시민의식의 수준을 높이자는 주장이었고 많은 젊은이들을 자기 몰입과 이기주의로부터 끌어내려는 것이었지만, 그들에게서 정부에 대한 애정을 불러일으키려는 노력은 빛을 보지 못했다. 어떤 비판자들은 그 프로그램을 정부가 지원하는 자원봉사주의의 일종으로 간주했다. 그것이 분명 모순처럼 보였기 때문이다. 다른 사람들은 그 계획이 모두에게 너무나 익숙한 사익 추구의 다른 표현일 뿐이라고 지적했다. 봉사대 구성원들이 계약 조건으로 교육 경비와 최소한의 생계 유지 비용을 받기로 되어 있었기 때문이다. 일부의 주장에 의하면, 그 계획은 중간 계급의 대학생(이들은 구태여 그것이 필요하지 않았다)이나 장애인(이들에게는 절실하게 필요했지만, 실제로 기회를 얻을 수 없었다!)을 위한 특별 혜택 부여 프로그램이었다. 현실적으로 그 프로그램의 근간이 되어야 하는 시민의식과 시민사회와의 관계에서 볼 때, 전국과 지방의 서비스 조합(Corporation for National and Community Service) 내에서 제대로 된 동의가 이루어진 경우는 거의 없었다.[21]

여기서 자원봉사주의를 통해 시민사회에 관한 세 가지 관점의 차이를 상징적으로 드러낼 방법을 제시하려 한다. 이상적인 측면에서 보면, 전국적 서비스 및 지역적 서비스는 정부 영역에 속하는 것도 아니고 사적 영역에 속하는 것도 아닌, 시민사회에 속한다고 할 수 있다. 실제로 이것은 민주적 시민사회를 제3의 독립적인 영역으로 규정하려는 시도에 도움이 된다. 그러나 시민사회의 이상이 우리의 정치적 의식에는 결여돼 있어서 대부분의 시민이 그러한 서비스가 시장의 사익 추구나 정치적 이타주의와 연관된 것이 아니라 시민사회 내에서 시민의식과 관련이 있다는 점을 파악하기는 어렵다.

강건한 민주주의적 시민사회의 관점에서 보자면, 시민이 되는 것과 정치인이 되는 것의 의미를 이해하는 방식이 변하고 있다. 독립적인 시민적 영역이 없다면, 정치인들은 너무 쉽게

---

21 정부와 시장 사이에서 봉사의 위상에 대한 논쟁은 다음의 책 참조. Williamson Evers, ed., *National Service: Pros and Cons* (1990).

유권자의 감시에서 벗어나 공적인 '전문화된' 영역으로 옮겨 갈 것이며, 시민들은 사적인 이익에 매몰되고 불평만 늘어놓는 적대자가—또는 정부 서비스에 감사할 줄도 모르고, 기꺼이 비용을 지불할 의사도 없이 금방 소비해버리는 고객이—되어버릴 것이다. 이미 보이트와 카리가 주장했듯이, 우리 시대에 널리 퍼져 있는 공중에 대한 노골적인 냉소주의에도 불구하고 시민 참여를 위한 열정은 미국 전역에 걸쳐 지역사회에서 뚜렷하게 나타나고 있다. 또한 유럽을 비롯한 전 세계에서도 마찬가지다. "하나의 국가로서, 모든 문제와 두려움을 해결하려는 시민적 에너지가 흘러넘치고 있다. …… 시민적 활동을 충분히 보장하기 위한 매우 다양한 장치가 전국에 걸쳐 확실하게 마련되어 있다."[22] 잃어버린 것은—문자 그대로의 의미에서나 비유적인 의미에서도—공간을 확보하고 이해하기 위한 참여의 장인 것이다. 다시 말해 우리가 놓친 것은 우리, 즉 시민을 위한 공간이다.

윌리엄 베넷의 《미덕의 책》은 건전하고 도덕적인 이야기를 많이 담고 있지만, 그 책이 찬미하는 미덕은 정부가 만든 것도, 시장이 생산한 것도 아니다. 책을 읽는 것은 고사하고 구입하기

---

[22] Boyte and Kari, *Building America*, p.5.

만 해도 어느 정도 미덕을 갖추는 데 다가갈 수 있다고 생각하게 만드는 위험이 도사리고 있다. 베넷이 격찬하는 미덕은 이제 더 이상 존재하지도 않는 전통적 공동체에 속한 것이며, 가족과 시민적 결사체는 시민사회의 자유로운 공간에서만 그러한 미덕을 가꾸고 길러낼 수 있다. 개성은 시민사회를 부흥시킬 자원이 될 수 있지만, 상업 시장은 정부 관료제가 그렇듯이 개성을 파괴한다. 공동체주의자들이 갈망하는 공동체는 거들먹거리는 상업적 문명이 초래한 공적 현장의 실종과 혼잡한 고속도로 사이에서는 도저히 피어날 수 없을 것이다. 그러한 문명에서는 기업의 개발자들이 새로운 쇼핑몰을 만들어낼 때마다 민주주의를 위해 또 하나의 승리를 쟁취했다고 주장한다.

여기서 강조하는 제3의 영역에서 볼 때, 시민사회는 무엇을 하는가? 정부 영역도 아니고 상업적 영역도 아니면서 시민과 정치인이 행동할 공간을 마련하기 위해 시민사회는 어떻게 재건설되어야 하는가? 오늘날 생산과 소비만으로도 시간이 모자라는 세계에서 여가를 즐기고, 심의하고, 상호작용할 시간이 있는가? 지나치게 개인주의도 아니고, 숨 막히는 공동체주의도 아닌 시민적 공간을 상상할 수 있는가? 시청 빌딩도, 쇼핑몰도 아니고, 그렇다고 부족의 심장부도 아니면서, 시민이 거주할 만한 장소가 있는가? 이러한 질문이 미사여구를 늘어놓은 것만은 아니다. 교외로 마구 뻗어나간 지역이나 혼잡한 도시 중심부, 또는 두려움과 도피주의로 인해 폐쇄적인 공동체에서 살아가는 주민들은 고유한 시민적 공간과 닮은 것을 찾아내기 위해 오랫동안 기다려왔지만 찾아낼 수 없었다. 그러나 그러한 곳을 찾아내지 못한다면 민주주의는 지속될 수 없다.

시민사회가 활기에 넘칠 뿐만 아니라 시민적 공화제로 보일 수 있는 방안을 상상하기 위해, 미국인들이 일상생활을 유지하면서 정치에 참여(투표 참가, 배심원 활동, 납세 등)하거나 상업활동에 종사(임금노동, 생산, 쇼핑, 소비 등)하지 않을 때 활동하는 현실 공간을 생각해볼 수도 있다. 예를 들면, 개신교회, 유대교회당, 회교 사원에 나가거나, 자원봉사를 하거나, 시민적 결사체에 참여하거나, 자선단체를 지원하거나, 친교 단체에 가입하거나, 기부금을 내거나 사친회 조직, 방범대, 병원 기금 모금 등에서 활동하거나, 주변 지역이나 공원을 청소하는 일에 참여하거나, 가족에 관한 일에 관여하는 등을 모두 포함한다. 이러한 모든 종류의 시민 참여는 정부나 상업 이외의 영역에서 추구하는 목적을 구성원들이 공유하는 공간에서 이루기 위한 것이다. 이러한 공간을 통해 사적 영역과 자유의 선물을 공유한다. 말하자면,

우리는 자발적으로 그러한 공간에 가담하고 자유롭게 결성된 개인과 단체로 참가한다. 사적 영역의 결사체와는 달리, 그러한 단체는 공통된 행동 기반과 협력 방식을 제공하고 강제성 없이 공적인 감정을 갖게 해준다. 즉, 그러한 활동을 통해 자발적인 행위가 가능하지만 그렇다고 철저하게 개인화되지는 않는다.

강건한 민주적 시민사회는 계약에 의한 시장 관계에 비해 훨씬 더 풍요롭고 뿌리 깊은 결사체의 형태를 특징으로 한다. 그렇지만 이상적인 공동 소유를 추구하는 공동체의 혈연적(귀속적) 관계처럼 강제적이지는 않다. 부족민은 혈연적 형제애의 모든 미덕을 가지고 있지만, 그러한 연대가 함유하는 제약에 구속당한다 ─ 말하자면, 그들은 문자 그대로 구속받는다! 소비자는 자율적인 자유인의 가치를 보유하고 있지만 뿌리가 뽑혀버린 듯한 고독을 겪는다. 다시 말해 그들은 혼자다! 시민사회의 이상적 시민은 이러한 선과 악의 중간에 서 있다. 시민은 부족민처럼 연대성의 강화에 그리 집착하지 않으며 훨씬 자유롭다. 소비자에 비해 별로 자율적이지 않지만 이웃과의 사회관계가 가져다주는 편안함을 더 즐길 수 있다. 시민적 활동은 자연적인 혈연 공동체에 비해 더 '인위적'인 느낌이 들지만, 쇼핑몰에서 물건을 사는 사람이나 투표장에서 선거에 참여하는 사람에 비해 훨씬 더 '자연적'이다.

흔히 사회과학자들은 전통적인 시민 제도—재단, 학교, 교회, 공익 단체, 자발적 결사체, 시민단체, 사회운동, 물론 가족은 말할 것도 없다—를 단지 '사적인' 것으로 분류한다. 그러나 그들이 속해 있는 곳은 이웃 관계가 맺어지는 시민적 영역이다. 이러한 것이 비정부적이긴 하지만 엄연히 공적이다. 대부분의 국가에는 이러한 부분이 존재하며 비단 미국에만 있는 것이 아니다. 《새로운 시민의 아틀라스(The New Civic Atlas)》에 의하면, "전 세계에서 이루어지는 시민사회의 부상은 결코 잘못된 일이 아니며, 오히려 매우 의미심장하다". 그리고 이러한 현상이 "더 많은 시민의 참여와 영향을 끌어내기 위한 대규모의, 전 세계적인 운동"을 약속해줄 것이라고 믿는다.[23] 이러한 과장법은 희망 사항임이 분명하지만 지난 10여 년간 60개국에서 NGO와 재단, 시민적 결사체의 급증 현상이 있었다는 사실에 비추어 보면 어느 정도 믿을 만하다. 헝가리의 경우가 대표적이다. 헝가리는 제2차 세계대전 이전에 강건한 시민사회의 전통을 가지고 있었다. 10년도 안 되어(1989) 400개에 약간 못 미치는 재단과 8,500개에 달하는 시민 결사체를 가진 헝가리는 오늘날 1만

---

[23] Civicus, *The New Civic Atlas: Profiles of Civil Society in Sixty Countries* (1997), p.vii.

5,000개 이상의 재단과 3만여 개에 달하는 시민 결사체를 보유하고 있다. 이들 중 대부분이 1987~1993년에 시민사회 내의 중요한 변화의 결과로 등장한 것이다.[24] 자료 수집이 가능한 대개의 국가에서 시민 결사체는 교회나 정당 등과 밀접한 관계를 맺고 있다. 뿐만 아니라, 비교회적 결사체와 초국적 집단의 수도 급증하고 있다.

미국의 경우 다양한 형태의 결사체가 종교적 영향 아래 있다. 미국유대인연맹(United Jewish Federation)이나 가톨릭자선연맹(Federation of Catholic Charities) 등이 대표적이다(종교가 지금까지 미국에서 가장 거대한 자선 활동의 주체였음을 알 수 있다). 그러나 규모와 상관없이 영향을 미치는 작은 집단도 무수히 많다. 이런 조직의 예를 들면, 미국건강협회(American Health Decisions), 산업부문재단(Industrial Areas Foundation; 솔 앨린스키(Saul Alinsky)에서 어니 코테즈(Ernie Cortez)에 이르기까지), 오리건건강협의회(Oregon Health Parliament), 케터링재단의 국가현안포럼(National Issues Forums of the Kettering Foundation), 연구단체운동(Study Circles Movement), 정책 심사원, 그리고 전자투표와 심의를 실천

---

24 *Hungary: A Civil Approach; A Survey of the Hungarian Nonprofit Sector* (1997), p.9 참조. 1932년 헝가리에는 거의 일만오천개의 시민단체가 있었지만, 파시즘, 전쟁, 공산주의의 시대를 지나면서 사라져버렸다.

하는 영상마을회합 등이다. 텍사스대학의 제임스 피시킨(James Fishkin)은 전자매체를 이용하여 주말 마을회의를 조직했다. 여기서 시민들은 정책 논쟁을 심의한다(그리고 흔히 합리적으로 자신들의 의견을 바꾸기도 한다). 정치학자 시어도어 베커(Thedore Becker)는 하와이, 캘리포니아를 비롯한 여러 지역에서 심의를 위한 전자투표 방식을 실천에 옮겼다.[25] 심의와 동의를 도출하기 위한 여러 가지 다양한 실험과 지속적인 시도를 살펴보면, 정체성에 근거한 것보다는 자발적인 활동의 범위가 매우 넓으며, 공동의 역사보다는 활동을 중심으로 결사체가 만들어지고 있다는 사실을 확인할 수 있다. 이렇게 새로운 자발적인 결사체의 부상은 *끈끈한* 공동체주의적 결사체가 쇠퇴하면서 좁아지는 공적 공간을 개방해주는 역할을 한다. 물론 가족은 확고한 생물학적 기반을 가지고 있지만, 사회집단으로서의 가족은 공동의 행위와 경험을 공유하면서도 만들어진다. 공적 업무를 담당하는 관리나 정부의 전문가로 자처하지 않아도 공적 활동은 공공선을 추구하며 활동하는 시민을 길러낸다. 서로 갈등하는

---

25 James Fishkin, *Democracy and Deliberation* (1992) 참조. 베커와 그의 동료들은 다양한 심의 전략을 마련하여 전자투표가 적절하게 조절될 수 있는 효율적인 방안을 개발했다. 하와이와 캘리포니아에서 실시된 전자투표에 관한 베커의 선구적인 논문을 참조하라(이 논문은 노스캐롤라이나대학에서 볼 수 있다). 또 다음의 논문도 유용하다. "Televote: Interactive, Participatory Polling", in Becker and R.A. Couto, *Teaching Democracy by Being Democratic*(1996).

이해관계만이 아니라 공유하는 열망을 둘러싸고 논쟁을 벌이는 과정에서 그들은 시민적 공간을 효율적으로 확립시킨다. 이것이 내가 강건한 민주적 시민사회라고 부르는 것이다.

상업적 야망보다 공공적 책임을 선호하는 시점이나 경우가 되면, 미디어도 사적 영역이라기보다는 시민사회의 한 부분으로 이해할 수 있다. 민주주의 이론은 미디어를 시민사회에 아주 중요한 요소로 해석하는 전통이 있다. 미디어가 우리에게 자유로운 의사소통의 기회와 다양한 정보를 제공해주는 역할을 담당하기 때문이다. 그러나 시민적이라고 여기는 다른 시민 결사체와 마찬가지로(이론과 현실은 여기서 상호작용한다) 자유로운 미디어의 활동이 정부 영역의 팽창과 시장 영역의 패권 사이에서 적절한 입지를 찾을 수 없을 때, 미디어는 단지 '사적인' 영역으로 움츠러들며 이런 경우에 미디어를 사적이며 근본적으로 상업적 이윤 추구에만 관심을 갖는 것으로 여긴다. 그리고 그들이 누군가의 앞잡이처럼 행동하는 것에도 별로 놀라지 않는다. 민영화와 상업화는 미디어를 잘못된 방향으로 이끌기 때문이다. 많은 미디어 기업체 중에 스포츠 중계방송 채널과 뉴스 보도 매체의 합병이 이루어졌고, TV에서 뉴스와 오락방송을 구분하던 두꺼운 벽(〈하드 카피(Hard Copy)〉 같은 쇼나 현재 방송되고 있는 CBS의 〈60분(Sixty Minutes)〉 등이 대표적인 예다)만이 아니라, 광고와 정보 제공의 장벽(정보 광고 방송이 모든 지역에서 방영되는 경우가 늘고 있다)도 점차 무너지고 있다. 특히 저널리즘과 상업주의 사이의 구분이 희미해지고 있는 예는 《로스앤젤레스 타임스(Los Angeles Times)》가 대표적이다. 이 신문은 최근 내부적으로 특별 보도국과 광고, 홍보국이 합쳐져 재조직되었다. 이러한 시도는 부서에 미치는 재정적, 상업적 제약을 이해하고 있는 기자와 편집자여야 로스앤젤레스라고 하는 거대 도시를 아우를 만한 미디어를 더욱 훌륭하게 완성할 수 있으리라는 논리에 근거한 것이다. 이러한 시도가 기업에는 도움이 될지 몰라도 그러한 시도의 목적이 시민적 통합과 저널리즘의 자율성 확보에 있다면 저널리즘적 측면에서는 많은 문제를 초래한다. 그 신문의 실험을 지지하는 사람들이 주장하듯이, 최근 신문사들은 아슬아슬한 해협에 서 있는 것 같은 형편이고, 생존을 원한다면 급격한 개혁이 필요하다는 사실을 지적하는 면에서는 정당성을 갖는다. 그러나 그러한 미디어가 생존하려면 시민사회가 좀 더 타협적이어야 할 것이다. 이와 비슷한 논리로 공적 환경, 공공 안전의 규칙, 완전 고용 및 그 밖의 사회적 재화에 관심을 기울이는 전통적인 자유주의의 고유한 활동이 공공 이익 추구라는 행위의 의미를 잃어버린 채 사적 영역의 '특수한 이익집단'으로 재등장하는 것이 민영화다. 자유주의자들이 매우 편협한 목적을 갖고 사적 이익을 추구하는 집단 내지 이윤 추구 기업과 상당히 유사한 방식으로 행동하며, 또한 그렇게 여겨지는 것이 사실이다. 앞에서 제시한 예로 다시 돌아가 논의하자면 저널리스트들은 동료 시민의 만족보다는 주식 보유자의 이윤에 훨씬 큰 책임감을 느끼면서 정보통신 산업의 피고용인이 되고 있다는 말이다. 바로 이러한 상황에서 클린턴 대통령의 성 추문이 그가 제시한 실제적인 정치 프로그램보다 훨씬 많은 주목을 끈 것이다.

나는 여기서 자유롭고 포괄적인 결사체를 강조하는 시민사회 개념이 제공하는 자유의 혜택에 찬사를 보내고자 한다. 물론 자유에 대한 비용을 치러야 한다는 사실은 인식하고 있다. 이런 개념은 사회학자들이 결사체를 유지하는 사회생활의 핵심이라고 인식하는 공동체를 배제하는 방식으로 시민단체를 규정하기 때문이다. 마이클 왈저(Michael Walzer)가 신중하게 관찰했듯이, 자유로운 결사체의 "가장 위대한 미덕"이 "그 포용성에 있는 반면…… 포용성은 영웅을 키워내는 데 도움이 되지 못한다. '당신의 선택에 따라 결사체에 참여하라'는 구호는 정치적 전사를 모을 수 있는 격문이 아니다".[26] 민주적 공동체의 핵심 기준으로서 포용성을 주장하는 것이 역설적으로 시민사회를 비포용적으로 규정하는 셈이다! 물론 모든 공동체가 그 기준에 맞는 것은 아니다. 예를 들면, 공동체주의자들은 가족과 종교를 시민사회의 핵심에 배치하며, 가족과 종교 단체가 사회의 주변으로 밀려나는 데 상당히 부정적인 입장이다. 반면, 자유주의자 대부분은 가족과 종교 집단을 (최소한 어떤 것은) 비민주적이고 비평등주의적이고 위계적인 것으로 인식한다. 말하자면, 우리는 KKK, 몬태나의 전투적 집단, 종교적 이단 집단 등이 내세우는 목적과 독단적인 사회구조를 좋아하지 않을 수 있다. 그러나 자발적 구성원을 갖춘 집단으로서 그런 집단들은 분명히 시민사회의 '중립적' 개념 – 또는 완고한 사회학자가 동의할 수 있는 개념 – 에서 파악될 수 있다. 강건한 민주적 시민사회의 옹호자들은 어쩔 수 없이 그다지 자신이 중립적이지 않다는 점을 인정한다. 즉, 그들의 시민사회 개념은 가능한 형태의 결사체 중 어느 정도 기준에 맞는 것만 수용한다. 최소한 명목적으로, 또는 잠재적으로 민주적이고 개방적인 형태만 인정한다는 말이다.

---

26 Michael Walzer, "The Idea of Civil Society", *The Kettering Review*, Winter 1997, p.21.

가족은 인간 집단의 기본 토대로서 모든 형태로 확장 가능하다. 전통적인 정치철학자들은 흔히 국가 자체를 가족의 확장된 형태로 생각하는 경향이 있었다. 이러한 경우에 주권자는 신민에게 가부장처럼 행동한다. 다른 무엇보다 사회적 응집력이 강한 종교 역시 가장 일반적인 측면에서 시민사회에 없어서는 안 되는 것처럼 보인다. 그런데도 강건한 민주주의자들은 그러한 종교 집단에 회의적이며, 때로는 거부감을 갖는다. 혹시 강건한 민주주의자들이 완고한 구속력을 지니는 가족과 교회를 시민사회에 포함시켜줄지도 모르지만, 다른 모든 유형의 시민적 결사체에 일정한 자격 요건을 요구하는 것과 마찬가지로 가족과 교회의 조건도 따지지 않은 채 무조건 포함하지는 않을 것이다. 강건한 민주적 시민사회의 집단은 반드시 개방적이고 포용적이어야 하며(그리고 자유로운 진입과 마찬가지로 자유로운 퇴출도 보장되어야 한다), 구성원 간에 어느 정도 평등이 보장되어야 한다. 한편 포용성이 결여된 집단은 일반적인 사회적 속성을 공유한다는 인증을 받아야 한다. 그러나 그런 집단이 엄격하게 규정된 민주적 시민사회의 일부로 인식되어야 하는 경우라면, 그 집단들은 그 이상이 되어야 한다. 그렇지 않으면 수식어로서의 '시민적'이라는 말이 의미를 잃고 만다. 예를 들어, 이슬람 국가는 독특한 공동체일 수 있지만 민주적 시민사회의 조건은 충족시키지 못한다. 또한 결사체 중심의 사회생활을 일반적인 기준으로 삼는 미국식의 활동적인(필수적인) 결사체의 범주에는 속할 수 없다.

민주주의자들은 시민사회를 지칭할 때 오래된 종류의 사회를 말하는 것이 아니라, 공적이며 민주적인 조건을 갖춘 사회를 염두에 둔다. 강건한 민주적 시민사회는 매우 규범적이다. 민주적 특성을 유지하기 위해 한정된 범위에서 비용을 지불하며, 사실상 일반적인 사회집단을 배제할 수도 있는 특정 형태의 결사체를 옹호함으로써 시민성을 보존한다. 이러한 결사체를 규정하기 위한 객관적이며 공식적인 기준은 그 정치적 색채와 관련 있는 것이 아니라, 구성원 및 제도적 구조의 본질과 연관성이 깊다. 그러한 기준은 완전히 과학적이지는 않지만 비합리적이고 사적인 선호에 대한 표현을 넘어서는 내용을 담아내기 위해 계속 재검토되고 수정된다.

앞의 예로 돌아가서 논의해보자면, 이슬람 국가는 아프리카계 미국인들에게 다른 곳에서는 찾아보기 어려운 생생한 정체성을 제공할 수 있다. 그러나 그 정체성은 그들의 적(유대인? 기독교인? 백인?)에 의해 규정되는 것이고, 매우 엄격하게 위계질서를 중시하기 때문에 시민사회의 개념으로 파악하기는 어렵다. 만일 아프리카계 미국인들이 민주적인 미국 사회에 경제적, 문화적으로 통합되기 위해 그들의 분리주의와 인종적 배타성을 필수적이고 장기적인 발전 전략의 일부로 인식한다면, 또 시간이 흐를수록 한때는 '적'으로 비난했던 세력과 평화를 유지한다면, 그 미래는 민주적 시민사회의 앞날과 공존할 수 있을 것이다. 시민성 그 자체는 유연한 구성물이다. 그리고 민주주의는 일반적으로 적용될 수 있다. 현실 세계에 대해 신학적 교조성을 주장하지 않는 종교 및 그 구성원이 자발적으로 참여하는 이단 집단도 민주적 기준, 특히 느슨하게 만들어진 기준에 들어맞을 수 있다. 마치 가족 안에서 다양한 역할들 사이에(역할이 매우 분명하게 구분될 때도) 평등이 보장되기 때문에 장기적으로는 가족이 개방적이고 평등주의적이며, 또 궁극적으로는 자율적인 성인을 길러내기 때문에(그다지 민주적이지 못한 수단으로 양육된다고 해도) '시민적'이라고 판단될 만큼 가족이 민주적인 것과 마찬가지다. 여기서 중요한 것은 정도의 문제다. 진정한 민주주의자는 경우에 따라 유연하게 판단할 수 있어야 한다.

사실상 가족이나 종교 집단 같은 결사체는 사회의 응집력과 연대성을 유지하는 데 매우 중요하기 때문에, 강건한 민주주의자들은 민주주의적 시민성의 기준을 통과하지 못해도 그런 결사체를 육성하고 지지할 만한 충분한 근거를 지닌 셈이다. 이상적으로 말하자면, 이러한 결사체들을 개방적이고 민주적인 방향으로 이끌려는 공감대가 형성되어야 한다. 그러나 가족과 종교가 민주적이든 아니든, 지속 가능하지 않은 한 시민사회는 유지되기 어려울 것이다. 20세기에 어떠한 사회적 역풍도 이겨낸 근대화의 추진 결과, 가족과 종교의 쇠락이 진행되었다는 사실을 어느 정도 인정할 수밖에 없다. 니컬러스 에버스탯(Nicholas Eberstadt) 등의 인구 감소주의자들의 주장이 옳은 만큼 가족의 고유한 가치는 의문시되었다. 많은 사람이 곧 닥칠 인구 폭발을 예측했기 때문에 "'가족'은 동시대인이나 동료와는 무관한 하나의 생물학적인 단위로서 이해되었다."[27] 그러한 미래를 입법으로 예방할 수는 없을 것이며, 어느 경우든 새로운 형태의 가족이 전통적인 가족의 가치를 담을 가능성은 없을 것이다. 그러나 비껴나 생각해보면, 오늘날 다양한 사회정책의 차이가 드러나는 만큼 민주주의자들은 내가 주장하는 시민사회적 관점에서는 흔히 잘못된 주장을 펴는 것처럼 보인다. 그들은 가부장제의

---

27 Nicholas Eberstadt, "World Population Implosion", *The Public Interest*. 이 논문은 Ben J. Wattenberg, "The Population Explosion is Over", *The New York Times Magazine*, Nov.23, 1997, p.63에서 인용했다.

비관용성을 인정하면서도 새로운 가족 친화적 관념은 거부한다. 예를 들어, 새로운 관념이란 계약 결혼을 의미하거나, '가족수호자(Promise Keepers)' 앞에서 전통적 도덕성을 맹세하는 내용 등을 말한다.

루이지애나주에서 법으로 허용된 서약결혼제도도 이혼을 줄이지 못하고 있다. 이 제도는 결혼 생활을 더 신중하게 보존하려는 취지에서 이혼하려면 6개월이 아니라 2년을 기다리도록 요구하고, 결혼하거나 결혼 생활을 끝내기 전에 상담 절차를 거친다는 강제 서약을 자발적으로 맺도록 한 조치다. 현실주의자들은 '서약'에 대한 기독교 측의 과도한 해석을 걱정했고, 불행한 결혼에서 벗어나려는 여성 앞에 장애물을 세우는 셈이 아닌가 고민하면서 도덕적 강제 및 법적 강제력을 통한 절차를 인정하지 않는다. 그런데도 루이지애나주는 현실적으로 자유를 구속하지 않으면서 가족의 가치를 보존하는 균형점을 찾아냈다(그 제도는 주민이 선택할 대상으로 남았다).

'가족 수호자'들은 가족관계에 실패할지 모른다는 두려움을 느끼는 사람들에게 신뢰, 비폭력, 책임에 대해 스스로 맹세할 기회를 준다. 여기에는 분명히 가부장제를 인정하게끔 유도하는 규범이 있다(그러한 규범은 가부장제를 비난하기보다는 오히려 옹호하는 것처럼 보일 수도 있다!). 그러나 그 규범은 평등주의적 가족 구조와 양립할 수 있으며, 가족을 위험에 빠뜨리고 붕괴시킬 수도 있는―누구의 자유도 지켜주지 못하는―모든 종류의 폭력적 비책임성에도 반대한다. 말하자면, 실현 불가능한 '최선'을 옹호하는 사람들이 개선하기 위한 전쟁을 벌이고 있는 셈이다.

강건한 민주적 시민사회의 관점에서 볼 때, 만일 교회와 국가를 분리시켜야 한다면 정부 역시 법원의 강요에 의한 세속주의에서 벗어날 좋은 명분을 얻는 셈이다. 내 입장에서 보자면, 국가 종교를 정할 수 없다고 해서 정부가 시민사회의 종교적 표현조차 금지할 필요는 없다. 이를 금지해야 한다는 믿음은 시민사회와 정부를 구분하지 못하는 것이다. 정부가 공유지에 아기 예수상을 세우도록 지시할 수는 없다. 그렇다면 공유지 밖에는 아기 예수상(또는 아기 예수를 상징하는 별)을 세울 수 있다는 의미인가? 시민사회의 종교적 표현은 정부가 지원하는 종교와 동의어인가? 상업적 영역이나 국가 영역, 두 가지로부터 시민사회를 구분함으로써 사람들이 국가 종교를 선포한다는 죄책감을 느끼지 않은 채 자신들의 신념을 공동체 수준에서 표현할 수 있는 공간을 만들어낼 수 있다.

만일 교회와 국가의 구분을 존중해야 한다면, 종교는 사적이고 개인적이어야 한다는 일반적인 세속적 주장은 편협하고 근시안적인 논리다. 성경은 소설이 아니고, 유대 율법은 철학이 아니다. 말하자면, 다른 사람에게 그들의 사생활을 가질 권리를 인정해줘야 우리도 사적인 권리를 누릴 수 있다고 전제하는 철학이 아닌 것이다. 종교는 본질상 공동체적이며, 예배는 공동의 장소와 공공의 공간에서 가능하다. 교회와 국가의 분리는 종교를 보호하기 위한 의도였지, 파괴하기 위한 것이 아니었다. 공공장소에서 예배를 금지함으로써 신에 대한 찬미의 공간을 막아버리는 위험을 감수한 것이다. 예배는 공유지에서 벗어나 사적으로 진행되는 것이 그 본질에 어울린다고 주장하는 순간, 우리는 위선적인 태도에 빠져드는 셈이다.

  종교의 필수적인 공적 특징과(그렇지만 정부의 영역은 아니다), 양심의 자유 및 신념의 다양성 사이에서 균형을 유지하는 것은 보통 힘든 일이 아니다. 시민사회에서 그러한 균형을 맞추려는 노력은 오히려 잘못된 방향-두 방향-으로 흘러가기 쉽다. 사회적 소수의 예민한 신념은 전혀 개의치 않고 공공장소에 종교적 상징물의 전시를 허용하거나, 학교에서의 기도를 허락하는 일 등 시민사회 나름의 전통적인 관용은 대개 지배적 다수의 종교에만 상당히 유리하므로 균형감각을 상실한 것이 보통이다. 그러나 오늘날 모든 종교가ㅡ정부 영역뿐만 아니라 시민사회 영역 모두에서ㅡ한꺼번에 쇠퇴하고 있다는 주장은 (신봉자들의 태도와 마찬가지로) 독단적이며, 강제적인 세속주의에 아주 유리한 논리다. 소수의 민감한 종교를 보호하느라 다수를 위한 일반적인 종교 의식을 행하는 일이 어려워지고 있다. 일반 종교는 그 일반적인 특성이 잘 드러나야 하므로, 공공장소나 편안한 장소에서 의식을 치러야 한다는 속성을 지닌다. 우리는 다양성을 보장한다는 명분에서 시민사회로부터 일반적인 종교적 상징을 제거하여 사회의 분열적 특징들이 잘 봉합되도록 만들었다. 그러나 이 과정에서 일반적인 도덕성과 시민적 책임이 공공생활에서 사라져버렸다는 불만이 제기되고 있다. 애덤 스미스가 경고했듯이, 유일한 일신교파들이 시민사회를 파괴할지도 모른다는 주장을 재론하지 않고서도 과연 종교의 공공성과 시민사회 다양성 간에 조금이라도 균형을 맞출 수 있을까? 종교와 가족의 시민적 경계를 긋는 일이 그것을 망칠 만큼 종교와 가족이 취약하지 않다는 주장은 분명히 맞다. 시민사회의 범위가 가족 생활뿐만 아니라 전통적인 방식의 예배 행사를 포함하는 선까지 확장된다고 해서, 시민사회의 자율성과 다양성이 심각한 타격을 입을 정도로 시민사회는 허약하지는 않다. 그러므로 다원주의를 가능한 한 최대로 보장해야 한다.

중요한 사실은 강건한 민주적 시민사회는 다른 시민사회 개념보다 좀 더 엄밀하게 규정되어야 하며 더욱 분명한 설명을 담아야 한다는 것이다. 이 관점은 시민사회의 불가결한 요소로 가족과 종교를 인정하지만 공동체주의적 규정에 비해서는 분명히 덜 가족 친화적인 반면 좀 더 교회 친화적인 조건을 설정하고 있으며 자유주의적 규정에 비해서는 훨씬 조건이 까다로울 수밖에 없다. 그러므로 너무 무겁지도(전통적 공동체의 위험) 않고, 너무 가볍지도(시장주의의 위험) 않은 수준에서 공동체주의의 규정과 자유주의적 규정의 중간에 있을 수 있다.

강건한 민주주의적 관점을 받아들이는 것은 시민적 삶을 수행하는 방식에 뚜렷한 영향을 미친다. 앞에서 짧게 다루었던 자원봉사의 사례를 생각해보자. 자원봉사주의는 시민사회의 완벽한 척도인 것처럼 보인다. 이는 시민적 의무가 아닌 공공선과 공동체를 위한 개인의 자원봉사 활동을 말한다. 그러나 정확하게 말하자면, 정치 현실에서 자원봉사 활동의 의미와 위상을 이해하는 방식은 시민사회를 어떻게 생각하는가에 전적으로 달려 있다. 예를 들어, 시민사회를 사적 영역이나 시장경제의 계약적 관계와 동의어로 여기면 자원봉사주의는 엄격히 사적인 일이다. 사람들은 타인에 대한 봉사를 일종의 선물이나 자선으로 취급한다. 레이건이나 부시 대통령의 말을 인용하자면, 자원봉사자는 시민 봉사자라기보다는 사회의 기강을 바로잡는 사적인 개인으로서 활동하는 "영웅"이거나 "빛의 정점"이다. 사람들이 이런 식으로 생각하면, 자원봉사는 정부를 사유화시키고 자원봉사주의를 민주주의로 가는 다리가 아니라 민주주의의 대체물로 만든다. 여기에 포함된 의미는 다음과 같다. 우리는 문제 해결을 위해 민주 정부가 필요한 것이 아니다. 우리 스스로, 하나씩 그 문제를 해결할 수 있다. 공적인 제도가 실패한 지점에서 사적인 자발적 행위가 성공을 거둘 수 있다.

이러한 시각에서 자원봉사주의는 훌륭한 시민의식을 위한 처방이 아닌 대체물이 된다. 이미 알려진 복지국가의 파산(정부 프로그램이 잘못 운영되는 바람에 자선단체나 교회가 가난한 사람들을 먹여 살리고 노숙자에게 쉼터를 제공하게 만들었다!) 및 공립학교나 교원노조의 결함(공립학교 교사들이 가르치지 못한 아이들에게 읽기를 가르쳐준 사람들은 100만여 명에 달하는 자원봉사자들이다!)의 강조는 정치적으로 이용되고 있다. 통치자와 피통치자 간의 간격을 메우려는 시도와는 전혀 무관하게, 이런 식으로 이해되는 자원봉사 활동은 협력과 상호의존을 강조하기보다는 자기 완성 및 자립의 교훈을 가르치면서 오히려 그 간격을 더욱 넓힌다. 개인적 박애주의에 대한 찬사는 상호 의무와 시민적 책임감 등 민주적인 개념의 자리를 빼앗는다. 자원봉사자들은 사람들을 "구제하기" 위해 적재적소에 "배치되고", "어디든 달려간다". 콜린 파월 장군이 1997년 봄 필라델피아에서 개최된 자원봉사단장 회의에서 그 단어를 좋은 의미로 사용했지만, 안타깝게도 현실적으로는 그렇지 않다.

이와는 대조적으로 자원봉사주의에 대한 공동체주의적 접근은 공동체 구성원의 의무를 기꺼이 강조한다. 그리고 시장주의적 관점을 갖는 자유주의자들이 선호하는 매우 개인주의적인 봉사의 개념을 순화하고 있다. 집단과 개인은 봉사할 의무가 있다. 즉, 기업의 책임감 및 이웃과 지역에 대한 가족과 회원 단체의 의무를 가리키는 것이다. 공동체주의는 영웅적 개인주의를 넘어섰지만, 정치적 시민의식은 부족한 상태다. 공동체주의의 주장은 도덕적 내용으로 가득 차 있고 직무 이상의 내용을 담고 있다. 또한 상호성, 계약, 동료 시민으로서 이웃에게 '갚아야 하는' 것보다 초과하는 의무에서 해방될 것을 촉구한다. 자원봉사주의에 대한 공동체주의적 해석은 개인적 자족주의에서는 벗어나지만 시민의식의 수준까지는 들어가지 못하고 있다.

그러나 강건한 민주적 시민사회 관점에서 볼 때, 자원봉사주의는 자원봉사자와 피봉사자를 모두 시민으로 여긴다. 이러한 생각은 봉사하는 사람을 높이 평가하거나 봉사받는 사람이 구제받았다고 인식하는 것이 아니라, 주는 사람과 받는 사람 모두 자치를 촉진시키고 발전시킬 능력이 있다고 평가한다. 신중한 자원봉사자라면 결코 자신이 다른 사람을 위해 봉사하는 것이 아니라 스스로를 위해 무엇인가 하는 것이라고 생각한다. 클린턴 대통령은 1992년에 취임하면서 봉사와 자발주의에 관한 강력하고 특징적인 민주적 논리를 내세웠다. 그가 조직한 '전국 및 지역 봉사협회(Corporation for National and Community Service, 지금은 간단히 Corporation for National Service로 불린다)'가 시도한 기본적인 사회적 실험은 시장 윤리적인 사적 자원봉사주의를 시민 윤리가 담긴 시민의식으로 전환하는 것을 목표로 삼았다. 미국 시민들과 정부를 갈라놓은 뿌리 깊은 불신의 골을 인식하고 있었기 때문에―사회학자 퍼트넘은《혼자 볼링 치기(Bowling Alone)》에서 이 점을 강조하면서 미국 사회에서 소외가 증가하는 양상을 진단하고 있다―클린턴 대통령은 "나홀로 봉사"를 지양하고 "함께 하는 봉사"를 주창한 것이다.

클린턴 대통령의 접근은 다음의 세 가지 중요한 혁신적 내용을 담고 있다. 각 내용은 자원봉사주의에 대한 매우 사적인 관점을 확장해서 시민적 성격을 부여하려는 의도를 내포하고 있다. 첫 번째, 봉사를 교육과 확실하게 연결했다. 즉, 미국자원봉사대(Americorps)에 등록한 사람들에게 1차적인 보상으로 교육 증빙서를 발행해주었다. 봉사하려면 교육을 받아야 하고, 봉사 자체는 시민의식을 함양하기 위한 교육이다. 시민으로 태어나는 것이 아니라, 자유의 기술과 기능(즉, "자유로운 기능")을 배워야 한다. 이것이 토크빌이 말한, 매우 어렵지만 지속적인 "자유를 위한 숙련 과정"이다. 교육과 봉사를 통합시킨 것은 일종의 편의나 "자원봉사에 대한 비용 지불"을 은폐하기 위한 것이 아니라, 그 양자의 본질적인 관계를 표현하는 방법이다(봉사협회는 이 프로그램을 '교육과 봉사'라고 이름 붙였다).

두 번째 혁신은 협회의 여러 프로그램에 참여하는 자원봉사자를 정부의 구성원도 아니고 그렇다고 사적 영역의 구성원도 아닌, 자율적인 시민사회의 구성원으로 인정하는 것이었다. 그리고 이들을 연방정부, 몇몇 주, 지역 공동체 간 동반자 관계의 상징으로 삼았다. 자원봉사자들은 국가 프로그램에 등록하지만 민간 자선단체 및 시민 결사체와 협력 관계를 맺고 있는 자율적인 국가기관이 조율하는 지역적, 국지적 프로그램에서 봉사 활동을 벌인다. 그러므로 미국자원봉사대의 자원봉사자들은 연방정부와 주 정부, 공적 영역과 사적 영역, 시민단체와 개인을 연결하는 인간 다리가 되도록 조직되었다. 그들이 민주적인 시민 공간을 만들어내는 것이다. 지역적이든 전국적이든 자원봉사자로서의 활동을 통해 책임 있는 시민으로서 역량을 갖출 뿐만 아니라, 그들이 활동하는 공동체에도 이익을 가져온다.

세 번째 혁신은 봉사의 형태가 봉사 활동이 이루어지는 공동체(아동 학습지도나 노숙자의 쉼터 마련)뿐만 아니라, 봉사자 스스로 책임감을 훈련하고 시민의식을 키우는 데도 뚜렷한 영향을 미치도록 만든 것이다. 1993년 처음 지정된 '봉사의 여름' 행사에서 클린턴 대통령은 봉사에 참여하는 시간이 평생 시민의식의 초석이 될 것이라고 말했다. 말하자면, 모든 자원봉사자는 전도유망한 시민이며 모든 시민은 민주주의의 첨병이다. 물론 자원봉사자는 일종의 영웅이다. 그러나 궁극적으로 민주주의는 영웅이 필요하지 않은 정부, 즉 자신의 생활을 스스로 책임지는 평범한 여성과 남성에 의한 정부다. 그러므로 시민사회의 자발적인 공동체 봉사 활동은 시민의식을 훈련하는 기반이 된다. 군 입대를 비롯한 여러 가지 형태의 시민 봉사와 마찬가지로, 그러한 활동은 사회에 유용한 혜택을 안겨줄 뿐만 아니라 여성과 남성이 시민이 되도록 훈련한다. 이것은 전쟁처럼 살상에 의존하지는 않지만 시민의식을 키우기 위한 계획으로 윌리엄 제임스(William James)가 내걸었던, 매우 세련된 "전쟁에 비유할 만한 도덕적 대응물"에 버금간다. 이상적으로 말하자면, 정기적인 학교 행사 참여 같은 공식적 자원봉사 활동은 일시적이어야 하며, 모든 사람이 스스로 규제할 수 있다면 그러한 공식 활동은 불필요해진다. 그러면 민주주의의 건설자들처럼 강건한 민주주의적 자원봉사자들은 스스로 활동을 끝낼 것이다. 모든 사람이 도덕적 책임감을 공유하고 있기 때문에, 더 이상 의도적인 '자원봉사자'가 전혀 필요 없어질 사회를 창조하는 시민들로 변화한다.

   최선의 시민적 형태를 취해도 자원봉사 활동은 지역주의의 한계를 안고 있다. 우리는 다국적 기업, 전 세계적인 환경생태계, 통신 체제, 초국적인 경제적·문화적 세력이 주도하는 세상에서 살고 있다. 이제는 반세기 이상에 걸쳐 국가적·초국적 권력이 초래한 엄청난 근본적 사회문제를 하나씩 해결한다거나 지역적인 수준에서 해결할 수 없다. 민주적 참여가 품고 있는 역설 중 하나는 참여가 개념상 지역적(상향식으로, 그리고 원심력이 자연스럽게 작용하는 과정을 통해 지역적으로 참여한다)인 반면, 권력은 개념상 중앙집중적(강제력은 하향식으로, 구심력이 자연스럽게 작용하는 과정을 통해 중앙집중적으로 지배한다)이라는 사실이다. 뉴욕 브루클린에 있는 한국 식품점의 세금 계산을 도와주거나, 베를린에서 일하는 튀르키예 건설 노동자를 도와주는 공인회계사의 봉사 활동이 아시아 금융위기를 해결할 수 없는 것과 마찬가지로, 시카고의 하이드공원이나 파리의 생드니(St.-Denis) 지역의 청소 자원봉사가 지구온난화를 중단할 수는 없다. 시민 참여를 위해 열려 있는 문은 인근 지역과 연결되어 있지만, 권력이 행사되는 곳은 상업이 발달한 도시나 세계적인 대도시다. 어떻게 그 두 가지를 통합하는 시민의 집을 건설할 수 있을까?

시민적 자원봉사주의를 종착역으로 여기지 않는 한, 그것은 출발점에 불과하다. 활발하게 지역 문제에 참여하는 일은 전국적 수준에서 이루어지는 정치 참여의 촉매제가 될 수 있다. 마치 이웃에 대한 사회적 책임과 시민의식을 인식함으로써 세계의 다른 도시로 익명의 여행을 시작할 수 있는 것처럼 말이다. 분명하게 말하자면, 그것은 기껏해야 시민적 사회화의 한 특징으로서 자원봉사주의가 성취할 수 있는 것이다. 그와 더불어 전국적, 세계적 시민 활동이 적절하게 이루어지는 공간을 찾아내야 할 것이다.

   지역적 수준의 참여가 권력에 미치는 영향은 탈중앙화된 권력과 사유화된 권력의 차이에 의해서도 달라질 수 있다. 미국의 연방주의처럼 중앙정부가 지방정부와 시민에게 책임을 분담시킬 때, 이것은 지역과 권위를 공유하고 지역에 권력을 부여하고 지역의 시민적 책임감을 고무시키는 일이다. 그러나 중앙정부가 책임을 회피하고 권력을 사유화하면 곧 신뢰와 책임을 한꺼번에 놓친다. 이런 경우 중앙정부가 포기해버린 공적 이익을 제대로 보호받기 위해서 사익을 추구하는 시장 세력에 의지한다. 전자의 경우라면 중앙정부는 권력을 공유하지만, 후자의 경우면 권력을 공공연히 포기해버린다. 연방주의를 신봉하는 확고한 정부는 권력을 탈중앙화하고, 정부와 시민사회 간의 동반자 관계를 형성하며, 자원봉사자들이 시민으로서 행동하도록 요구한다. 여기서 시민은 공적인 지역 문제를 해결하고 이웃과 공동의 이익을 모색하기 위해 정부와 더불어 책임을 공유하는 존재다. 지지부진하고 무책임한 정부는 권력을 사유화하고, 정부가 하도록 되어 있는 모든 일을 자원봉사자들에게 떠맡겨서 하도록 요구한다. 그러나 개인이 아무리 훌륭한 의지를 지녔더라도 그런 일을 할 수 있는 자원은 없다.

권력을 탈중앙화함으로써 책임을 공유하는 정부는 시민사회의 수단이자 촉진제로서 활약한다. 즉, 정부는 확실하게 시민활동을 육성하고 보호하고 고무한다. 그리고 전국적이거나 세계적 수준의 문제가 권력의 집중을 요구할 때도 시민의 편에서 활동한다. 다른 말로 하자면, 민주주의적인 중앙정부는 공동의 활동을 위해 조직된 시민사회다. 정부가 법을 만들어 집행에 옮길 때, 그리고 대중의 위임에 의해 정당화되고 그 권위를 인정받아 주권체가 되면 그 자체로 시민사회가 된다. 시민사회가 살아 숨 쉬는 정부의 몸통인 것처럼 정부는 시민사회가 보유하는 공동 무기다.

 자유주의나 공동체주의적 관점에 비해 시민사회에 대한 강건한 민주적 개념을 선호하는 이유는 무엇보다 참여와 권력이 매우 중요한 관계를 맺고 있기 때문이다. 강건한 민주적 개념을 통해 시민사회는 과잉 성장한 정부 영역과 변질된 사적 영역 사이에서, 시민의식에 관한 피상적인 자유주의적 관점(샌델이 지적하듯이, 이것은 "자유를 필요로 하는 시민 참여와 공동체 의식을 고취할 수 없다")과 뿌리는 깊지만 지나치게 끈끈해서 숨 막히는 공동체주의적 정체성(이것은 자유와 평등에 위협이 된다) 사이에서, 중간적이며 시민적인 공화제적 영역으로 다시금 부상할 수 있다. 더구나 강건한 민주주의는 민주주의적 통치 제도로부터 시민들을 소외시키는 일 없이, 또한 시민사회와 완전히 동떨어진 것으로 정부를 몰아세우는 일 없이 그러한 역할을 수행한다.

큰 정부에 대한 비판적 입장에 의하면 권력과 특권을 사적 영역으로 양도하는 것이 정부를 축소하는 유일한 방법이다. 그러나 이러한 권력과 공적 책임감의 포기는 공공복지의 부담을 완벽하게 스스로 감당할 수 있는 영웅적 개인과 기업의 책임에 모든 것을 전가하는 민영화를 불러오거나, 아니면 모든 것에 공동체의 가치와 사회적 관계를 강요하는 패권주의적인 공동체주의적 지방주의로 굴복하는 것을 의미한다. 이와 같은 논리에 의해 시장주의에 대한 비판자들은 시장의 부패를 규제하고 통솔하는 유일한 방법은 정부를 확장하는 것이라고 믿는다. 이러한 방법이 독점을 규제하고 사적 권력을 길들이는 데 도움을 줄 것은 분명하지만(그럴 만한 근거가 충분하다!), 과할 경우에 그런 조치는 시민적 영역을 침범할 수도 있다. 오래전에 눈길을 끌었던 18세기 법치주의에 대한 의미 있는 비판자인 에드먼드 버크가 주장하듯이, 사회의 질서와 법의 정신을 준수하기 위해 경찰이나 법원에 지나치게 의존하면 공동체 나름의 고유한 정신세계를 유지할 수 없다는 사실을 결국 깨달을 것이다.

지난 30여 년간 어디에나 존재하던 진보주의자와 보수주의자처럼 미국의 민주당과 공화당은 국가와 사적 영역 사이에서 전선을 형성해왔다. 민주당은 큰 정부의 종언을 주장하면서도 다른 한편으로는 기업 중심주의에 대항하기 위해서는 큰 정부가 필요하다는 점을 인정하고, 자신들이 큰 정부를 '교정'할 수 있다는 희망 아닌 희망을 피력하기도 한다. 또 큰 정부를 이질적인 존재로 보지도 않고 반드시 비효율적인 것만도 아니라고 주장하면서 여전히 그것을 옹호한다. 그리고 공화당은 최소주의적 정부의 필요성을 내세우는 한편, 연방정부가 영향력을 서서히 확대하는 데 기반이 되어준 도덕적, 시민적 이상(가족의 가치, 종교적 규범, 시민의 자유)을 포기해야 하는 시점에 다다르자 그들이 전통적으로 수호해왔던 가치인 공교육, 국가에 대한 봉사, 공중도덕의 원리 등을 통해 탈중앙화가 아닌 민영화를 주장한다. 공화당의 공동체주의적인 문화적 보수주의에 대한 경도로 인해 자유주의에 근거한 자유시장론적 성향과 공화당의 입장이 마찰을 빚으면 시민적 공화주의는 설 자리를 잃는다. 어빙 크리스톨(Irving Kristol)이 《자본주의를 위한 두 가지 응원(Two Cheers for Capitalism)》에서 지적했듯이, 도덕적 개입주의와 경제적 자유방임주의라는 두 주장이 서로 힘겨루기를 하고 있다. 오늘날 시장자유주의가 승리한 듯한 분위기에서 시장과 도덕성에 대한 세 번째 응원이 등장하고 있다. 랠프 리드와 패트릭 뷰캐넌, 윌리엄 베넷 등의 문화적 보수주의자들이 알래스데어 매킨타이어(Alasdair MacIntyre), 찰스 테일러(Charles Taylor), 매리 앤 글렌던(Mary Ann Glendon) 등 진보적인 공동체주의자들과 마찬가지로 그러한 현상에 대해 불평을 터뜨리고 있다. 그들이 함께 모여 지식인 집단이 청문회를 개최하기도 했다.[28] 그러나 공화당 정치인들의 입장은 거의 변하지 않는다.

유럽에서 이미 50여 년 전부터 '도덕적 재무장'을 위해 노력했던 우파들이 전통적인 자유방임주의를 추구하는 정당에서 민족주의 정당으로 변신하고 있다. 그들은 자유주의 국가와 자유주의 경제라는 두 가지에 대해 맹렬히 반대하는 사람들을 지지 세력으로 끌어모으고 있다. 결국 제로섬 게임에 갇혀버렸다. 자유를 축소시키거나 예속 상태를 즐기지 않는 한, 정부는 정의를 보호할 수도, 도덕을 강요할 수도 없다. 그리고 사적 영역은 평등을 축소하거나 상업주의를 증대하거나 공공복지를 금지하지 않는 한 자유를 지지하지도, 사생활을 보호할 수도 없다.

시민의 자유는 그런 대안 중 무엇에 의해서도 보장될 수 없

---

28 M.A.Glendon and David Blankenhorn, *Seedbeds of Virtue*(1995) 참조.

음이 분명하다. 서구의 정당은 — 그리고 점점 아시아, 라틴아메리카, 제3세계의 정당도 — 분배적 정의를 실현할 수 있는 역량을 갖추고 있다. 그러나 전제주의나 예속의 위험을 내재한 채 조롱의 대상이 되기도 하는 큰형님 정부와, 소극적인 자유를 보호해주지만 독점, 불평등, 사회적 부정의를 촉진하는 자유시장 사이에서 홉슨적 선택을 해야 하는 상황에 직면했다. 심하게 왜곡되는 이러한 양분법의 틀 안에서 시민적인 공동 권력을 불신하는 사람들이 추구하는 소극적 자유가 시민적 참여와 공동생활을 통해 생성되는 민주적 자유를 압살한다. 특히 공산권이었던 국가의 시민들은 민주주의와 정의의 이름으로 행해진다고 해도 국가 통제가 강화되는 것을 극도로 혐오한다. 궁극적으로 인민공화국의 근본 원리와 다르지 않기 때문이다. 그렇다고 유일한 대안으로서 시장을 제시한 것도 전혀 시민 친화적 선택으로 보이지 않는다. 결국 민족주의, 외국인 혐오주의, 공산주의로의 복귀 등으로 귀결되고 만다.

   시민들은 이러한 선택을 통해서는 도저히 행복해질 수 없다. 구체적으로 민주주의가 다음과 같은 정부 형태라고 인식하기 때문이다. 정치인과 관료가 아닌 권력을 가진 민중이 자유라는 뼈대에 살을 붙이는 정당한 힘을 사용한다. 정부는 사회적 책임과 시민의식을 장려할 뿐만 아니라 개인 권리의 합법적 보장과 더불어 자유를 실천한다. 그리고 권리와 책임이 국가 관료도 아니고 사적인 소비자도 아닌, 시민 나름의 시민적 정체성의 두 축으로서 작용할 수 있도록 만드는 정부다.

  시민사회는 사실상 시민의 영역 그 자체다. 이것은 공공선을 사적 영역으로 양도하지 않고도 정부에 제한을 가할 수 있다. 동시에 큰 정부의 횡포에 질식되지 않고, 또 자칭 자연적 공동체의 답답한 분위기에 질리는 일 없이 시장을 둘러싸고 있는 탐욕과 고립의 분위기를 날려버릴 수 있다. 정부와 사적 영역 양자는 시민사회의 성장을 통해 견제될 수 있고, 그렇게 되어야 한다. 시민사회는 강제력을 발동하지 않고도 정부의 공적 희망 중 일부를 흡수할 수 있고(시민사회는 공적 활동에 종사한다), 또 상업적 시장처럼 무정부 상태의 혼란에 빠지지 않고도 자유를 유지할 수 있기 때문이다. 그러므로 시민사회의 재생은 서구 국가에서 민주적 정부를 재정비하는 작업이 된다. 이들 국가의 시민들은 정부에 대한 나쁜 평판을 뒤로하고 민주화를 위한 토대를 만들어낼 수 있다. 이러한 시도가 역사적으로 국가권력 남용의 어두운 상처, 즉 난폭한 전체주의의 과거를 사람들에게 상기시키지는 않을 것이다.

마지막으로 한 가지 더 강조할 점이 있다. 강건한 민주적 시민사회는 종교적 신념이나 공동체주의적 도덕률의 쇠퇴를 중단시킬 수 있는 시민적 신념을 불러일으킨다. 우리는 브레이브 하트가 이끈 스코틀랜드의 단결이나 잔다르크의 프랑스 통합을 닮은, 사회의 동질적인 공동의 가치나 전통적인 혈연 공동체의 연대성을 동경할 수 있다. 그러나 이제는 지속적으로 노동력이 세계적으로 이동하고 이민을 가는 사회에 살고 있다. 최근 독일의 경우에는 인구의 10%가 외국인이고, 누구도 원하지 않지만 점점 "잡다한 인종 국가"가 되어간다.[29] 가톨릭 국가인 프랑스에도 500만 명의 무슬림 영주자들이 거주하고, 미국 인구의 25% 정도는 다수 인종과 무관한 각양각색의 소수인종으로 채워지고 있다. 인종은 자유와 양립할 수 있지만, 혈연은 더 이상 국가 공동체를 묶어주는 역할을 할 수 없다. 미국뿐만 아니라 전 세계 어디에서든 마찬가지일 것이다.

 독일의 사회철학자 위르겐 하버마스(Jurgen Habermas)가 법적 애국주의라고 지칭한 시민적 신념은 이제는 유일한 사회 통합 수단이다. 비록 여전히 불안하지만 말이다. 리처드 로티는 오늘날 우리가 살고 있는 피상적인 자유주의 사회에서 시민적

---

29 Alan Cowell, "Like it or Not, Germany Becomes a Melting Pot,", *The New York Times*, Nov.30, 1997. 이 기사의 제목에서 따 왔다.

신념이라는 접착제의 기능이 "모든 사람이 자신의 능력을 최대한 발휘할 수 있는 자기 창조의 기회를 핵심적 사회조직이 만들어준다는 사실에 대한 동의를 도출하는 것에 지나지 않으며, 그 목표는…… 표준적인 '부르조아적 자유'를 요구한다"라고 자신있게 지적했다.[30] 오히려 나는 에이브러햄 링컨의 주장이 훨씬 설득력 있다고 생각한다. 1858년 7월 4일 연설에서 링컨은 이민자들로 이루어진 사회에서 도덕적 감정은 혈연의 역할보다 훨씬 중요하며, 더욱 의미 있는 기능을 수행할 것이라고 강조했다. 링컨에 의하면 미국 시민은 나라를 세운 사람들의 직계 후손이 아니기 때문에, "혈연을 동원하여 역사에서 건국 시절과 연결되어 있는 무엇인가를 찾아보려고 하면 우리들이 아무도 아니라는 사실만 확인한다". 그렇지만 "독립선언을 보면 조상들이 '우리는 자신을 증명해야 하는 진실 앞에 서 있으며, 모든 인간은 평등하게 창조된다'라고 생각했다는 사실을 알 수 있다. 그리고 도덕적 감정은…… 우리가 가진 모든 도덕적 원리의 아버지가 되며, ……우리가 마치 피와 살로 연결된 것처럼 권리를 주장하고, 독립선언을 썼던 사람들인 것처럼 권리를 주장한다는 사실을 알게 된다". 수백 가지 인종적 기원을 보유한 '우리

---

30 Rorty, *Contingency, Irony, and Solidarity*, p.64.

미국인', 가장 공통된 언어를 보유한 '우리 프랑스인', 다양한 부족으로 구성된 '우리 나이지리아인', 수많은 인종으로 나뉜 '우리 무슬림' 등의 주장을 보면, 마치 혈연관계로 이어져 있는 것처럼 시민적 권리를 주장하고 살을 나눈 형제인 것처럼 공동의 원칙에 맹세한다. 이런 식으로 주장하고 맹세하는 이유는 이를 통해 우리를 자유롭게 만들어주는 사회 안에서 단결할 수 있기 때문이다.

대부분의 서구 사회의 경우, 강건한 민주주의 모델을 바탕으로 시민사회를 재건하기 위해 새로운 시민적 구조를 만들어낼 필요가 없다. 오히려 시민사회는 이미 자리 잡은 제도를 재개념화하고 재배치할 것을 요구한다. 시민적 영역이 이미 존재하는 곳이라면 그것이 성장하고 만개할 수 있도록 시민적 전략과 법을 적절하게 구사하면 된다. 시민사회가 이상으로만 존재하는 곳에서는 시민적 제도의 씨를 뿌릴 수 있는 전략을 제시한 다음 그것이 성장하도록 도와주어야 한다. 그리고 시민사회가 전혀 존재하지 않는 경우라면(즉, 국제사회) 새로운 시민적 구조가 만들어져야 한다.

그런 전략이란 위선에 가득 찬 특정 이해관계에 몰입되어 시민사회에 대해 냉소적인 입장을 보이는 사람들에 맞서서 학교, 단체, 공동체 운동, 미디어, 그 밖에 다양한 시민적 결사체가 공공의 목소리와 정치적 정당성을 다시 주장할 수 있도록 만드는 방법을 말한다. 나는 공공의 목소리라는 추상적인 관념이 적절한 자리를 찾을 수 있기를 희망하고 있다. 즉, 정부의 관할 영역 이외의 어딘가에 실질적인 입지를 마련하자는 것이다. 마지막으로, 시민적 공간을 창조하고, 그곳을 관료적 침투(공적이든, 사적이든)로부터 보호하며, 시민사회의 살아 숨 쉬는 담론을 육성하기 위해서는 정부의 역할이 필수적이라는 점을 강조하고자 한다. 만일 민주적 시민사회가 민주 정부의 필수 불가결한 전제라고 한다면, 민주 정부는 시민사회의 발전에 없어서는 안 될 조건이다. 중부유럽의 신생 민주 제도는 시민사회가 성장할 만한 기반이 없는 곳에서 출현했기 때문에 정착에 어려움을 겪고 있다. 즉, 그 지역에서는 비민주적 통치 체제가 지닌 오랜 역사로 인해 시민사회가 존재할 수 없었던 것이다. 체코공화국이 한때 소비에트 연방에 속했던 지역 중에서 가장 성공적으로 새로운 민주주의를 확립했다는 사실은 전혀 놀랍지 않다. 체코는 시민사회의 경험이 오래됐기 때문이다. 페트르 파야스(Petr Pajas)의 관찰에 의하면, "19세기에 이미 체코슬로바키아 공화국에서 시민 참여의 전통은 민족적인 사회 부흥과 더불어 자리 잡았다. 가톨릭 교회와 일부 민간 단체에 의해 조직된 자선, 보건, 사회 원조 활동과 더불어 시민사회가 꽃피웠다".[31] 시민사회가 쇠퇴한 반세기가 지나고, 1989년 혁명 이후 시인으로서 대통령이 된 바츨라프 하벨(Václav Havel)은 시민사회의 희망을 시민법 프로그램으로 전환했다. 여기에는 집회 권리법, 시민단체 결성법, 교회와 종교 집회의 자유, 공공부조협회 관련법 등이 포함되었다. 이것이 결국 오늘날 체코의 시민사회를 (상대적으로) 빛나게 만들어줬다. 체코의 어려운 정국으로 인해 부작용이 발생하고 있지만 이러한 영역은 계속 성장하고 있다.

다음 장에서 법적, 실질적 제안에 대한 검토를 끝낸 후에 나는 시민사회의 두 가지 중요한 기능을 논의할 것이다. 활력을 되찾은 시민사회가 민주화된 정부와 시민화된 시장으로 형성되면서 수행할 기능을 말한다. 그중 하나는 정치적 현장이 여전히 분열적이고 매우 복잡한 상황으로 치닫더라도, 어떻게 그러한 세계가 의사소통이 원활하게 전개되는 풍부한 담론과 시민성이 형성되는 지역사회를 만들어낼 것인가 하는 것이다. 다른 한 가지는 정보기술의 혁신과 로봇화가 사적 노동의 궁극적인 목표를 위협하게 될 때조차, 어떻게 그러한 세계가 의미 있는

---

31 Petr Pajas, "Czech Republic," *The New Civic Atlas*, p.32.

공적 활동의 공간을 만드느냐는 것이다. 오늘날 우리가 살고 있는 세계가 민주적 시민 제도에 적합한 시간과 공간을 빼앗아가고 있지만 물질 숭배주의, 시장 전체주의, (높아지는) 생산성과 (사라지는) 일자리 간의 불균형 증대 속에서 시민사회를 구해낼 수 있는 제도를 찾아내라는 요구가 점점 절박해지고 있다는 사실 자체는 역설적이다.

03

시민사회 활성화를 위한 실천 전략

지금까지 시민사회에 관한 다양한 개념을 검토하면서 시민사회가 정부와 사적 영역 사이에서 매개적 역할을 할 수 없게 만드는 세 가지 장애물이 있음을 지적했다. 첫째, 정부가 오만방자하다면 정부 자체가 장애물이다. 둘째, 개인이나 각 사회집단이 공공선을 추구할 수 있다고 확신하는 시장중심주의가 걸림돌이다. 셋째, 공동체가 자유와 평등보다 결속감을 우위에 두면 그 역시 장애 요소다. 이러한 장애물들이 존재하는 한, 시민사회의 성숙을 기대하기는 어렵다.

첫 번째 장애물부터 살펴보자. 유권자로부터 떨어져나와 경직되는 모든 제도의 성향(이른바, 과두제의 철칙)으로 인해 정부를 구성하는 대표들은 자신을 뽑아준 시민의 적으로 변질되고 만다. 결국 민주적으로 선출된 정부는 경직되고 서열화되어 국민의 대표들은 정치 현장에 존재하는 유일한 시민적 행위자라고 자처하고, 시민의 자율적 정부가 되기보다는 시민을 위해 통치

한다고 생각한다. 이렇게 되면 정부의 이름으로 지배하는 민주적 시민은 실제로 아무 힘도 없는, 종속적이고 소외당하는 존재가 되고 만다.

두 번째, 열렬한 시장 옹호론자들은 보이지 않는 손의 신화로 인해 사유화가 민주화 및 권력 행사, 시민적 자유의 만개 등과 동의어라는 신념을 바탕으로 정부에서 벗어나야 한다고 역설한다. 그러나 결과는 정반대로 나타난다. 공중은 사라지고, 철저한 개인주의와 탐욕의 1차원적인 문화가 판치며, 물질주의에 중독되어 자율적인 시민은 맹목적인 소비자로 전락한다.

세 번째, 가치의 상실을 회복하고 가치 공동체의 복원을 강조하는 공동체주의적 지향으로 인해 사람들은 정부나 시민사회의 반강제적인 제도를 통해 타인에게 고유의 문화적 가치를 강요한다. 그 결과 결속력이 강한 공동체의 내부자들은 모든 사회 가치 중 평등을 가장 중요한 것으로 규정하고, 나머지 다른 모든 사람은 외부인으로 소외시켜버린다.

역설적으로 정부 자체가 최근 들어 일부 문제의 원인으로 인식되면서도 이 문제를 해결할 기회가 전혀 없는 것은 아니다. 정비된 규율을 가진 자기 규제적인 정부는 온건하게 행동하기 때문이다. 이런 온건함은 클린턴 정부의 신민주당(민주주의지도

자협의회(Democratic Leadership Council)의 진보정책연구소(Progressive Policy Institute)가 제창한 것), 영국 토니 블레어의 '신'노동당, 프랑스 리오넬 조스팽(Lionel Jospin)의 신사회당 등의 특징이다. 이러한 새로운 진보적 경향으로 인해 정부는 독점기업의 파괴적 효과를 완화하고 상업적 획일성과 문화적 일원화의 요구를 차단할 수 있다. 또한 정부는 사법부와 법 제도를 통해 결속감을 지향하는 인간의 보편적인 갈망이 내포한 위험스러운 측면으로부터 자유를 보호할 수 있다.

사실상 시민사회의 진정한 적은 정부도, 기업 그 자체도 아니다. 오히려 관료제, 교조주의, 일방성, 전체주의, 무책임성, 탐욕, 절대주의, 어디에서나 나타나는 관성 등이다. 자유방임론자들은 인정하기를 거부하지만, 불행하게도 이러한 결함은 정부만큼이나 민간 상업 활동에서도 나타나고, 복지국가의 관료제는 물론 기업과 친목 단체에서도 쉽게 발견된다. 만일 클린턴 대통령이 '큰 정부의 종말'이 아니라 '리바이어던(전체주의 국가)의 종말'이나 '거대한 관료적 탐욕의 종언'을 선언했더라면, 치명적인 해를 가하는 악에 대해 좀 더 균형감각을 가지고 전쟁을 선포할 수 있었을 것이다. 그러나 클린턴은 그렇게 하지 않았고 사적 영역에 호소하는 일에도 별로 성의를 보이지 않았기 때문에, 권력(일련의 군비 지출과 관련된 영향력의 행사를 포함한)은 위협적 속성을 보여주었다.

정부가 오류를 범하면 법은 정부가 자기 규제적이거나 개혁의 방향으로 나아갈 수 있도록 도와주어야 한다. 사적 영역이 문제를 일으키면 정부는 상업 활동 및 시장의 남용을 방지하는 역할을 수행한다. 또한 도덕주의적 공동체가 고유의 가치와 생활방식을 모두에게 강요하려고 들 때 범하는 도덕적 침해를 차단함으로써 공중의 편에 서야 한다. 궁극적으로 민주 정부는 시민의 일상적 권력의 연장이며, 시민은 권력의 남용을 견제하면서 일상적 권력을 행사해야 한다. 권력은 부패한다. 더구나 책임성도 없고 보이지도 않는 사적인 권력은 민주 정부의 권력에 비해 훨씬 더 부패한다(그리고 더 통제하기 어렵다). 우리는 정치인들이 책임을 망각하거나 지나친 실책을 범했을 때 "저 작자를 내쫓아버리자"라고 항상 외칠 수 있다. 그러나 시장의 관리자가 공중에 대해 무책임한 일을 저질렀을 때, 그들을 소환할 힘이 없다는 것이 문제다. 정부가 지나치게 멸시당하고 시장이 널리 각광받는 이 시대, 그리고 자유방임주의가 지배적 교리로 득세하는 시대에 우리가 기억해야 할 교훈이 바로 이 점이다. 민영화로 인해 정부가 고통받는 사람들을 보호하는 데 아무런 역할을 하지 못한다고 비판하는 동시에, 민영화로부터 이득을 챙기는 사람들의 위선도 경계해야 한다.

민주주의는 시장과 동의어가 아니다. 정부를 민영화함으로써 시민사회와 시민의 미덕을 확립할 수 있다고 주장하는 것은 어불성설이다. 코카콜라와 맥도날드 햄버거 세트를 살 자유, 햄버거를 먹으면서 디즈니 만화 비디오를 보는 일은 우리가 어떻게 살 것이고 어떤 정부하에서 살 것인지를 결정하는 자유와는 아무 상관이 없다. 비민주주의적인 싱가포르와 중국에서도 사람들은 코카콜라, 맥도날드 햄버거, MTV에 열광한다. 민주주의가 정착되지 못한 혼란스러운 러시아와 독특한 민주주의를 운영하는 체코공화국에서도 같은 현상이 나타난다. 역사적으로 자본주의가 민주주의를 낳은 것이 아니라 민주주의가 자본주의를 불러왔다. 자본주의는 민주주의를 필요로 하지만 그것을 어떻게 창조하고 유지해야 하는지 알지 못하며, 오히려 민주주의를 손상하는 상황을 초래하곤 한다.

시장의 신화는 우리가 지닌 가장 고질적인 신화다. 너무 많은 사람이 그렇게 믿고 있어서가 아니라, 보이지 않는 시장의 구속은 너무 쉽게 벗어날 수 있어서 시장에서 무한한 자유를 만끽할 수 있다고 느끼기 때문이다. 고도 소비사회에서 소비가 자발적인 행위라기보다는 일종의 중독이라고 한다면, 실제로 쇼핑이 선택과 동의어일까? 나는 이미 다른 책에서 보통 수준의 평범한 사람과 어리석은 사람이 드러내는 인식의 혼동에 대해 꽤 길게 쓴 적이 있다. 즉, 보통 사람은 충분한 근거를 가지고 유연하게 규제되는 시장이 경제적 생산성과 부의 축적에 가장 효율적인 수단이라는 사실을 주장한다. 한편 어리석은 사람은 규제되지 않는 시장만이 우리가 관심을 가진 모든 것 ― 내구재부터 정신적 가치까지, 자본의 성장부터 사회정의까지, 이윤 추구부터 지속 가능한 환경까지, 개인 재산부터 기본적인 공동재에 이르기까지 총망라한 모든 것 ― 을 생산하고 분배해주는 유일한 수단임을 과장되게 주장한다. 후자의 주장으로 인해 어떤 사람들은 교육, 문화, 사회 범죄에 대한 과학적 대응, 완전고용, 사회복지, 환경 유지 등과 같은 분명하고 다양한 공공재조차 민간 부문으로 이양되어야 한다고 주장하기도 한다. 그렇지 않으면 권력의 오용과 남용을 초래한다고 목소리를 높인다. 그러나 이 책에서 나는 그러한 잘못된 이해가 얼마나 위험하고 부적절한 결과를 초래하는지 논증할 것이다.

시장은 민주주의 정치체제나 자유로운 시민사회가 하는 일을 대신하도록 만들어진 것이 아니다. 시장은 공적이지 않은,

사적인 담론의 양식을 제공한다. 우리는 소비자로서 물질적 재화의 생산자에게 통화를 지불한다. 그러나 사적인 시장 선택의 사회적 결과를 놓고 이웃이나 시민으로서 서로를 상대할 때 통화를 사용할 수는 없다. 시장은 비사회적인 개인주의적인 목표를 개발하며, "우리가 필요로 하는"이라는 말 대신 "내가 원한다"라고 표현하게 만든다. 시장은 어떤 종류든 '우리'의 사고나 행동을 억제하며, 공동선을 지켜내기 위해서는 집합적인 개인적 선택("보이지 않는 손")의 힘을 신뢰할 것을 요구한다. 다양성과 개인적 선택의 이름으로 시장은 소비자 전체주의를 촉진하고, 다차원적인 시민을 1차원적이고 확실한 쇼핑객으로 변화시키려 한다. 소비자들은 '나'라는 분열적인 수사(修辭)를 구사한다. 이에 반해 시민은 '우리'라는 공동의 언어를 개발해낸다.

시장은 공동체주의적이기보다는 계약적인 속성을 보여준다. 이것은 시장이 우리의 단단한 자아에 찬사를 보내지만, 공동체를 향한 욕구를 만족시키는 데는 별 관심이 없다는 의미다. 즉, 시장은 내구재와 찰나의 꿈을 제공해주지만, 공동의 정체성이나 집단적인 소속감은 주지 못한다. 공동체주의적 연대감에 대한 부정적인 표현이 바로 시장의 비사회적 특징을 반영하는 것이다. 시장의 사회적 연계가 약해질수록 다른 한편으로 이에 대한 대응은 더욱 철저하고 강력해진다. 이것을 나는 이렇게 표현한다. "맥도날드가 구축한 세계는 이에 저항하는 지하드를 만들어낸다."

우리는 시장을 넘어서는 민주주의의 덕목과 시민사회의 사회적 관계를 필요로 한다. 시장과 시민사회의 이상은 민주주의를 필요로 한다. 시장은 완전 고용, 안전한 환경, 공공 보건, 사회안전망, 교육, 문화적 다양성, 실질적 경쟁 등을 유지하는 만큼 위축시키기도 한다. 이러한 공공재는 공통의 사고 및 협력의 결과이며, 훌륭한 민주적 시민사회를 공유할 수 있도록 해준다. 오늘날 쇠락의 길을 걷고 있는 시민사회를 위해 이론뿐만 아니라 실천의 영역에서 공공의 장을 재조명해야 하는 과제가 제기된다. 우리 모두의 실천적 전략의 목표는 시민을 위한 공간을 만들어내고 시민에게 시민의 목소리를 낼 수 있도록 하는 것이다.

시민의식과 시민사회를 실질적으로 육성해야 하는 과제를 안고 있는 정부는 시민사회에 대한 적극적인 촉매제로서, 시민사회에 대해 부정적인 영향을 미치는 정부적 차원의 장애물을 제거해주는 시민사회의 동반자로서 그 역할을 다해야 한다. 그리고 지나치게 열정적인 공동체주의적 집단 형제애의 강조가 시민의식의 범위를 위축시킬 때나, 사적인 경제활동을 일률적으로 통합시키려는 도전에 직면할 때는 시민사회의 편에 서서 입법권의 발동과 개혁을 통해 효율적이며 합법적으로 활동할 수 있어야 한다.

법이 시민사회를 향상시키는 데 어떻게 기여할 수 있는지 생각해보자. 법의 개정 내지 개선이 불가능한 영역은 존재하지 않는다. 결국 정부의 프로그램, 규제 정책(또는 규제의 철폐), 법으로 표현되는 정치적 이데올로기 등이 바로 현 세계를 만들어낸 것이다. 사적 영역의 지배적인 군주(리바이어던)로 군림하는 기업은 그 자체가 정부의 창조물이었다. 미국 법에 의하면, 기업은 법에 의해서만 그 존재를 인정받는 "의인화된 인격"으로 살고 있다. 다행스럽게도 민주당이나 공화당 모두 "시민사회를 입법화"하는 데 어느 정도 관심을 기울였다. 클린턴 행정부는 시민사회와 공-사 관계의 설정에 지속적인 관심을 보였고, 공화당 역시 시민사회적 관행을 유지하기 위한 정부의 개입을 입법화하려는 노력의 일환으로 빌 베넷(Bill Bennett)과 댄 코츠 상원의원의 제안이 있었다.[32] 미국 정보기관 등의 정부 기구, 조지 소로스의 열린사회연구소(George Soros's Open Society Institute)

---

32 Senator Dan Coats, "Can Congress Revive Civil Society?" *Policy Review*, Jan./Feb. 1996.

같은 개인 자선단체, 시민사회연구소(Institute for Civil Society and Civicus, 국제 비정부기구 산하에 있다) 등은 모두 과도기에 놓여 있는 국내 사회와 국제적 영역에서 시민사회를 강화하기 위해 노력하고 있다. 일부 프로그램은 분명히 다른 것에 비해 훨씬 더 활발하게 가동된다. 이제부터 혁신적이고 자유를 보장하는 법을 통해 불합리한 새로운 비용을 발생시키지 않으면서도 시민사회를 육성하는 데 기여할 여섯 가지 가능한 영역을 제안하고자 한다. 많은 경우에 새로운 전술은 이미 정비된 법적 전략을 토대로 수립될 것이다(예를 들면 군비 개혁, 후보자에게 무료로 제공되는 TV 연설 시간, 공공의 목표를 위한 새로운 텔레커뮤니케이션 기술의 활용 등). 그 밖의 경우에는 새로운 제안을 구체화하려 한다. 정부의 불개입으로 인해 초래된 결과는 물론 잘못 만들어진 정부 정책의 파괴적인 결과에 대해서도 새로운 수정이 가해질 필요가 있음을 강조할 것이다.

어떠한 경우에서든 여기서 제안하는 구체적인 주장은 사회 문제에 대한 직접적인 해결책을 제시하고, 그 자체가 목적이 되어버린 정부를 축소하려는 목표를 추구한다. 또 스스로 공적 업무를 수행하려는 시민들을 독려하기 위한 수단으로서 정부를 강조하기 위해 정책적 목표를 재설정하고 재개념화하는 것을 목표로 삼는다. 정부는 소멸되기보다는 강화되어야 한다. 그러나 오로지 민주주의의 틀 안에 항상 있어야 한다. 즉, 정부는 시민사회와 자유 시민의 가장 일반적이며 최고의 목적을 추구하기 위한 대리인이자 최선의 수단이어야 한다는 말이다. 그리고 시민사회는 평범한 사람들 속에서 '우리'를 표현하는 실체이자, 법적 양식의 틀 안에서 존재해야 한다. 이러한 논의의 목표는 시민으로서의 일반인과 그 주권을 담아내는 목소리로서의 정부 사이에 벽을 쌓기보다는 허물려는 것이다.

다음은 시민사회를 지원하기 위한 입법화에 필요한 여섯 가지 영역이다.

1. 공적 공간의 확대와 강화, 특히 다목적용 상업 공간을 재활용하여 특별한 공적 공간을 만들어낸다.
2. 새로운 텔레커뮤니케이션과 정보기술을 시민을 위한 용도로 활용한다. 이러한 기술이 과도하게 상업화되어 시민적 잠재성을 파괴하지 못하도록 한다. 특히 시민의 인터넷, 공중을 위한 케이블TV 등이 중요하다. 그리고 어린이를 겨냥한 대중매체의 광고를 감시하고, 어린이를 상업적으로 이용하지 못하도록 한다.

3. 글로벌 경제에서 국내 생산을 촉진하고 민주화한다. 노동 시장을 보호하고, 손쉽게 노동자를 해고하는 관행을 감시한다. 정부의 규제권을 손상하지 않으면서 시민사회 구성원으로서의 기업의 책임을 강화한다.
4. 글로벌 경제에서 국내 소비를 활성화하고 민주화한다. 정당한 임금 정책, 노동 현장의 안전, 환경을 보존한다. 즉, 노동의 안전과 환경을 중시한다. 그리고 아동노동법을 무시한 채 생산되는 상품을 찾아내서 불매운동을 벌인다.
5. 국가적·공동체적 수준의 봉사 활동, 봉사자 훈련 프로그램, 시민을 양성하기 위한 자원봉사 프로그램 등을 강화한다.
6. 자유로운 다원주의 사회에 없어서는 안 될 토대로서 예술과 인문학을 육성한다. 정부가 지원하는 예술 교육과 봉사 프로그램을 통해 시민을 예술가로, 예술가를 시민으로 길러낸다.

공공의 공간

대부분 사유화되고 도시화된 오늘날의 세계에서 시민권이 안정적으로 행사되고 시민사회의 자유로운 활동이 가능한 실제 공간은 충분하지 않은 것이 현실이다. 시민들이 상호작용하고 공적 문제를 해결하기 위해 활동할 수 있는 실질적인 공간이 필요하다. 오스카 와일드는 "사회주의의 문제는 저녁 시간의 자유를 너무 많이 빼앗는다는 것이다"라고 빈정거린 적이 있다. 시민사회와 그에 필요한 활동을 위해 수요일 저녁과 토요일 아침 시간에 여유가 있어야 한다. 그리고 공간 및 장소도 필요하다. 확실한 시민 공간이 마련되지 않고서는 시민 활동이란 있을 수 없다. 오리에게 연못이 필요하듯이, 공중에게는 도심의 광장이 확보되어야 한다.

전통적으로 도심의 광장, 마을의 잔디밭, 시골의 잡화점, 공원, 공회당ー이발소, 우체국, 분수대, 살롱 등도ー등이 시민의 상호작용을 위한 비공식적인 장소가 되어주었다. 여기서 이웃 간의 대화, 정치적 논쟁, 의견의 합치를 구하기 위한 노력 등이 진행되었다. 그러나 우리 중 반 이상이 도시 외곽ー주택단지뿐이거나 시청도, 보행로도 없는, 즉 아무런 공공장소도 없는ー아니면 지저분하고 안전하지 않은 공공장소뿐인 도심에 살고 있기 때문에 공식적, 비공식적 만남의 장소가 점점 줄어드는 실정이다. 도시 외곽에 사는 사람들은 어디를 가나 차로 이동하고 은행을 갈 때나 밥을 먹으러 갈 때도 차 없이 움직이지 못한다.

교외 지역이 발달하면서 자동차가 필수품이 되었다. 경제 발전은 다양한 이동 수단을 개발해낸다. 지금처럼 대안이 없는 상황에서 어느 날 모든 세계가 미국의 뉴저지처럼 될 것이라 생각하는 것도 무리는 아니다.

뉴저지에서 시민 모두가 이용할 수 있는 공공장소는 구매를 장려 및 촉진하고 소비를 하나의 관습으로 만들기 위해 고안된 대형 쇼핑센터뿐이다. 상점은 전통적인 필요(쇼핑센터 안에서 그릇 가게나 세탁소, 약국을 찾는 것)를 충족시키기 위한 것이 아니라, 포스트모던 경제가 요구하는 상품을 구비해놓고 있다. 고급 옷 가게와 새로운 체인점(네이처 스토어(The Nature Store), 샤퍼 이미지(The Sharper Image), 디즈니(Disney Store), 브룩스톤즈(Brookstone's) 등)이 속속 들어서고 있다. 심지어 식사할 때도 온갖 종류의 음식을 파는 정해진 장소(일명 '푸드코트')에 잠시 들러 마치 연료를 주입하듯이 먹어치운다. 쇼핑 시간을 더 많이 갖기 위해 칼로리 흡수는 최대화하고 시간 소모는 최소화하는 것이다.

다른 한편으로, 타임스퀘어 같은 '테마파크(뚜렷한 주제를 표방하는 공원)'에서 하는 것을 라스베이거스나 디즈니랜드에서도 할 수 있도록, 또는 라스베이거스를 뉴욕으로 옮길 기회로 타임스퀘어를 활용하려고 생각하는 건축가들의 입장에서 보면 전통적인 도시 환경은 혹평의 대상일 뿐이었다. 워싱턴 D.C.의 유니언 기차역이나 오래된 우체국은 상업지구로 개조될 운명에 처한 전통적인 공공장소의 전형적인 예다. ('예술과 인문학 발전을 위한 국가 재단(National Endowments for the Arts and the Humanites)'이 상업화된 옛 우체국 2층을 공탁한 것은 역설적이다.) 그 두 건물이 상점뿐만 아니라 시민적, 사회적 공간으로 재생될 수는 없을까? 공공의 공간은 상업화가 계획대로 진행된 다음에 우연히 남는 건물의 후미진, 텅 빈 공간 이상을 의미해야 한다. 그러나 이제는 심지어 공항조차 비행기를 파는 상점처럼 건설되고 있다.

우리가 사는 세상이 대형 쇼핑센터처럼 될 수밖에 없다면, 그곳을 유용한 시민 공간으로 전환하는 것이 가능하지 않을까? 어떤 건축가가 시민의 필요를 충족할 목적으로 개조를 허락받을 만큼 융통성 있는 교섭에 적합할 것인가? 쇼핑센터는 어떻게 디자인되어야 하며, 또 인근 주민을 위한 병원 시설, 연설장, 어린이 보호 시설 등에 필요한 여백을 남겨두도록 개발업자들을 어떻게 설득할까? 정치 토론의 장이나 공동체 문제를 논의하기 위한 회의 장소, 마을 극장, 화랑, 자선단체, 정보와 미디어 매체를 비롯한 다종다양한 시민적 결사체를 위한 공간은 어떻게 확보할 수 있는가? 이를 가능하게 하려면 정부는 어떠한 종류의 보상책을 제시해야 하는가? '특정 지역 지정제'에 의해 개발업자들이 좀 더 시민적 입장에서 생각하도록 만들 수 있을까? '장외 거래' 허가(이것은 개발업자들이 공공 고속도로에서 우선 통행권을 갖도록 해주는 셈이다)는 이와 같은 효과를 낼 수 있을까? '예술과 인문학 발전을 위한 국가 재단'이 후원한 시민적 쇼핑센터 건설을 위한 수주 경쟁이 하나의 '모델'이 될 수 없을까? 건축가들 사이에서 시민의 공간을 포함하는 모델을 디자인하기 위한 경쟁이 가능하지 않을까?

플로리다에 만들어진 디즈니 사의 '새 도시, 셀러브레이션'은 공적 공간이 확보된 새로운 구조다. 그러나 건축가들이 모방하려고 했던 전통 도시보다는 주거단지 모양을 갖춘 쇼핑센터에 훨씬 더 가깝다. 이는 내가 말하는 것과는 완전히 정반대의 패러다임이다. 그것은 디즈니가 추구하는 순전히 오락적인 만화책 보기의 원칙―진공 상태의 휴가, 안전이 보장되는 모험, 대리만족의 역사, 획일화된 다양성, 모조 인종 등―을 채택했다. 그리고 '공중'을 모방한 살아 숨 쉬는 환경에 그 원칙을 적용했다. 사실상 그것은 마치 경비가 삼엄한 고급 주택가에 고립된 듯한 느낌이 든다. 셀러브레이션에서 현실의 도시인 올랜도까지는 거리상으로 매우 가깝다. 그러나 셀러브레이션에는 공공의 광장이 지닌 어두운 측면―실업자, 복지 수당으로 근근이 살아가는 가난한 사람들, 인종적 편견, 강도, 강간, 살인―이 전혀 없다. 광고 전단지가 묘사하듯, 셀러브레이션은 "골프장, 테니스장, 공원, 호수, 넓은 공간"과 "앞뜰이 있는 집과, 친구나 이웃을 만날 수 있는 활기에 넘치는 도심" 등으로 이루어져 있다. 또한 공공의 공간에 필요한 모든 준비, 즉 "공동체의 빌딩"까지 갖추고 있다. 그러나 디즈니는 "셀러브레이션의 즉흥적인 전통"("재미로 가득 찬 상호작용적인 오리엔테이션 시간"―이것은 분명히 새로운 '전통'이다!)에 따라 모든 것을 꾸며놓았다. 디즈니 시설이 공공의 광장을 갖추고 있다고 해서 전통적인 것은 아니다. 디즈니의 전통은 피와 땀과 눈물―역경의 시간과 공통의 경험이 세대를 통해 이어지는―로 얼룩져 있지도 않고, 그저 주제별 공원을 설계하고 영화를 만들고 탈것을 개발해낸 사람들의 "상상력을 통해 만들어진" 것에 불과하다. 영원한 공동체와 지속적인 전통이 현재 셀러브레이션을 통해 팔리고 있다. 말하자면, 위험 없는 공적인 삶, 긴장 없는 다양성, 고통 없는 공동체, 역사 없는 전통 등이 판매되고 있다.

신뢰에 바탕을 둔 공공 공간의 진정한 구조는 다양성과 연관이 있다. 다양성의 창조는 안락함을 추구하는 건축가의 업무가 아니다. 셀러브레이션에 표현된 디즈니의 건축 양식은 안락함을 느끼게 하는 오락적인 정서를 담고 있다. 즉, 매우 디즈니적인 뒤죽박죽된 외양 밑에는 안락한 동질성이 숨겨져 있는 것이다. 항상 그렇듯이 정신뿐만 아니라 또 하나의 자아를 만들어 내는 할리우드 방식과 마찬가지로, 디즈니 역시 기생적이다. 디즈니의 세계는 아무것도 창조하지 않는다. 그 대신 다른 사람들의 문화적 자본에 기대 산다. 마치 외국인을 길들이는 것처럼, 역사를 현대적으로 만드는 것처럼, 그리고 공적 공간을 사유화하는 것처럼 다양성을 동질화시킨다. 당신이 현실, 즉 살아 있는 공중과 부딪혀본 적이 없다는 점을 확실히 하기 위해 역사, 문화, 인종, 다양성을 충분히 제공한다. 예를 들면, 디즈니 세계에서는 현실과는 정반대로 가난이나 암살 사건이 없는 멕시코, 부족 전쟁이나 전염병이 발생하지 않는 카시미르, 외국어가 하나도 들리지 않는 유럽, 관광객에게 오만한 시민, 손님보다 훨씬 낫다고 느끼는 거만한 종업원이 존재하지 않는 프랑스, 다하우(Dachau, 독일 뮌헨 부근에 있는 도시로서 1933~1945년에 나치의 강제 포로수용소가 있던 곳이다 — 옮긴이) 없는 독일, 위계질서나 당파 없는 공동체, 편견이나 경직성 없는 전통, 헌신이나 충성심 없는 친구, 오로지 사적으로만 이용되는 공공의 공간, 동정이나 열정 없는 마을 등을 그려내는 것이다. 디즈니 같은 기업은 시민들이 현실적인 공공의 공간(다인종, 다문화가 뒤섞인 현실적인 공중이 살고 있는 공간)의 이념, 그 자체를 두려워한다고 마음대로 상상하고 있으며 그런 공간을 재창조하려는 도전은 매우 힘겨운 일이라고 단정하고 있다.

여전히 우리의 시민사회에 실질적인 영토를 제공하기 위한 가장 중요한 첫걸음은 상업적 공간을 다양하게 활용 가능한 공공의 공간으로 재구축하는 작업이다. 몇 가지 매우 인상적인 사례가 있다. 시애틀의 로널드 셰어(Ronald Sher) 집회소와 케이프 코드(Cape Cod)의 마샤피(Mashapee) 공동 식당이다. 그러나 이러한 작업 추진에는 법적인 장애가 있으며(대부분 국가의 법에 의하면, 영업하지 않는 가게도 완전히 개인 소유라고 규정한다), 정치적 도전도 끈질기다. 예를 들면, 중간 계급에 속하는 시민 대부분은 일자리 없는 가난한 주변인들에게 '공공의' 공간을 전적으로 맡겨두고 개인적인 영지로 숨어버릴 핑곗거리를 양산해낼 위험이 커진다. 주변인들은 아무런 자원도 가진 것이 없고, 나름대로 활용할 수 있는 공공장소를 조성할 자격을 갖춘 납세의 기록도 갖지 못한 존재들이다. 그러나 큰 정부의 시대가 막을 내린 후 시민사회의 위대한 이상을 현실화시키고자 할 때, 공동 급식 식당조차 하나 없다면 가난한 사람들에 대한 새로운 책임감을 어떻게 실천에 옮길 수 있겠는가? 공공 교통수단이 들어오지 않는 재건축 쇼핑센터가 과연 공공의 목적을 달성할 수 있을까? 이처럼 수없이 많은 도전 과제가 등장하고 있다.

새로운 공공 의사 전달의 기술

이제 세계는 사이버 공간이 주요 교신 통로가 되고 초고속 정보망이 육교 역할을 하는 새로운 의사 전달 매체 및 정보의 시대로 진입했다. 따라서 시민사회에 대해 우려하는 우리 같은 사람들이 그러한 정보와 매체에 공적으로 광범위하게 접근할 방안을 찾아내고, 시민들이 그것을 포괄적으로 활용할 수 있도록 효과적인 전략을 수립해야 한다. 새로운 기술이 계속 발전하기 때문에, 의회가 '공중파'로 규정한 것을 보호하고 새로운 인터넷 연결망의 대대적인 상업화를 차단할 방법을 반드시 찾아내야 하는 것이다. 탈규제는 정부 개입과 생산적인 시장 세력을 분리하려는 노력에 초점을 맞춰야 한다. 1997년 여름

〈전 세계적인 전자 상거래의 틀(A Framework for Global Electronics Commerce)〉(이 보고서는 일반적인 국제적 기술 기준, 공개적 접근, 사생활 보호, 대대적인 상업화 등을 지지하는 정부의 입장을 밝히고, 무엇보다 새로운 기술이 세계 무역 정책의 핵심적인 요소로 인식되어야 함을 강조한다—옮긴이)이라는 정책 보고서를 배포한 클린턴 대통령은 미국 행정부가 인터넷의 공적이고 시민적인 활용에 관심을 기울이기보다는 사적이고 상업적인 활용을 촉진하는 데 더 많은 에너지를 쏟아부을 것임을 분명히 밝혔다. 물론, 앨 고어(Al Gore) 부통령은 새로운 전자 소통 매체의 기술이 함의하는 교육적 가치를 기회가 있을 때마다 강조했다. 이윤에 초점을 맞추는 사적 영역과 이와는 다른 관점을 갖는 정부가 존재하는 상황이라면, 전자 소통 매체 시장에서 시민적, 교육적 세력을 어떻게 식별해낼 수 있는가?

정보기술의 발전이 국가안보(인터넷은 원래 '정보기술 전쟁(Information Technology Warfare)' 연구의 일환으로 등장한 것이었다) 또는 이윤 추구를 위한 상업화 중 어느 한 분야에만 집중되면 상당한 위험을 초래할 수 있다. 이윤이 생기지 않더라도 시민적 영역에서 봉사하면 민주주의, 시민 문화, 교육을 위해 잠재적 가치를 무한히 창출할 수 있는 전망이 있다. 정부 규제, 조세 정책 등 공공선을 추구하는 관습적인 수단이 논란의 대상이 될 때, 시민사회를 위한 기술이 일으킬 도전은 특히 중요해진다. 그러나 기술의 시민성이 현실화되더라도 정부의 통상적 수단도 없어서는 안 된다. 세계은행은 혁신적인 모델을 제시한다. 즉, 기술이 경제적, 시민적 발전을 지원할 수 있는 방안을 시험하고 있다. 예를 들면, 위성 감시 체계가 생태계의 변화를 탐지함으로써 농업에 도움을 준다. 셀 방식의 기술이 기존의 기술을 뛰어넘어 무선 통화 가능 지역을 확대하면, 기술 후진국은 20세기 단계를 통과하지 않고도 21세기로 곧장 넘어갈 수 있다. 현재까지도 지구상의 반 이상의 지역에서 여전히 전화가 통하지 않기 때문에 이것은 놀라운 발전이 될 것이다.[33]

깅리치가 미국의 최빈곤층에게 컴퓨터를 제공하는 일에 대해 깊이 생각하지 않은 채로 떠벌이고 난 지 벌써 5년이 지났다. 컴퓨터를 사용하기 위해서는 사용자가 사용 안내서를 읽을 수 있어야 한다. 문자 해득은 평생교육을 통해 이루어지는 일이고 이를 뒷받침하는 경제가 돌아가야 하지만 깅리치는 이런 조건에 대해서는 아무 말도 하지 않았다. 그저 큰소리를 친 것에 불과할지 모른다. 바로 얼마 전에 클린턴 대통령은 장비를 기

---

[33] M.A.Glendon and David Blankenhorn, *Seedbeds of Virtue*(1995) 참조.

부받은 도시 내 학교에 자원봉사자들이 설비를 장치해주는 안(이른바 '넷데이즈(Netdays)')을 승인했다. 이와 같은 전시적 효과는 유익하기는 하지만, 국가 정책은 될 수 없다. 연결망이 완전히 상업화된다면, 학교에 설비를 갖추는 일은 상업화하는 셈이기 때문이다. 이러한 문제를 피하기 위해 지속적인 정부의 노력이 필요하다. 정부는 연결망의 기본 프로그램을 운영하거나 연결망을 직접 통제할 필요가 없으며, 그래서도 안 된다. 상업적 시장이 경쟁하도록 보장해줄 수 있고, 그렇게 해야 한다. 그리고 지역적, 지방적 수준에서 충분한 공간이 공적으로 활용되도록 확보되어야 하며, 그 운영자들을 위한 기금을 조성해야 한다. 그렇게 함으로써 우리는 시민적 수준에서 활용되는 다양한 실험적 시도를 감시하고 그 효과를 검토할 수 있을 것이다. 예를 들면, 여성유권자연맹에 의해 설치된 시민 대화방, 현명한 유권자 프로젝트(Project Vote-Smart, 1992년 창립), 미네소타의 전자민주주의(Minnesota E-Democracy) 등 공적으로 선거와 정치적 정보 제공을 위한 사이트 등이 있다(이러한 비영리 사이트는 선거 기간 중 언론인과 공중이 활용할 수 있는 비당파적 정보를 제공하려고 노력한다).

개념적 측면에서도 전통적인 방송 매체와 비교되는 월드와

이드웹(WWW)은 시민들 사이에서 두 개의 단말기를 접속하는 잠재적인 의사소통을 위한 수단이자, 독특한 상호작용(사용자는 수동적으로 정보를 받을 뿐 아니라, 정보를 검색하고 만들어내는 데도 참여할 수 있다)을 위한 놀라운 도구가 되었다. 그러나 그것을 상업화하기 바쁜 사람들은 상호작용적이고 참여 지향적인 초창기 연결망의 "수요자가 원하는 것을 끌어오기(pull)" 프로그램에서 이미 벗어나, "운영자가 배포하는(push)" 프로그램을 마구잡이로 운영하고 있다. 이러한 프로그램은 제품을 팔기 위해 소비자의 욕구와 관심을 예견('추측')하기 위한 상호작용적 정보를 이용함으로써 '고객'을 프로그램화하고 유혹하는 전통적인 광고 전략과 매우 유사하다. 푸시 기술은 하나의 취향을 준거 삼아 다른 것을 추정함으로써 사용자의 선택을 만들어내고 조종한다. 예를 들어, 당신이 보스턴마라톤 홈페이지에 접속한다면 달리기를 좋아하는 것이 틀림없고, 달리기를 좋아한다면 최신형 에어팟을 사고 싶어 할 것이다. 그러나 영화를 보면서 오후를 보내는 사람이라면 소파에 앉아 많은 시간을 보내는 사람일 테고 그러면 군것질거리를 판매하는 사이트가 적합하다. 또 범죄영화를 좋아한다면 1960년대풍 장신구를 파는 사이트로 안내될 것이다.

추측을 근거로 사람들이 원하는 것을 판매함으로써 이윤을 올리려고 노력하는 것이 잘못은 아니다. 그러나 인터넷이 근본적으로, 또 전적으로 상업적으로만 흐른다면, 우리의 선택 능력은 시장에 대한 탐닉으로 전락하고 참여와 상호작용의 능력은 초보적인 고객 중심주의에 머물고 말 것이다. 다른 말로 표현하면, 공중의 참여가 없다면 '새로운' 인터넷 기술은 예전의 기술과 전혀 다를 바 없다는 것이다. 즉, 수동적이고, 상업적이고, 독점적일 뿐이다. 처음에는 라디오가, 그다음에는 TV, 이제는 케이블방송이 공중의 관심을 받으며 시민적 기술을 새롭게 민주화하는 것으로서 당당하게 등장했다. 그러나 등장한 순서대로 오늘날 우리가 알고 있는 대로 상업적이고 사적인 매체로 변화했다. 그 와중에 이제는 시민 문화, 공중교육, 시민적·정치적 논쟁에 대한 일반인의 관심이 점점 주변화되고, 상업적 판매와 오락만이 전면에 배치되어 주도하고 있다.

그 어떤 경우에도 별 도움이 안 되는 정부의 규제는 기술적 혁신과 보조를 맞추지 못한다. 권리장전은 인쇄물 시대에 쓰인 것이다. 1934년 연방 방송법은 라디오를 위해 제정되었다. 미국 정부는 위성, 케이블이나 광학 섬유 기술, 컴퓨터 칩은 고사하고 공중파 TV의 수준을 따라잡는 일도 벅찰 지경이다. 시민을 위해 새로운 기술을 활용하고, 이에 대한 공중의 욕구를 충족하려는 작업은 아직까지 한 번도 체계적으로 고려된 적이 없다. 정부는 그러한 것을 직접 통제할 수도 없고 그럴 필요도 없지만, 미국의 공중과 시민사회적 제도가 자유롭고 평등하게 그것에 접근하고 이용할 수 있도록 보장할 기본적인 책임을 지고 있다. 사이버 공간은 공중파 방송 못지않게 공적이며, 정보 유통은 사적인 일방적 통행이 아니라 공적으로 이루어져야 한다. 다시 말해, 정보는 상업화되어서는 안 되며 그 진정한 소유자인 미국의 공중에게로 다시 넘어와야 한다.

이미 정부가 상업적 이익을 사유화하려는 사람들에게 '공적인 공중파'를 임대하고 있다는 아이러니에 직면해 있다. 더욱 납득하기 어려운 사실은 그것이 미국 시민들에게 엄청난 가격으로—선거 과정을 부패시키고, 부자들(또는 끊임없는 기금 모금에 기꺼이 전력을 기울이는 사람들)의 특권을 보장해주면서—다시 팔리고 있다는 것이다. 또한 정부 정책의 주권이 유린당하는 현실에 마주하고 있다. 현재 허가권을 가진 사람들에 한해 새로운 디지털 방송권(현재 방송 중인 모든 TV 방송국을 위해 대략 여섯 개의 새로운 송출소를 제공한다는 내용으로 되어 있다)을 부여한다는 것이다. 이를 두고 1996년 공화당 대통령 후보였던 밥 돌조차 "세기의 경품"이라고 비꼬았던 것이다.

〈워싱턴포스트〉 기자였던 폴 테일러(Paul Taylor)는 선거운동 기간 중 TV 시청 최고 시간대에 중요한 정치적 표현 및 논쟁을 자발적으로 방송할 수 있도록 방송인과 정치인 모두를 설득하는 프로젝트를 진행하고 있다. 이러한 시도는 의미심장한 출발점이며, 방송 부문에서 실천할 수 있는 시민사회의 자발적인 전략의 훌륭한 사례이기도 하다. 클린턴 대통령은 승인했지만 비용 지출을 꺼리는 네트워크 방송사들이 이를 거부했다. 왜 테일러의 제안이 새로운 디지털 방송을 위한 상업적 조건과 양립할 수 없는가? 시민사회를 위해 새로운 방송 기술을 활용하려는 제안이 왜 반대에 부딪히는가? 현재 허가권을 소유한 자들이 왜 허가권을 두고 경쟁하거나 포기하는가? 물론 현실주의자들의 주장에 의하면, 현재 허가권을 소유한 매우 막강한 세력들은 로비에 의해서만이 아니라 공중의 정보를 통제하고 여론에 영향을 미칠 수 있는 기업이기 때문에 정부의 전술에 넘어가지 않을 것이다. 그러나 자세히 들여다보면, 그들이 보유한 힘은 일반 시민이 민주주의 정부를 견제하기 위해 그들을 필요로 하기 때문에 가질 수 있다는 또 다른 측면이 있다. 우리의 목표는 정부가 공중파를 독점하거나 정보의 유통을 전유하지 못하도록 만드는 것이다. 정부가 그렇게 못하면 누구도 그렇게 할 수 없다는 것이 보장된다. 바로 이러한 이유로 마이크로소프트 사의 윈도우를 설치할 때 마이크로소프트의 웹 브로우저만을 깔도록 하드웨어 제조업체에 강요하는 회사의 관행에 대해 미국의 법무부가 최종적으로 위법 판결을 내릴 수 있었다.

다른 유용한 전략은 미국 고등교육 기관의 전자통신 연구 프로그램이나 공립학교의 미디어 강의실에 침투하는 기업의 광고 폐해를 차단하기 위해서 정부가 교육과 인문학 육성 기금 마련에 나서는 것이다. 시장은 컴퓨터와 TV 세트, 소프트웨어를 마련할 여유가 없는 기관에 장려금 ─ 뇌물이라고 불러도 된다 ─ 을 지원함으로써 그 길에 동참할 수 있다. 대개 모든 주에서 도심 내 공립학교 ─ 신종 하드웨어와 소프트웨어를 필요로 한다 ─ 는 최근 학생들에게 억지로 광고를 보게 하는 대가로 새로운 장비와 위성방송 시설을 얻어내는 거래에 나설 수밖에 없다. 이것이 바로 'K-III 채널 1'이 활용한 의식 침투 전략이다. 필요한 시설을 갖출 능력이 안 되는 가난한 학교를 이용하려는 크리스 위틀(Chris Whittle)의 과감한 시도였다. 지금 그들은 미국 전역에 걸쳐 1만 2,000개 이상의 강의실에서 채널 1의 3분짜리 상업 광고와 9분짜리 가벼운 뉴스를 방영하고 있다. 분명히 말하자면, 방송이 정부로부터 얻어낸 새로운 디지털 주파수대에 자유롭게 접근할 "자격이 있다면", 우리 아이들도 디지털 방송이 제공하는 새로운 기술에 자유롭고 평등하게 접근할 자격이 있다. 공립학교와 공공 도서관은 사회의 기본적인 존재가 되어야지, 정보 혁명의 제3의 수혜자가 되어서는 안 된다. 오로지 연방정부만이 그렇게 할 수 있다. 네트워크의 시대는 아주 유익하다. 그러나 시민 인터넷을 만들기 위해서는 자원봉사자 또는 유선 설비에 의존하는 학교 이상의 존재가 필요하다.

시민사회를 위해 새로운 기술을 활용하기 위한 가장 확실한 방법은 '전국적인 시민 포럼'을 설립하는 일이다. 이를 통해 지리적, 경제적으로 분산되어 있는 공동체들 사이에서 시민의 연설과 합리적인 정치적 논쟁이 이루어질 수 있다. 이러한 포럼은 수십 개의 단체를 위성 장치를 통해 함께 묶을 수 있을 것이다. 그러한 단체의 회합에는 수백 명의 이웃 시민이 모인다. 그러므로 그들 모두 연결되어 있는 기본적인 전국 포럼은 물론, 양방향으로 진행되는 방송 중계를 통해서도 서로 대화하고 심도 있는 논의를 나눌 수 있다. ABC 방송의 나이트라인 타운미팅(Nightline Town Meeting)은 다양한 만남이 이루어지는 12개의 지역을 동시에 연결함으로써 자신이 속한 지역사회 내의 집단

뿐만 아니라 전국의 다른 회합에도 참여할 수 있고, 전국의 TV 시청자와도 토론할 수 있게 만든 방송이다. 거대한 전자매체를 통해 도시의 회합을 작은 지역의 회합과 연결하려는 시도는 선동적인 라디오 대담 프로그램이나 상업적인 영향을 받는 선거 과정이 초래하는 폐해를 줄여줄 것이다. 이처럼 위성방송을 통한 상호작용의 심의 양식은 공중이 활발하게 참여하도록 하지만 그러한 시도의 본질상 관용, 상호 존중, 독립적인 합리적 논쟁 등을 필요로 한다. 그것은 지역 공동체를 근거로 삼지만, 전국적인 수준에서도 독특한 대화를 전개할 수 있다. 이와 같은 시민 포럼은 연방정부의 재정 지원을 받더라도 그로부터 독립적으로 운영된다(예를 들어 '여성유권자연맹' 등 경험이 풍부한 비영리 단체가 운영을 맡는다). 이는 단순한 TV 방송을 벗어나 선거 토론을 위해 조직적이며 재정적인 책임을 맡으며 후보자들에게는 자유 시간을 충분히 줄 수 있는 좋은 기회가 될 것이다. 더 나아가 이러한 대화의 장에 다른 국가들도 참여함으로써 NGO를 비롯한 다양한 사회단체를 연결하는 국제적 소통의 계기도 될 수 있다.

전국적인 시민 포럼은 시민사회에 중대한 영향을 미칠 수 있는 매력적인 특징을 갖고 있다. 이것은 시민과 엘리트 간의 일상적이고 전형적인 수직적 의사소통 방식보다는 시민들 간의 수평적 대화를 촉진한다. 또 일회성 행사(예를 들면, 대선 후보들 간의 토론)에 그치기보다는 지속적인 심의의 기회를 제공하며, 전통적인 매체(TV)와 새로운 매체(위성방송을 통한 상호작용) 모두를 활용한다. 시민 간의 이런 종류의 직접적인 상호작용은 이미 많은 시민사회 조직이 선호하는 의사소통 방식이다. 대표적인 조직들은 다음과 같다. 미국보건협회(American Health Decisions, 많은 주에 지부를 둔 전국적인 보건 교육 조직), 산업부문재단(진보주의자 솔 앨린스키가 수십 년 전에 창설한 단체로, 공동체 단위의 조직 운동을 벌인다. 여기서는 일상에 매몰되어 있는 일반인들을 정치적으로 교육해서 스스로 권리를 주장할 수 있는 존재로 만드는 것을 목표로 한다), 케터링재단의 국가현안포럼(기본적인 정책에 관한 합의를 도출하기 위해 전국을 아우르는 수백 개의 시민단체를 조직하고 있다), 연구단체운동(낚시부터 낙태 정책에 이르기까지 모든 문제를 주제로 삼으며, 주변의 소집단을 연결해주는 스웨덴적 관행의 예를 따르고 있다. 현재 톱스필드재단(Topsfield Foundation)이 운영하는 적극적인 시민 포럼의 지원을 받는다), 정책심사원(어려운 정책에 대한 문제 제기를 권하고 실천하는 시민들의 소집단을 불러 모은다), 마지막으로 비디오 심의를 위한 모임 등이 있다. 이 모임은 텍사스대학의 제임스 피시킨 교수가 제안한 것이다. 그는 시어도어 베커의 주장을 받아들여 TV 최고 시청 시간대에 맞추어 시민들을 모았다. 시민들은 며칠 동안 전문가 및 정치인과 함께 토론을 벌이고, 그 결과 자신들의 의견과 편견을 수정하기도 한다. 이상의 예를 비롯한 다양한 실천 방안이 시민사회의 실험적 시도를 계속할 수 있게 해준다. 시민들은 자신을 정부나 공적 권위를 행사하는 존재로 여기지는 않지만, 자신들의 공통의 열망 및 서로 다른 갈등적 이해관계도 함께 표출한다. 이러한 과정을 통해 전국적인 시민 포럼은 그림의 떡이 아니라, 배고픈 시민들을 위한 실질적인 영양소가 된다. 이미 다양한 지역적 실험이 진행되고 있는 시민 포럼의 이점은 컴퓨터나 인터넷 기술을 활용함으로써 참가자의 이해관계나 회원 의식을 넘어서서 확장되고 이를 통해 편협한 자기 이익 중심주의를 부분적으로나마 극복하게 해준다는 것이다.

독립전쟁 기간 중 자신을 대표해주는 존재가 없다고 느끼고 있던 시민들이 창설한 통신연락위원회(Committees of Correspondence)는 시민사회 수준에서 이루어지는 정치의 전형적인 사례가 되었다. 이 위원회를 중심으로 남성들이 비공식적으로 모여들었다. 이것은 정부 기구도 아니고, 사적인 조직도 아니었다. 이것은 자율성을 실험하는 국가에서 나타난 최초의 독립적인 시민단체로, 당시 이런 단체들이 제도 구축이라는 공통의 경험을 보유한 훈련된 시민을 양성했다. 한 세기도 지나지 않아 민중주의자와 진보주의자들이 "그 물결을 타기" 위해 대변인과 조직가를 전국에 파견했다. 이를 통해 널리 흩어져 있는 농촌 주민들의 공동체를 한데 모을 수 있었다. 교육자, 정치적 동원가, 대화 촉진자 등이 그러한 공동체를 방문했다. 19세기 내내 뉴잉글랜드의 마을 회합과 그랜지(Grange) 등의 농촌 단체는 미국의 새로운 시민 포럼이 되었다. 이것은 좀 더 중대한 지역적 문제를 중심으로 공동체를 결집했고, 경험은 다르지만 열망은 공유하는 다른 지역의 주민들(예를 들면, 도시 노동자와 농촌의 소작농)과도 연대할 수 있게 해주었다. 그러나 20세기가 될 때까지 미국의 급격한 발전으로 인해 이런 결사체의 형태가 별로 눈에 띄지 않았다. 현재까지도 새로운 기술의 등장으로 인해 달라진 것이 없다. 우리는 저주파 방송, 무료 케이블 채널, TV을 이용하는 원격 화상회의, 민영 위성방송의 효과에 주목할 필요가 있다. 물론 디지털 방송이 가능해졌다는 것, 광케이블 렌즈 및 전 세계적인 의사소통망의 등장이 가져온 파장은 말할 것도 없다. 천진난만한 낙관론자들은 기술의 발전에 열광하지만, 기술은 대개 그것을 창조한 사회를 변화시키기보다는 그 사회의 수준을 반영할 뿐이다. 르네상스 시대에 등장한 유럽의 시민사회는 막 시작된 민주화를 촉진하기 위해 화약을 사용했지만, 중국에서 발견된 화약은 전제 군주제를 유지하기 위해 사용되었다. 새로운 의사소통을 위한 전자 기술은 분명히 우리 삶의 범주를 변화시킨다. 그러나 그러한 기술이 민주주의와 시민사회에 도움이 될지, 아니면 해가 될지는 아직 분명치 않다.

세계화가 곧 지역화를 의미하는 상황에서 '지역'은 기술에 대한 통제력을 대부분 상실하고 있다. 그러나 이러한 현상이 상업과 소비의 국제화를 의미하는 데 불과한지, 아니면 국제적인 시민연대에 문을 열 것인지는 기술 이외의 요소에 달려 있다. 미국의 시민 포럼(또는 프랑스나 스위스, 유럽이나 사하라 이남 국가의 포럼 등 전부)은 기술적으로 취약하다. 그러나 기술적 요인이 아니라 정치적, 문화적 요소에 의해 성공할 수 있을 것이다. 전국적인 시민 포럼은 기술을 민주적 방향으로 끌어갈 수 있다. 시민을 전부 모으기에는 그 규모가 너무 큰 공동체인 뉴잉글랜드의 마을 대표자 회의의 경우처럼(마을 전체 주민 회의를 위해 대리인을 선출한다), 시민 포럼의 회합은 재단, 학교, 자발적 결사체, 시민단체, 사회운동 조직으로부터 '제도적인' 시민의 표본을 추출하여 모든 부분에 걸쳐 전국적 대표체로 발전할 수 있을 것이다. 고대 그리스의 많은 도시국가와 마찬가지로 대리인(그리고 위성을 통해 연결되는 지역 회의)은 추첨을 통해 선출될 수도 있다. 추첨을 통한 선발은 시민사회의 모든 행위자에 대한 시민적 신뢰를 전제로 한다. 이렇게 함으로써 그 신뢰를 더욱 강화할 수도 있다. 전체 시민사회로부터 추출된 모든 집단의 행위자들은 공동선과 시민의 이익을 위해 활동할 수 있는 존재라는 점을 인식의 출발로 삼는다.

입법부와 대의제가 이미 시민사회를 위해 귀와 입이 되어 민주정치가 이루어지는 국가에서는 시민 포럼이 불필요하다고 생각하는 사람들이 있을지도 모른다. 분명히 민주주의 정부 자체는 공공의 목소리를 내고 사회조직을 결성할 기회를 시민에게 부여하고 있다. 제대로 정비되어 있는 정치체제에서는 실제로 그렇다. 민주주의 이론에 의하면 분명히 그렇게 하기로 되어 있다. 그러나 미국의 정치 현실은 무질서한 상태이며, 대부분의 국가 역시 마찬가지다. 시민들은 전문적인 정치 계급에 대한 뿌리 깊은 불신감을 느끼며, 정부와 민주주의 자체에 대해서도 냉소적이다. 여기서 앞에서 언급한 '통신연락위원회'가 가능성 있는 모델로 다시금 떠오른다. 그 위원회는 식민지에서도 유사 대의제를 운영한 영국 국민들에 의해 개발된 것이기 때문이다. 물론 영국인들은 그러한 제도의 영향을 받는다고 생각하지 않았을 것이다. 그것은 새로운 상호작용의 수단을 의미했다. 즉, 정치적인 수단이지만 동시에 초정부적인 것(식민지 '정부'는 적이었기 때문에)이었다. 현대 민주주의의 목표는 대안 정부 내지 다른 기구와 공존하는 정부를 창설하는 것도 아니고, 대안적인 입법 포럼을 만드는 것도 아니다. 시민 포럼 등 새로운 조직의 목표는 시민을 도와 많은 시민들의 자발적 제도가 사적 영역과 정부 영역에서 공동의 목소리를 낼 수 있게 해주는 것이다. 새로운 기술에 의해 촉진되는 전국적인 시민 포럼은 정부나 시장제도를 대체하는 것이 아니라, 정부나 시장을 재활성화시켜 강력한 민주주의 정부의 재정비를 위한 길을 준비하게 해주고 시민이 시민적 자신감을 재발견하도록 해줄 것이다.

미국은 경제적으로는 그렇지 않지만 지리적으로나 인종적으로 너무 방대하고 탈중앙화되어 있어서 시민 포럼이 더욱 절실하게 필요할지 모른다. 그러나 좀 더 규모가 작은 국가에 비해 이를 창설하는 일은 더 어려울 것이다(새로운 초국가적 실체를 만들어낸 유럽이 비슷한 어려움에 직면해 있다). 경제적, 정치적 권력이 집중되어 있고 지배권력이 독점적인 상황에서 민주적 권력은 그러한 독점을 해체시키기 위한 힘을 갖기 위해 효율적으로 집중되어야 하기 때문에 시민 포럼이 절실하게 필요해진다. 그리고 시민 포럼을 미국에서 만들기 어려운 이유는, 참여라는 것이 지역적으로는 매우 쉽지만 전국적으로는 너무 어렵기 때문이다. 참여는 지역적으로 이뤄지지만 권력은 광범위하게 행사된다. 이 두 가지를 어떻게 결합할 수 있을 것인가? 고도로 분화된, 전국 또는 전미 대륙을 이어주고 결집할 시민적 상호작용의 장을 과연 기술이 만들어낼 수 있을까?

근본적으로 대의제 정부를 불가피하게 만든 것은 다름 아닌 현대 대중사회의 방대한 규모와 다양성이었다. 그러나 과두제의 철칙에 따라 대의제 정부는 시민을 그 대리인들과 격리해버렸고 그 나름의 정당성에 안주하게 만들었다. 대중사회의 문제를 해결하려는 방안 자체가 이제는 문제가 되어버린 셈이다. 강건한 민주적 시민사회를 재활성화하는 것이 대의제의 정당성을 쇄신하는 동시에 그 남용을 절묘하게 회피할 방안이다. 신뢰할 수 있는 공공의 목소리가 (사유화되고 냉소적인 사회에 매몰되기 쉬운) 시민의 양심을 자유롭게 표출시켜주고 시민 참여에 의존하는 민주적 제도를 다시 정당화해줌으로써, 시민에게 대안적인 표출 양식을 제공하고 여론 조사나 미디어에 대한 종속성에서 벗어나게 해줄 것이다. 새로운 기술이 적절하게 사용되기만 한다면 신뢰할 만한 공공의 목소리를 표현해낼 수 있는 중요한 수단이 되어줄 것이다.

글로벌 경제의 생산

상업에 의해 지배당하는 사유화된 사회에서는 기술의 활용 가능성도 다른 모든 것과 마찬가지로 그 소유권에 의해 좌우된다. 서구의 역사가 전통적인 내구재 산업사회에서 탈산업적인 정보사회로 전환되는 바로 이 시점에 미디어, 오락, 정보 산업을 독점하는 수직적으로 통합된 소수의 거대한 기업군에 우리의 사고, 취향, 감정, 이념—즉, 우리의 생활 모두—을 지배할 수 있는 전 세계적인 영향력을 허용하게 되었다는 점이 역설적이다. 우리는 그들을 통제하기 위한 민주적 주권을 자발적으로 포기한 셈이다. 석유, 철강, 철도 부문에서 나타났던 19세기 트러스트와는 달리, 새로운 전자커뮤니케이션 기업의 합병—디즈니와 ABC/타임워너와 CNN/뉴스코퍼레이션과 폭스 사, 베텔스만/비아컴(Viacom)과 파라마운트/마이크로소프트 등—은 산업사회 성장의 근육이라고 할 수 있는 자연 자원과 내구재를 독점하는 것이 아니라, 탈산업사회에서 정신의 힘줄인 이미지, 정보, 이념을 독점한다. 이러한 사기업은 자신들이 생산한 결과에 대해 공적인 책임을 질 수 있을까?

법에 의하면 기업 그 자체는 지금 그들이 말살시키고 있는 국가의 창조물이자 수혜자다. 유한책임회사와 그 회사가 준수해야 하는 상거래 규칙은 모두 정부의 산물이다. 사실상 '민간' 기업은 공적인 존재이며, 좋게 말해도 친부모에게 잊힌 아이이고, 최악의 경우 배은망덕한 존재이거나 존속살인자다. 홉스의 유명한 책 《리바이어던》에서 아주 분명하게 묘사되었듯이, 자연 상태에서는 "내 것"도 "네 것"도 없고, 사유재산이나 계약적 관계도 존재하지 않는다. 오직 만인의 만인에 대한 투쟁만이 있을 뿐이며 인간의 삶은 혐오스럽고 야만적이며 지극히 짧다.

사적 시장을 통한 집단주의에 전적으로 열광하는 기업이 택할 수 있는 가장 손쉬운 전략은 민주주의 제도를 '사회적 집단주의'로 폄하하는 것이다. 시민들의 삶을 통제하는 기업 조직을 관리할 수 있는 제도가 가장 절실하게 필요한 바로 이 순간에, 오늘날 이데올로기적 정치의 대부분을 규정하면서 다양한 종류로 사유화를 추구하는 '개인주의'는 미국 시민의 권력을 박탈하고 있다. 우리는 공산주의적 국가주의가 상징하는 정치적 전체주의가 사라진 것을 감사해한다. 그러나 '자유' 시장이 지배하는 경제적 전체주의의 교묘한 양식은 망각한다.

실패로 끝나기는 했지만 캘리포니아 주지사 피터 윌슨(Peter Wilson)이 1996년 대통령 선거운동 기간 중 내세웠던 기본 원칙 중 하나는 "개인이 그 행동에 대해 반드시 해명하고 책임져야 하며, 사회의 근간으로서 가족을 소중히 생각해야 한다"라는 것이다. 책임은 영국 보수당이나 노동당, 미국의 공화당이나 민주당이 공통으로 주장하는 새로운 최소 정부 정치의 핵심 원칙이 되었다. 이제 정치는 공동체에서 자원봉사 활동을 하는 고등학생, 복지 연금을 받는 편모, 실업자가 된 노동자가 경제와 공동체에 부담을 주지 말고 스스로 문제를 해결할 것을 요구하며, 정부가 모든 사회악을 치유해주길 더 이상 바라지 말라고 한다. 물론 기업인과 사업가에게도 똑같은 요구를 할 때가 되었다. 책임과 권력은 나란히 함께 가는 것이다. 오늘날 다국적 기업보다 더 막강한 권력은 없다. 책임을 면제받을 수 있는 집단은 어디에도 없다. 시민과 정치인은 현대적이고 세속적인 세계에서 인종, 개성, 가족의 가치를 걱정한다. 심각한 반가족주의(결국 인터넷 탓만은 아니다)를 함축한 상품, 판매 전략, 상업주의에 매몰된 기업도 책임을 져야 한다. 일자리는 해외로 빠져나가고 공동체는 고사당하고 있다. 미국, 독일, 프랑스에서 법적으로 보장받는 건강, 안전, 환경 기준이 해외시장에서는 대개 무시당한다. 규모가 줄어들고, 매각당하고, 보조금 지급이 중단된 기업이나, 공공 규제를 피해 이윤을 얻으려고 해외로 이전하는 기업도 책임에서 벗어날 수 없다. 정보와 오락을 구분하는 범주가 의도적으로 흐트러지고, 영화나 음악은 폭력 및 여성 혐오증과 교묘하게 뒤섞여 있으며, 대학과 강의실은 상업주의로 오염되어 있기 때문에 이런 일을 통해 이윤을 얻는 기업도 마땅히 책임을 져야 한다.

기업인들은 때로 자신들이 소비자에게 도움을 주고 있으며, 소비자들이 원하는 것을 줄 뿐이라고 강변한다. 그들은 시장이 자유의 완벽한 수단이라고 주장한다. 시장은 개별 소비자에게 무엇이 생산될지 결정하게 해주고, 소비자의 선택은 가격을 정할 수 있는 권력을 가지고 있기 때문이다. 그러므로 책임을 져야 하는 존재는 바로 소비자다! 그러나 이러한 주장은 편의상 만들어진 허구적인 논리에 지나지 않는다. 소비자가 개별적으로 필요한 것을 시장에 알릴 수 있었고, 그러한 소비자의 요구에 맞춰 상품이 제조되고 팔렸던 고대의 자본주의 경제는 이미 오래전에 사라졌다. 대신 그 자리에 탈산업적 경제가 들어섰다. 여기서는 상품을 홍보하고 '눈을 현혹할 정도로' 잘 포장하고 광고하고 '과학적인' 마케팅을 통해 상품을 '필수적인 것으로' 둔갑시키는 생산자의 공급에 맞추어 소비자의 필요 자체가 조정되고 있다. 오늘날 시장은 수요와 공급의 양극성을 역전시켜 생산자가 인간의 기본 필요와는 전혀 상관없는 상품 시장을 창조해내고 있다. 이런 일을 하는 기업이 자신들이 창조해낸 모든 필요에 대해, 자신들이 장려하는 생활양식에 대해, 또 자신들이 추진하는 혁신에 대해 책임을 져야 하는 것은 당연하다.

미국의 역사에도 좀 더 거창한 시민적 요구가 기업의 이윤보다 우위에 섰던 시대가 있었다. 19세기 내내 자유 기업은 시민권을 구축하고 도덕적 품성을 키워주는 핵심 행위자라는 주장이 제기되었다. 초기에 제퍼슨은 자영농과 자유 수공업자의 민주주의를 찬미했다. 그리고 19세기가 끝나갈 무렵, 도덕주의자들은 여전히 상점 주인과 창의성이 높은 소기업가의 민주주의를 칭송하고 있었다. 중세 길드 시대의 거대한 트러스트와 카르텔, 그리고 최근 미국의 시어스(Sears)와 몽고메리 워드(Montgomery Ward) 같은 통신판매업체나 전국 체인점 등이 공정거래를 실제로 방해하고 있을 뿐만 아니라 시민 생활을 명백하게 위험에 빠뜨리고 있다는 현실을 관찰자들이 우려하는 것은 놀라운 일이 아니다. 몬터빌 플라워스(Montaville Flowers)는 《체인점 미국(America Chained)》[34]에서 "사물에 대해 사안마다 자기 통제력을 발휘하는 미국 시민이나 미국 정부의 총체적인 특질과는 정반대의 현상이 벌어지고 있다"라고 썼다. 플라워스는 새로운 거대 기업군이 노동자를 "수치심을 느끼게 만드는 규칙에 복종해야 하는 피고용인의 지위로 전락시켜…… 결국 공동체와 국가 의식이 말라버린" 존재로 만들어버릴 것이라고 우려했다.

정치철학자 마이클 샌델에 의하면, 1920년대와 1930년대 트러스트와 전국 체인점에 대한 반응은 실제로 독점과 관련된 문제뿐이었다. 샌델은 루이스 브랜다이스(Louis Brandeis) 판사가 〈리겟 기업 대 리(Liggett Co. v. Lee)〉(1933)에서 펼친 반론의 내용을 인용하고 있다. 브랜다이스는 전국 체인점에 대한 플로리다주의 과세를 폐지했다. 즉, 플로리다주의 "목적은 (과세 이상으로) 더 포괄적이고 의미심장한 것이었다. 과세주의자들은 전국 체인점들이 부와 권력의 집중을 강화하고, 부재 소유권을 장려함으로써 미국의 이상을 왜곡시키고 있다고 주장할 것이다. 즉,

---

34 Montaville Flowers, *America Chained* (1931).

기회의 평등을 박탈하고, 자영업자를 점원으로 전락시키고, 결국 작은 도시와 마을의 자원, 희망, 활력을 고갈시켜버릴 것이라고 믿었다".**35**

이와 유사한 맥락에서 헨리 스팀슨(Henry A. Stimson) 목사는 기업은 "교회 다음으로 인성을 훈련하는 학교"라고 주장했다.**36** 이러한 도덕주의자들이 이해한 바에 의하면, 기업이 대부분의 사적이나 공적 생활에 영향을 미치는 사회에서 윤리적이고 시민적인 분위기 조성을 위한 책임감을 공유하고 있다. 이 논리에 의하면, 월마트는 미국을 '고용인과 점원'의 나라로 변질시킬 위협 그 자체로 보이는 게 분명하다. 이것은 브랜다이스와 샌델이 언급했던 미국의 시어스 로이벅의 경우와 전혀 다를 바가 없는 것이다.

이러한 측면에서 보면 디즈니의 오락과 정보 시설은 스탠더드오일이나 포드 사에 비해 물질주의, 탐욕, 수동성으로 인

---

35 Sandel, *Democracy's Discontent*, p.229. 샌델이 지적하듯이, 미국의 시어스, 로이벅, 몽고메리 워드의 상품 안내서가 농민의 자립성을 얼마나 파괴할지 걱정하지 않기가 쉬운 것은 아니었다. 휴고 블랙(Hugo Black) 판사가 상원의원으로 있을 때, 그는 "카스트제도를 재건하고 수많은 실업자를 양산하면서 미국을 휩쓸고 있는 생산의 효율성, 판매, 배당을 둘러싼 광란의 열정은 어떤 정부에도 위험한 현상이다. 오늘은 여기서, 내일은 저기서 합병이 이루어지고, 전국 체인점으로 운영되는 식품점, 의류 판매점, 포목상 등의 규모와 위세는 점점 커지고 있다. …… 지역 주민과 상인은 사라져버리고, 공동체는 자립적인 사고와 실천을 하는 존재로서 지역의 일에 헌신했던 주민을 잃어버리는 것이다"라고 강력하게 비판했다(Boorstin, *The Americans*, pp.111~112에서 인용).
36 "The Small Business as a School of Manhood", in *Atlantic Monthly*, Vol.93, 1904.

한 부패의 위험을 더욱 심각하게 초래할 수 있다. 샌델의 주장에 의하면, "시민권의 정치 경제학은 제퍼슨에서 노동기사단(Knights of Labor)에 이르기까지 '생산자(농민, 장인, 소상인, 기업가 등)'의 경작 활동을 통해 국가의 도덕적, 시민적 품성을 형성하려고 노력하는 것"을 의미한다. 그러나 이제 이러한 노력이 사라질 위험에 처해 있고, 이와 더불어 기업이 시민적 책임을 갖는다는 관념도 쇠퇴하고 있다.

브랜다이스 판사는 선견지명이 있었다. 그는 시민적 관심과는 무관한 새로운 생산과 소비 정신이 새로운 유형의 비시민적 존재를 길러내리라고 생각했다. 즉, "그들은 생각도 없고 허약한 존재로서 즉흥적인 이득의 유혹에 쉽게 빠지고, 성경에 나오는 것처럼 마치 한 그릇의 죽을 위해 장남의 권리를 팔아버리듯이 스스로 독점의 도구가 되어버린다"라는 것이다.[37] 즉흥적인 이득과 한 그릇의 "죽"은 이제 우리 시대 최고의 도덕적 야망으로 군림하고 있다.

정부의 축소에 환호하는 새로운 도덕주의자들은 임신한 미성년자와 이민 실업자에게도 현실적으로 시민적 책임을 지게 해야 한다고 주장한다. 그래야 그들이 타임워너와 마이크로소

---

37 Sandel, p.74에서 인용

프트가 지배하는 시대에 훨씬 잘 적응할 수 있을 것이다. 어린이에 대한 도덕 교육을 학교가 적절하게 수행하고 있는지 시민이 묻는 것은 당연하다. 이와 마찬가지로, 디즈니랜드와 MTV와 쇼핑몰이 과연 그러한 역할을 하는지도 물을 권리가 있다.

소상인과 기업가에게 진실이었던 것은 오늘날 다국적 기업에도 그렇다. 만일 앞에서 언급한 브랜다이스의 시대에 부재 소유권과 사채업자의 영향력이 "민주주의에 중대한 위협"이 되었다면[38], 오늘날 팩스로 오가는 합병에 의한 인수 거래와 국제적인 자본 시장이야말로 민주주의를 심각하게 위험에 빠뜨리는 일은 아닌가? 브랜다이스도, 그를 지지하는 후계자 허버트 험프리(Hubert Humphery)도, 반자본주의자나 반기업가는 아니었다. 오히려 그들의 주장은 기업에 진정한 경쟁이라는 훌륭한 처방을 내리고 소비자에게는 공정한 활동의 영역을 주자는 것이었고, 지금도 그렇다.[39]

최근 진보 진영의 주장은 기업에 대해 비판적이며, 종종 자본주의적 효율성을 내세우면서 비판적 논리를 전개한다. 샌델

---

38 Brandeis, Business: A Profession(1906년 재판), pp. 252~253
39 1952년 험프리는 이렇게 물었다. "우리는 소수의 프랑켄슈타인과 거인들로만 경제적 시장 공간이 채워지는 미국을 원하고 있습니까? 아니면 우리는 정부나 타인과 대화를 나누고 자신의 발로 우뚝 서서 일할 수 있는 수천, 수만의 소기업가, 자영업자, 토지 소유자들이 살아가는 미국을 원하는 겁니까?" 상원토론회, 82대 의회의 제2분과, July 1~2, 1952.

이 명석하게 지적한 것처럼, 랠프 네이더(Ralph Nader)와 마크 그린(Mark Green) 등 현대의 비판자들은 소비자의 덕목이 아니라, 소비자의 이해관계와 '효율적인' 생산과 분배에 호소하는 것이다. 이러한 입장은 오히려 진보 진영의 주장을 뒤집는 것이며, 20세기에 등장한 악한을 역설적으로 다음과 같은 영웅으로 바꾸어놓는다.

> 과거의 진보주의자들에게는 체인점이 민주주의의 토대가 되는 독립적 소규모 약국과 상점을 파괴하는, 잔인한 경쟁자, 즉 악당이었다. 그러나 현대 자유주의자들에게는 할인을 하는 체인점들은 영웅이나 마찬가지였다. 소비자들은 낮은 소매 가격 덕분에 블루밍데일 백화점에서 파는 가격으로 물건을 사지 않아도 되기 때문이었다.[40]

시민의 책임감, 다른 말로 하면 정부, 시민사회, 사적 영역의 시장이라는 3자 간 동반자 관계는 반드시 정치 지도자, 시민, 기업가 간의 적극적인 협력에 의존함으로써 배양될 수 있다. 기업의 경영진들은 너무 오랫동안 일종의 기업가적 정신적 혼돈

---

40 Sandel, pp. 94~95.

(schizophrenia)으로 고통받았다. 그들은 시민적 정체성을 포기하고 묻어버린 지 이미 오래다. 그들의 손이 사랑하는 사람을 포함하여 모든 사람을 상대로 "나쁜 일"을 저지르기 위해 서명하는 순간에도, "나는 내 아내, 내 아이들, 내 이웃, 내가 사는 세계에 대해 이런 일을 저지를 수 없어요!"라고 외치는 내면의 작은 목소리를 외면해버리는 것이다. 정신분열증에 빠진 삶을 원하지 않는 한, 기업주들은 인간적 내면과 공존할 수 있는 환경을 만들어야 한다.

그것이 실제로 그리 어려운 일은 아니다. 사회계약의 논리는 민주 정부를 설립하고 그 혜택을 입는 당사자들 사이에 상호 의무를 설정한다. 비록 주권 계약의 기원을 망각해버린 것처럼 보이지만, 프랑스, 독일, 러시아, 미국 등 어떤 국가든 상관없이 시민으로서 우리는 이미 자유로운 민주 정부를 성립시켰다. 그러나 공적 영역과 사적 영역 간의 벽으로 인해 기업 및 종사자는 시민적 책임감과 분리되었고, 기업가의 정신적 혼돈으로 인해 고용주나 피고용인이 시민적 의무에서 이탈하도록 방조했다. 도넬라 메도즈(Donella Meadows)가 지적했듯이, "겉으로는 근사해 보이는 사람들이 매일매일 숲을 망가뜨리고, 바다의 고기를 멸종시키고, 독성 스프레이를 뿌리고, 정치인에게 뇌물을 주고, 정부에게 과도한 부담을 주고, 고용인과 이웃, 고객의 건강을 위협하고, 상품의 질을 저하시키고, 하루 생계를 유지하기에도 모자라는 일당을 주고 사람을 부려먹고, 자신의 친구를 해고하고 있다".[41] 그녀의 주장에 의하면, 기업가가 "강물을 오염시키거나 민주주의를 전복시키기 위해…… (또는) 대기오염을 의도적으로 조장하기 위해 앉아서 궁리하는" 것은 아니다. 다만 기업인으로서 그들은 시민으로서 행동할 수 없을 뿐이다. 그러나 오히려 사실은 정반대다. 기업 경영인이 시민적 기준을 강요하는 민주적인 제도와 강한 국가사회를 해체할 것을 주장하고 그것을 실천하는 활동에 참여할 때, 시민은 비로소 정부를 동맹으로 인식한다. 그러므로 기업가들은 강한 국가와 시민사회를 피해 가기 위해(그리고 질서가 잘 잡힌 사회의 경우라면 반드시 피해야 하기 때문에) 스스로 책임을 진다. 이상적인 세계라면 민주 정부는 공공의 기준을 정하기만 하고, 기업이 생산성을 올리고 이윤을 추구하도록 내버려두는 것이 바람직하다. 그러나 우리가 실제로 살고 있는 현실의 세계에서 강건한 시민사회를 재건하기 위해서는 기업에 구체적인 의무를 부과하는 새로운 시민 협약이 필요하다. 그 틀을 다음과 같이 제시한다.

---

41 "The Global Citizen", *The Berkshire Eagle*, Aug. 14, 1995.

〈사적 영역의 시민을 보호하기 위한 기업과 시민 간 협약〉

전문.

 민주 정부는 자유로운 사회의 제도이며, 정부를 구성하는 선출된 공직자와 대표는 자신을 뽑아준 사람들에게 책임을 져야 하는 피신탁인에 불과하다는 사실을 인식해야 한다.

 정부와 사회, 양자의 시민적 건전성을 보장하기 위한 기본적인 책임은 시민사회 및 사적 영역을 구성하는 시민과 결사체에 있음을 명심해야 한다.

 생산 경제는 자유시장을 통한 사적 영역의 활성화를 요구하며, 시민 결사체는 자유로운 시민사회 영역의 발전에 의해 활동할 수 있다.

 시민사회는 정부와 사적 영역 사이에 있는 영역을 점유하고 있으므로 양자로부터 나오는 공세와 공격적인 팽창에 의해 파괴될 수도 있음을 인식해야 한다. 그러므로 시민사회에서 자유 시민을 비롯한 기업 경영인, 생산자, 주식 보유자, 사적 영역의 노동자 모두 경제적, 시민적 정체성을 확립하고, 민주주의를 위한 기본적인 책임을 인식함으로써 다음과 같은 원칙을 준수하기 위해 자발적인 노력을 다할 것이다.

1. 우리는 시민사회의 독립과 비상업적 특성을 존중할 것이다. 또 시민사회 공간의 사유화나 상업화를 방지하기 위해 적극적으로 활동할 것이다. 그러한 공간은 교육(교실에서의 어떠한 광고나 상업적 악용도 금지한다), 종교(종교적 휴일을 상업적으로 악용하는 것을 금지한다), 공공 방송(공중파의 시민적·정치적 이용에 대해서는 비용을 부과하지 않는다), 그리고 환경(공원, 수로, 우주공간(기술 발전으로 디즈니의 미키마우스를 달에 설치하거나 위성에 전자광고판을 부착하는 일이 가능해졌다)에 대한 광고나 상업적 이용을 금지한다) 등과 연관된 영역이다.
2. 우리는 공적 공간의 시민적 다양화를 지지하고, 쇼핑센터나 테마 공원 같은 철저한 상업적 공간을 진정한 공공의 공간으로 변화시킬 수 있는 재개발을 지지한다. 이를 통해 균형 잡힌 사회환경을 건설할 수 있고, 이러한 환경에서 생산과 소비는 시민사회의 문화적, 종교적, 교육적, 박애주의적, 정치사회적 활동을 통해 보완된다.
3. 우리는 시민사회의 모든 분야에서 전통적이거나 새로운 미디어, 수동적이거나 상호작용하는 방송망 및 유선방송 등에 대한 공적이고 평등한 접근을 철저하게 보장하기 위해 활동할 것이다. 이러한 기반 위에서 정보, 문화, 민주적

토론, 그리고 생산적인 역량이 생겨나기 때문이다. 또한 우리는 정보의 평등을 지지하고, 정보의 빈부 격차를 메우기 위해 최선을 다할 것이다. 그러한 정보의 빈부 격차는 민주주의의 토대인 정치적, 시민적 평등의 조건을 파괴하는 것이기 때문이다.

4. 우리는 정보와 오락 산업 부문의 다양성과 독립성에 특히 관심을 기울일 것이다. 그러한 영역은 자유로운 사회에 없어서는 안 될 창조성, 자발성, 혁신성이 자라나는 곳이고, 미국 권리선언의 핵심 목표인 정보의 다양성과 논쟁의 다원성을 보장하기 때문이다.

5. 우리는 고용을 경제적 효율성과 이윤 획득을 위한 생산 기능으로서만이 아니라 기본적인 사회적 소속감으로서 인식한다. 노동은 상업적이든 시민적이든 사적이든 공적이든, 인간의 존엄과 시민적 지위의 척도이며, 사회 안정과 근로 의욕은 사적, 상업적, 시민적 활동, 이 모든 것에 의해 좌우되기 때문이다.

6. 우리는 합리적인 연금 계획 및 공정한 퇴직금을 권리로서 인정할 것이다. 이것은 생산자로서의 노동자 능률을 보장함은 물론, 소비자의 권력, 시민의 노동자 존엄성과 지위

에 불가결한 요소다.
7. 우리는 책임 있는 기업 경영의 필요조건으로 완벽한 작업 현장과 안전 환경의 구축을 추진할 것이다. 이것은 기업 소유주, 경영인, 생산자를 시민사회의 구성원으로서 존중하는 것을 의미한다.
8. 우리는 우리사주 계획, 노동자의 경영 참여, 노동자의 관리직 진출, 다양한 형태의 능동적인 노동자 참여 프로그램 등을 통해 노동자의 경영 참여와 주식 보유를 장려할 것이다.
9. 우리는 안전, 건강, 노동시간, 연금 계획, 아동노동 규제 등의 기준을 정할 것이다. 이러한 기준은 기업이 국내에 있든, 아니면 기업 본부와는 다른 국가에 있든 보편적으로 적용될 것이다. 그리고 모든 생산자가 어떤 국가에서든지 모국 내 기업 활동과 똑같은 조건으로 그 기준을 준수하도록 그 기업의 모국에 압력을 가할 것이다.
10. 나라마다 기준이 다르지만 기업 모국의 기준에 비추어 합리적인 생활비가 될 수 있는 수준의 임금을 제시할 것이다. 그리고 앞의 항목과 마찬가지로 이러한 기준을 모든 기업이 지키도록 모국 정부에 압력을 가할 것이다.

11. 우리는 모든 개개인의 임금을 생산성에 따라 정하는 보상 기준을 만들어낼 것이다. 또 경영진의 임금 인상을 노동자 임금과의 관계에서 적절하게 조정할 것이다. 그리고 최저 임금과 최고 임금 간의 일정한 격차율을 유지할 것이다. 최고경영인과 말단 직원 간 임금이 20배 이상 차이나지 않도록 한다(예를 들어, 일반 사무원이 2만 달러를 받으면, 임원진은 40만 달러를 유지한다).

12. 우리는 기업 간 다양성과 경쟁을 장려할 것이고, 독점, 트러스트, 카르텔에 반대할 것이다. 그것이 공정무역과 자본주의적 혁신을 제한하기 때문만이 아니라, 일하는 사람들의 독립, 자유, 존엄성을 위축시키고 민주적 시민 문화와 시민적 덕성을 파괴하고 일하는 사람을 통제하기 때문이다.

13. 우리는 상대 기업의 노동력을 그대로 유지할 의도가 없는 한 다른 기업을 인수하거나 합병하지 않을 것이다. 모기업에 필요한 인수 자금을 확보하기 위해 하청기업을 매각하거나 폐쇄하지 않을 것이다. 매각자나 판매자, 그리고 그들의 이익에 봉사하는 변호사, 회계사, 중개인이 장부상의 매각 이익만을 얻으려는 목적으로 합병이나

인수에 참여하는 것에 강력하게 반대한다.

14. 우리는 특히 공장과 생산 설비의 배치를 기본적인 사회적·시민적 의무의 사안으로서 다룰 것이고, 피고용인과 이들이 속한 공동체에 그러한 시설이 미치는 사회적 결과를 고려하지 않거나 적절한 보상 없이 공장을 폐쇄하거나 작업을 중단하지 않을 것이다.

15. 우리는 어린이와 교육 문제를 자유사회 보존을 위한 최우선적인 가치로 다룰 것이다. 그리고 어린이가 착취당하지 않도록, 비판적인 사고 능력을 왜곡시키는 광고에 이용당하지 않도록, 건강을 해치거나 정신을 오염시키는 상품에 가까이하지 않도록 보호할 것이다.

16. 우리는 이상에서 제시한 의무를 실행에 옮기는 데 필요한 자원을 제공할 것이다. 그리고 그 자원은 민주적인 사회에 필수적인 비용이라는 사실을 유념할 것이다. 민주적인 사회에서 경영인과 노동자는 기본적으로 시민이며, 2차적으로 경제적 존재임을 강조하고자 한다.

17. 이러한 사회적 비용을 수혜자인 모든 사회구성원이 공평하게 분담할 것이다. 그러한 부담은 경영인(월급을 약간 줄인다), 주식 보유자(이윤을 약간 감소시킨다), 소비자(가격

을 조금 더 지불한다) 등이 각각 나누어 진다.
18. 우리는 모든 사회구성원이 시민의 정신적 혼돈을 극복하도록 촉구할 것이다. 그러한 증세 때문에 경제적 역할에서는 자신을 단지 기업의 생산자와 경영인으로서만 인식한다. 사회적 역할을 수행할 때만 시민이 된다. 이러한 분열적 사고에서 벗어나 스스로 시민적 정체성의 토대를 구축하는 한편, 경제적 정책 결정에도 기본적인 역할을 수행하는 존재라는 사실을 자각해야 할 것이다.

나는 이렇게 시민과 기업 간 협약을 통해 책임을 강화하면 시민사회만이 아니라 사적 영역에도 중요한 혜택을 줄 것이라고 믿는다. 노동자를 무지비하게 다루고 시민사회의 공동선을 무참하게 짓밟는 광포한 자본주의는 장기적으로 볼 때는 자기 무덤을 파는 꼴이다. 시민적 관심사를 무시하는 자유시장은 단기적으로는 시민을 파멸시키며, 장기적으로는 소비자를 붕괴시킨다. 헨리 포드(Henry Ford)는 기본 생계 임금의 보장과 완전고용을 통해 그 회사가 생산한 자동차를 팔 수 있는 조건이 만들어진다는 사실을 누구보다 잘 알고 있었다. 만일 그 회사의 노동자가 그 자동차를 살 수 없다면, 도대체 누구에게 자동차를 팔 것인가? 제레미 리프킨(Jeremy Rifkin)이 《노동의 종말》에서 경고하듯, "노동의 종말"이 탈산업적 자본주의의 피할 수 없는 경제적 결과라고 한다면 자본주의는 고용을 보장하기 위해 경제 외의 어딘가에서 해결책을 찾아내야 한다. 가족의 가치와 시민적 덕목은 사회화의 산물이다. 이 명제가 의미하는 바는, 사회화에 중대한 책임을 지는 거대한 존재는 환각과 중독의 위험을 내포한 소프트웨어와 내구 소비재가 미치는 도덕적, 시민적 영향을 고려해야 하며, 경제적·재정적 정책의 사회적 결과를 예측할 수 있어야 한다는 점이다. 그런 정책이 자유시장의 이름으로 자동으로 정부를 길들이고 위축시키는 성향으로 빠져든다면, 자유시장의 다국적 기업은 내부에서 스스로 규제해야 할 것이다. 그렇게 하지 않으면 카르텔화 경향, 대형화 추세, 민영화, 실업 등 자멸적인 무정부 상태로 추락해버릴 것이다. 사실상 그러한 결과들은 효율적인 경제 조직으로서 더 이상 작동할 수 없게 만든다. 그들은 한때 자신들을 위해 시민적 역할을 대신했던 사람들을 탈정당화시킬 음모를 꾸미고 있고, 이제는 그 위력에 필적할 만한 정부 제도가 존재하지 않는 국제사회에서 활동하고 있다. 결국 이제 모든 짐을 자신의 어깨에 짊어진다. 자본주의는 민주주의와 시민성을 필요로 한다. 이 명제가 의미하는 바는 자본주의의 관행이 민주화되어야 하고, 경영진이 시민화되어야 한다는 것이다. 한때 무정부 상태의 경제적 영역을 정의롭고 온화하게 만들기 위해 정치체제의 주권에 기대를 품었던 적이 있지만, 이제는 새로운 권력을 행사하는 기업들과 마주해야 한다. 그들은 우리에게 정부를 되돌려주어야 한다. 그리고 기업은 이윤을 추구하는 과정에서 공공의 이름으로 가해지는 정부의 규제와 제재에 순응하거나, 아니면 좀 더 시민적 습속을 갖추고 민주적인 존재가 되어야 한다. 그렇게 하기 위해 어떤 비용을 치르든지 말이다. 그렇지 않으면 민주주의는 종말을 맞이할 것이다.

글로벌 경제와 소비

우리는 기업에 더 큰 시민의 책임을 요구할 수 있다. 그러나 현재의 무책임함을 교정하기 위해 새로운 기업가 정신이 나타나기를 기다릴 필요는 없다. 우리는 소비자의 입장에서 기업 활동을 변화시키기 위해서 '시민 소비자의 협력'을 도모하는 시민 사회적 전략을 활용함으로써 기업의 장점을 더욱 강화할 수 있는 여러 가지 일을 할 수 있다.

 예전에 미국 시민은 구입 제품의 안전성 여부, 오염의 정도 등을 알 수 없었다. 말하자면, 소비자가 그것을 알 수 있는 방법이 없었다. 이제 제품의 안전성은 정부가 정하는 기준에 의해 보장된다. 그러나 이러한 방식의 가시적인 정치적 규제를 주장하는 이데올로기는 이제 더 이상 인기가 없다. 기업이 특정 국가의 통제와 주권에서 벗어날 수 있고 합리적인 기준이 존재하지 않는 국가로 생산 설비를 옮길 수 있게 해주는 시장의 글로벌리제이션은 소비자나 미국의 노동자 모두에게 문제를 일으키고 있다. 미국 노동자의 고임금이 미국에서 생산되는 제품의 기준을 높이는 데 일부 영향을 미치기도 한다.

 이러한 문제를 해결하기 위한 시민사회적 접근은 수요자의 입장, 즉 소비자의 측면에서 기업의 행동을 교정함으로써 기업의 책임을 강화하게 해줄 것이다. 이러한 전략은 전통적인 자원봉사적 전술에서 차용했다. 예를 들면, '연맹의 이름표'를 부착하는 방법, '인증 표시'를 다는 방법, 제품의 안전성, 품질, 합당한 가격 책정을 위해 소비자 연맹이 해당 제품을 시험해보고 표식을 붙여주는 방법, 그리고 안전한 전기제품에 대해 U.L.(Underwriters' Laboratory, 상품의 안정성 테스트에 합격한 상품에 인증을 주는 단체) 표시를 달아주는 방법 등이다. 바로 얼마 전부터 이와 유사한 접근이 '러그마크(Rugmark) 프로그램'을 통해 국제적인 영역에서도 활용되고 있다. 이것은 독일(카펫의 주 수입국)에서 시작되었는데, 아동노동을 이용하지 않고 만드는 카펫을 차별화한 것이다. 또 돌고래 안전 지키기 프로그램(Dolphin Safe Tuna Program)이 있다. 참치잡이 어선이 돌고래를 죽이는 그물을 사용하지 않도록 하는 노력이다. 상당히 진지하게 공개적인 논란을 거친 후에(월마트 광고 모델 캐시 리 기포드(Kathy Lee Gifford)와, 나이키의 에어조던 운동화 모델 마이클 조던(Michael Jordan)은 미국의 기준을 어긴 기업의 광고에 출연했다는 이유로 맹비난을 받았다), 의류 산업도 '섬유 산업과의 협력 관계(Apparel Industry Partnership)'를 통해 마찬가지 추세로 나아가고 있다. 이러한 적극적인 전략은 그보다 잘 알려져 있지만 별 효과는 없는 편인 불매운동의 긍정적인 측면을 활용한 것이다. 불매운동은 징벌의 측면을 갖고 있지만, 역불매운동에 의해 효과가 반감될 수도 있다. 즉, 디즈니 사는 침례교의 반동성애주의에 동감을 표현함으로써 동성애자들의 불매운동에 쉽게 부딪히지만, 마찬가지로 동성애자 고용 방침 때문에 침례교도에 의해서도 불매운동의 대상이 될 수 있다. 무역 거부 역시 자유무

역협정이 발동 중이라면 국제적으로 비합법적으로 규정될 위험을 안고 있다. (세계무역기구는 회원국에서의 소비자 불매운동은 불법이라고 선언했다!)

시민소비자연맹(Civic Consumers Coalition)의 이상은 '사악한' 생산자를 벌주기 위한 것이 아니라, '좋은' 생산자에게 상을 주려는 취지를 담고 있다. '러그마크 프로그램'이나 '섬유 산업과의 협력 관계(Apparel Industry Partnership)' 등이 영향력을 갖기 위해서는 공중의 강력한 지지가 필수적이다. 그러한 프로그램의 전제는 소비자가 구매의 다양성, 품질, 편리성, (무엇보다) 제품의 가격에 기본적으로 관심을 기울이면서도 제품(또는 제품의 상표)을 구입할 때 그 제품의 시민적, 사회적 가치를 고려해서 충분히 고민한다는 점이다. 많은 소비자가 아동노동, 불공정한 고용 관행, 열악한 임금(각 국가의 기준 내에서), 환경이나 노동 현장의 위험성 등이 제거된 상태에서 생산된 제품이나 상표를 구입하려 한다. 특히 저비용으로 이윤을 올리는 데만 몰두하는 기업으로 인해 유럽이나 미국의 기준을 지키지 않는 국가에서 만들어지는 제품에 대해서는 거부감을 갖는다. 문명화된(시민적) 소비자는 좋은 가격의 양질의 제품이면서 동시에 이하 네 가지 기준, 즉 아동노동이 투입되지 않고, 적정 임금이 지급되고, 노동 현장의 안전이 보장되고, 더불어 환경적으로도 문제가 없이 생산된 제품을 원한다고 말하려는 것이다.

이와 같은 상품을 생산하고 공인된(외부의) 검사와 확인(국제법협회의 베오그라드 지침서(The Belgrade Manual of Rules of International Law Association)에 의하면, 모든 인권에 대한 감찰은 검사받는 대상에 의해서가 아니라 독립적인 전문가에 의해 이루어져야 한다), 즉 앞의 4가지 기준을 통과했다는 '안전' 표시를 받아 생산하고 있음을 증명하는 기업은 제품 가격이 좀 비싸도 시장에서 분명히 혜택을 누릴 수 있을 것이다. 실제로 판매량의 증가가 가격을 낮춰준다. 이처럼 수요자 입장에서 시장에 접근하면서, 시민 소비자의 규칙을 무시하는 기업을 벌주는 것이 아니고 규칙을 지키려는 시민적 자세를 갖춘 기업에 혜택을 주기 위한 것이라는 사실을 다시 한번 강조할 필요가 있다.

한때 '미국산' 또는 '영국산' 상표를 붙인 제품이 상거래에서 유리했다. 오늘날 CCC의 안전 보증 표지를 확인하는 소비자들의 태도 덕분에, 생산자들은 생산 입지가 어느 곳이든 상관없이 네 가지 '미국의' 안전 기준을 자발적으로 지켜야 하는 강력한 경제적 동기를 가진다. '러그마크' 또는 '문제없어요(No Sweat)' 등의 표식이 도입됨으로써 전 세계적으로 통용되는 보편적인 기준이 만들어졌다. 이제 생산 규제를 통한 부정적인 통제를 벗어나, 소비자 감시에 의한 적극적인 통제의 시대가 열릴 것이다. 동시에 국내 기업 및 미국과 유럽 등에서 이미 적용되고 있는, 높은 수준의 정부 기준을 준수하는 기업은 비싼 제품과 높은 생산 비용이 결국 경쟁력이 있다는 사실을 깨닫는다. 궁극적으로는 외국산 제품도 같은 비용을 부담할 것이기 때문이다. 우선 기업들은 국내를 떠날 필요성을 별로 느끼지 않을 것이고, 생산 비용이 싼 곳으로 떠났던 기업들도 이제는 더 이상 무책임성과 무분별함의 책임을 면할 수 없을 것이다.

이제는 생산 비용의 일부로서 산정되는 사회적 결과가 중요하기 때문에, 시민 소비자의 협력을 통해 소비자의 경제적 결정이 시민의 결단으로 공식화될 수 있을 것이다. 과연 시민 소비자는 특정 표식에 어느 정도 비용을 지불할 것인가? 제품 가격이 5%에서 10% 이상 올라갈 때 소비자의 협력은 줄어든다는 조사가 나와 있기는 하지만, 시장이 문제에 대한 해답을 줄 것이다. 주요 공적 부담을 지는 정부는 전통적으로 공적인 정책 결정을 추구하는 시민적 목적 및 사적 결정의 대상인 상업적 기능과는 구분되었고, 그렇게 되는 것이 적절하다. 일찍이 1930년대 초 의회는 강제노동이나 노역 계약(예를 들면, 수감 생활 중 노동)에 의해 만들어진 제품의 수입을 금지하는 법을 통과시켰다. 그리고 최근에는 이 법을 아동노동에 의해 생산된 제품 수입 금지로 확대하자는 법안이 계류 중이다. 만일 이 법이 통과되면, 어떤 언론인이 묘사했듯이 전 세계의 아동학대를 견제하는 "놀라운 돌파구"가 될 것이다.[42] 이 법안이 법으로 확정되든 아니든(이 법은 정부가 그런 쟁점에 대해 자유방임주의를 견지해야 한다는 세계무역기구의 선언과 불가피하게 충돌을 일으킨다), 규제에 대한 정치적 회의주의와 적개심이 팽배한 시대로 접어들면서 한때 정부가 지고 있던 책임감이 생산자와 소비자에게로 넘어가고 있는 것이 틀림없다. 생산자는 소비자의 견제 없이는 그러한 역할을 수행할 가능성이 없기 때문에, 소비자는 시민으로서 생각하는 법을 배워야 하고 사적인 선택을 공적인 책임성과 연관하도록 훈련받아야 한다. 생산자에게 영향을 미칠 수 있는 수단을 가진 시민소비자연맹은 공적인 상품을 만들어낼 수 있는 새롭고 강력한 힘이 되었으며, 시민사회를 진지하게 만들 또 하나의 전략이다.

앞에서 지적했듯이, 이미 특정 분야, 즉 섬유 산업 부문에서는 소비자의 압력, 유명한 광고 모델에 대한 비난, 정치적인 압

---

42 Steven Greenhouse, "Measure to Ban Import Items," *The New York Times*, Oct.1, 1997.

박을 통해 시민 소비자 협력의 이념을 직접 시험한 사례가 생겨났다. 1997년 봄, 대통령 참모 그룹에 의해 만들어진 공장관리법(Workplace Code of Conduct, 클린턴 대통령은 섬유 산업 동반 관계라는 이름을 내걸어 리즈 클레본(Liz Claiborne), 나이키뿐만 아니라 리복(Reebok), 니콜 밀러(Nicole Miller) 등 유명한 제조업체가 참여하도록 강력하게 요구했다)은 강제 노동이나 미성년 노동을 금지하는 법에 모든 국가가 서명할 것을 촉구하고, 기업과 하청업자가 국내법에 의해 명시된 최저임금을 지불해야 하며, 그 밖에 노동 현장의 안전 기준을 준수하도록 요구했다.[43] 상표에 붙여진 조약국의 '문제없어요' 표식은 소비자들이 구매 상품의 생산 조건에 관심을 갖게 만들 것이다. 그러면 실제로는 통제 불가능하다고 여겨졌던 세계 시장을 효과적으로 통제하려는 시도를 해볼 수 있다.

---

43 백악관은 1996년 통상부가 발의한 모범기업원칙(Model Business Principles)의 자발적인 실천을 위한 노력에 협력하기로 약속했다. 그리고 "안전하고 건강한 작업장, 공정한 고용 관행, 환경보호의 책임에 관한 법령" 제정을 목표로 정했다(《국무부 백서 10486》, WashingtonD.C., June 1997). 기업과 노조에 대해 가격과 임금 억제를 강력하게 권고하는 행정부의 설득은 환영받았지만, 그 자체가 소비자의 편에 서는 전략은 되지 못했다. 1998년 의회 연설에서 클린턴 대통령은 전 세계적으로 아동노동을 금지하기 위한 프로그램을 제안한 바 있다.

시민 교육과 공동체 봉사

전국 또는 지역 봉사 프로그램의 강화는 클린턴 행정부의 위대한 양당 제휴 성공담 중의 하나다. 그러나 의회 다수당인 공화당으로부터 반론이 제기되어 앞으로는 어려움에 직면할 것으로 보인다. 여전히 클린턴 정부는 봉사에 대해 '정부 프로그램'보다는 시민사회의 활동과 시민의식의 중요한 속성으로서 접근한다는 입장을 확고히 보이며, 이것이 미국의 미래를 보장하는 길로 나아가는 일이라고 주장한다. 말하자면, 과연 무엇이 지역 봉사보다 더 시민적일 수 있는지 반문한 셈이다. 클린턴 정부의 프로그램은 어느 정도 자발주의를 관리하려는 시도(그러나 관리의 대상이 되면, 그것은 더 이상 자원봉사가 아니다), 또는 학교 융자 프로그램(이것은 부차적인 것이었다)을 위한 새로운 근거를 찾아내기 위한 장치로만 보였기 때문에, 정당 간 논쟁의 대상이 되어버렸던 것이다. 의회는 '결과'와 효과(얼마나 많은 식사가 노숙자에게 분배되는가? 얼마나 많은 시간이 학습 지도에 쓰여지는가? 얼마나 많은 수의 독거노인이 도움을 받는가?)에 초점을 맞추는 경향이 있다. 물론 이러한 입장이 정치적으로 유용할지는 모르지만 그런 논쟁은 기본 목표로부터 관심을 분산시키는 결과를 낳는다. 가장 중요한 점은 봉사하려는 사람들에게 사회적 책임과 시민의식을 가르치는 일이다. 이처럼 교육적인 문제의식을 바탕으로 봉사 프로그램이 시민 교육 향상 방안에 대한 더 좋은 생각을 도출하면 그 프로그램에 대한 지나친 기대를 조절하는 '결과'를 얻을 수 있다. 그러므로 그 프로그램은 당장은 아니지만 결국은 – 자원봉사자나 그들이 봉사하는 공동체를 위한 – 훌륭한 공공 노동의 실천에 더 큰 믿음을 줄 수 있을 것이다.

처음으로 중요한 시작은 교육부(Department of Education), 국가교육협의회(National Association of Education), 그 밖의 중요한 공립, 사립 교육단체 등에서 시작한 10년짜리 프로그램인 '교육과 시민사회의 동반 발전(Partnering Initiative on Education and Civil Society)'이었다.[44] 이러한 기획은 시민 교육을 학교의 교과 과정과 똑같이 다룸으로써 교육을 시민권의 중요한 요소로 재배치하고 있다. 많은 주, 특히 메릴랜드주는 캐슬린 타운센드(Kathleen Kennedy Townsend) 부지사(그녀는 선거 전부터 오랫동안 학교를 중심으로 하는 봉사 프로그램을 주장했다)의 주도하에 고교 수업 과정과 밀접하게 연계된 의무적인 지역 봉사 프로그램을 도

---

44 Peter Applebome, "Plan Adds Civil Education to the Basics of Schooling", *The New York Times*, Monday, April 24, B8. 참조

입했다.[45] 시민사회 안으로 봉사를 끌어들여 교육적으로 접근함으로써 평생의 시민의식을 향한 첫 번째 걸음을 내딛게 만든 것이다. 이것은 장학금으로 제공되는 임금을 받기 위해 정부가 제시하는 일종의 사회적 보상을 구매하는 식으로 일시적인 것이 아니다.

토크빌이 자유를 위한 힘든 수습 기간이라고 불렀던 과정을 사회구성원이 통과함으로써 시민사회는 비로소 성숙해진다. 우리는 일정한 시민 수준에 도달하기 위해 공립학교 교육, 교육 기준, 교육에 대한 연방 재정 지원 문제 등에 관한 토론에 익숙해져야 한다. 공립 보통학교에 대한 가장 기본적인 정당화 논리 중 하나는 다음과 같다. 민주주의는 교육받고 예의 바르고 유능하고 지적인 행동을 하는 시민으로 커가는 젊은이들을 필요로 하기 때문에 배우는 일이 중요하다는 점이다. 그러므로 오늘날 우리는 미국 땅에서 태어나 자란 미국 시민을 가르치는 일보다 이민자들을 재교육하는 일에 더 많은 노력을 기울이는 것이다.

연방정부는 막대한 예산을 지출하지 않고도 교육부를 활용하여 시민 교과 과정과 봉사 훈련 프로그램을 운영할 수 있다. 실제로 교육부는 시민의 수준 향상에 정책의 초점을 맞춤으로

---

45 자세한 것은 Richard M. Battistoni, *Experiencing Citizenship: Concepts and Models for Service Learning in Political Science*(1997), 그리고 나의 책, *An Aristocracy of Everyone*(1994) 참조.

써 그 역할을 강화할 수 있다. 국가 기준 작성자로서 교육부의 기능은 매우 다양해지고 있다. 만일 '기준'이 문해력 및 계산 능력과 더불어 시민적 능력을 포함한다면 교육부 방침의 적실성이 더욱 커질 것이다. 이와 더불어 1997년 '미국의 미래를 위한 지도자 회의'에서 콜린 파월이 주창한 미국의 어린이를 위한 자원봉사 활동이 동전의 다른 면이 된다. 이러한 노력을 통해 피교육자에 대한 지속적인 교육은 물론 자원봉사자들에 대한 교육과도 밀접하게 연결된다면 민간 부문의 시민적 추진력은 더욱 잘 유지될 것이다.

정부와 시민사회의 동반자 관계는 지역 봉사 활동을 강화하는 효과를 발휘하고 있다. 그리고 미국의 고등학교 및 대학에서 진행 중인 교과 과정으로서의 봉사 프로그램이 전반적으로 인기를 얻고 있기 때문에 오늘날 그것은 더욱 특별한 의미를 갖는다. 한때 지역 봉사는 토요일 오후에나 할 수 있는 특별한 과외 활동이었다. 점차 학교가 공동체의 일부로서 인정받고 학교 수업이 시민권에 관한 내용을 반드시 포함하게 되면서, 지역 봉사는 이제 학생들을 미래의 시민으로 전제하는 책임 있는 교과 과정의 중요한 요소로 인식된다. 최근 여기에 적합한 사례가 등장했다. 포드재단(Ford Foundation)은 역사적 의미를 지닌 12개 이상의 흑인 기관이 교육에 근거한 봉사 프로그램을 발전시킬 수 있도록 지원하기 위해 흑인연합대학기금(United Negro College Fund)과 밀접한 관계를 유지하고 있다. 대학은 일반 기부금과 외부 기관의 강력한 지도를 받음으로써 외부 자원에 의존하지 않고서도 좋은 프로그램을 만들 수 있다. 이러한 모델을 통해 정부의 온건한 프로그램은 공동체 조직, 대학, 비영리 기관 간의 동반자 관계를 지원함으로써 납세자에게 지나친 부담을 강요하거나 세금에 절대적으로 의존하지 않으면서도 상당한 성과를 올릴 수 있을 것이다.

유럽공동체는 유럽식 자원봉사 프로그램을 통해 좀 더 유럽적인 시민의식을 강화해갈 수 있을 것이라는 희망을 기반으로 중요한 실험을 하고 있다.

시민사회의 예술과 인문학

자유로운 민주사회와 예술 및 인문학 간 관계의 저변에 깔려 있는 다양성과 다원주의, 폭넓은 자유, 개방성과 유연성 등은 복합적인 특징을 지니고 있으며 흔히 여러 가지 논쟁을 불러 일으키기도 한다. 예술은 민주주의에서 번성한다. 물론 민주주의 사회 내 반대나 저항의 문화뿐만 아니라 귀족사회에서도 놀라울 정도로 활기차게 예술이 발전해왔다는 것 또한 사실이다. 여전히 민주주의는 예술과 인문학을 필요로 한다. 그것이 시민사회의 문화적 하부 구조를 형성하고 있기 때문이다. 민주주의 추진력은 때로는 예술과 기묘하게 결합했으며, 전위예술이나 반(反)다수적이며 귀족주의적인 문화로부터의 도전에 직면하기도 한다.

자유로운 사회가 살아 움직이기 위해 예술과 민주주의의 공생 관계는 확실하고 필수적인 요소이지만, 예술이 민주주의를 필요로 하는 정도보다 민주주의가 예술을 더 필요로 할 것이다. 자유로운 사회는 시민사회의 자유와 민주주의적 활력을 보장해주고, 예술과 인문학은 시민사회에 창조성, 다양성, 자유로운 자발성을 제공해주기 때문이다. 이 관계를 복잡하게 만드는 것이 시장이다. 시장은 정부의 지도와 감독에서 벗어난 문화와 예술에 공간을 제공해준다. 그러나 시장의 공간은 상업적 공간을 의미하는 것이기 때문에 상업과 교환이 예술의 자율성을 훼손할 수도 있다.

예술과 문화는 매우 탄력적이다. 보조금 없이, 심지어 민주주의 없이도 정치적 전제주의 체제나 다수 대중의 의사가 강요하는 획일주의적인 압력하에서도 예술은 살아남았다. 예술은 불멸의 천재성, 독보적인 자아 표현, 의사소통에 대한 억제할 수 없는 욕구에 뿌리를 내리고 있다. 예술은 강제수용소나 나치의 가스실 등 최악의 억압적인 조건하에서도 — 때로는 이런 최악의 상황이 촉매 작용을 한다 — 살아남는다. 인간 정신을 말살시키거나 파괴할 수 없듯이 예술의 뿌리를 뽑아버리거나 파괴할 수 없다. 사르트르(Jean Paul Sartre)의 말처럼, 나치 점령기에 우리는 결코 자유로울 수 없었다. 그러나 예술은 살아남았다.

이러한 예술의 불멸성에 기대는 것으로 민주주의 정부의 예술 정책이라는 어려운 문제를 피해 갈 수는 없다. 결국 민주주의와 예술은 강력한 시민사회와의 공감 속에서 공동의 기반을 공유한다. 존 듀이(John Dewey)의 지적처럼, 민주주의는 정부의 형태인 것처럼 생활의 방식을 의미하기도 한다. 그리고 민주주의의 성공은 활력 넘치는 시민사회의 존립 여부에 달려 있는 것이다.

예술은 민주주의의 추진 엔진이고, 창조성, 다양성, 상상력의 열쇠이며, 궁극적으로는 자발성과 자유의 핵심이다. 민주주의가 시민사회의 자유로운 정신에 의존하는 것과 마찬가지로 시민사회는 예술에 의존한다. 그러므로 민주주의는 자유로운 창조성, 편견 없는 다양성, 그리고 속박당하지 않는 상상력에 대한 예술의 헌신을 필요로 한다. 예술을 지원하는 정부는 박애주의적인 행위에 참여하는 것이 아니라 그 자신의 번성을 위한 조건을 강화하는 것이다. 이것이 예술을 후원하고 지원하는 민주주의 정부를 옹호하는 가장 중요한 논리일 것이다. 즉, 예술이 정부를 필요로 하는 것이 아니라 민주주의가 예술을 필요로 한다. 이러한 교훈을 잘 알고 있는 지역이 유럽이다.

정상적인 상황하에서 민주주의 생활방식이 예술의 창조성과 비판적인 상상력을 무한정으로 필요로 한들, 또 예술에 의해 풍성해진 강력한 시민적 하부 구조에 의해 민주주의 생활방식이 아무리 촉진된들, 예술은 민주주의의 지원 — 실제로 민주주의 헌법 없이도 — 없이도 생존할 수 있다. 그러나 오늘날 미국 사회의 상황은 전혀 정상적이지 않다. 대중적 상업의 팽창이 낳은 유해한 조건하에서 다양성과 다원주의에 대해 우리가 느끼는 이중적 감정이 증대하면서, 예술은 위험에 빠진 동시에 전례 없이 더욱 필수적인 것이 되었다. 결과적으로 예술 교육을 중시하는 온건한 정부의 정책을 지지하기 위한 새로운 주장이 등장하고 있다. 그리고 극단적인 상업적 환경 속에서 창조적 활동과 공연을 활성화할 수 있는 유인책과 보조금을 주장하기도 한다. 말하자면, 더 성숙하고 다양하고 분절적인(사실 이 측면은 좀 우려된다) 사회를 지지하기 위한 주장이 급부상하고 있다.

오늘날 예술은 강제적인 개입과 감독을 일삼는 정부로 인한 위험보다는, 비강제적이며 눈에 보이지 않는 상업화의 제약으로 인해 더 큰 어려움에 봉착해 있다. 비록 예술가들이 자신을 사회로부터 격리할 '권리'를 분명히 가지고 있고 어떤 식의 개입에서도 자유롭다는 사실이 주는 기쁨을 추구하더라도, 예술 교육과 시민 참여에 대한 책임을 공유함으로써 자신들이 누리는 혜택을 제공해주는 사회에도 도움이 될 수 있다. 예술가로서 그들은 오직 예술에만 책임을 지지만, 예술가 역시 시민이며 시민으로서의 예술가는 특별한 책임을 진다. 즉, 예술을 지지해주는 시민사회에 헌신하고 성숙을 위해 민주주의와 예술가 자신, 즉 동료 시민과 자신의 예술, 양자 모두에 봉사해야 하는 것이다.

예술에 대한 정부 개입에 회의를 표명하는 자유방임적 민영화론자들은 사적인(그리고 자유로운) 영역만을 지지한다고 스스로 믿고 있을지 모른다. 그러나 오늘날 벌어지는 현상처럼 시민사회가 상업적 시장 영역으로 파편화될 때, 민영화는 상업화를 의미하며 예술은 상업의 가혹한 개입주의적 역동성에 종속돼 버릴 것이다. 고상하지도 않고, 반항적인 예술도 아니고, 그렇다고 평범한 아마추어 예술(예를 들면 어떤 마을의 연극 공연)도 아닌 유형들만이 이러한 조건하에서 번창할 수 있다. 시장은 획일주의적 취향을 강요하고 기준의 평준화, 급진적인 상품화를 추진한다. '예술 상품'은 아무도 만족시키지 못한다. 잡지가 책을, 신문이 잡지를, 그림이 잔뜩 들어간 소형 신문이 정식 신문을, TV가 소형 신문을, MTV가 공중파 TV를 압살해버린다. 말하자면, 다른 것은 고사하고 대중문화의 다양성조차 살아남을 수 없는 상황이 벌어지고 있다.

이론적으로 말하자면, 대중문화뿐만 아니라 고급 예술이나 저항 예술조차 사실상 소유권 독점 및 획일주의적 경향으로 흐를 때 '자유로운' 예술을 위한 시장은 정부의 장려금이나 공평한 지원, 예술 관련 위원회의 보조금이 필요하다. 미국의 '공영' TV는 '색다른' 선호를 담은 프로그램이—어느 정도 '고급스럽고', 어느 정도는 '대중적'이지만, 어떤 경우에도 완전한 시장 환경에서는 자리 잡을 가능성이 없는—시청자를 창출해내고 훈련시키고 즐겁게 해줄 수 있도록 방송 채널을 확보하는 역할을 담당한다. 왜 그러한 노력이 그다지 큰 비용을 쓰지 않고도 정부가 후원하는 프로그램의 선두 주자로 인정받아야 하는가? 또는 정반대로, 현재 막강한 주권을 행사하는 상업적 시장 메커니즘 및 상업적으로 획일화된 가치의 권리를 침해하는 존재로 인식되어야 하는가?

우리는 민주적인 자유시장 및 다원주의 사회에서 살고 있다. 최근 들어 점점 지나치게 다원화되고 다양화되면서 역사가들은 문화적 구성의 분열성에 대해 걱정할 정도다. (예를 들면, 아서 슐레진저(Arthur Schlesinger)는 《민주주의의 분열(The Disuniting of Democracy)》에서 이를 지적했다.) 이러한 맥락에서, 예술이 공동체나 집단의 특별한 정체성을 표현하는 수단인 동시에(주류 공동체에서 소외당했다고 생각하는 사람까지 포함한다), 개별적인 지역 공동체를 전국적으로 함께 묶어줄 수 있는 보편성도 확보한다는 점에 주목해야 한다. 남부 지방을 묘사하는 소설이 미국을 분열시키지는 않았다. 오히려 그것은 특정한 미국적 관점을 찾아내는 데 도움이 되었다. 뉴잉글랜드의 초현실주의가 미국의 철학적 관점을 창출하는데 기여한 것과 마찬가지로, 화가들을 육성하는 허드슨 리버 스쿨(The Hudson River School)은 19세기 미국의 새로운 취향을 대변해주었다. 뉴욕의 유대인 문화는 특수한 정체성을 표현해냈지만 도시를 통합하는 역할을 담당하고 있다. 음악과 연극 분야에서 미국의 흑인은 널리 알려진 다양한 미국적 주제를 통해 미국 문화에 한 획을 그었다. 흑인 예술가의 활동이 두드러지는 재즈, 탭댄스, 블루스, 인기 절정의 대중음악에 이르기까지 흑인의 문화가 미국을 만들었고, 여기에 아프리카계 미국인의 공헌은 매우 특별하다. 이러한 힘을 통해 주변화된 소수 문화는 목소리를 내고 권리를 향유하고 당당하게 인정받을 수 있다. 그리고 소수의 문화가 일반문화의 한 구성 요소로 수용되는 순간, 아무도 소외당하지 않는다. 이것이 바로 예술의 독특한 힘이다.

상상력은 예술과 민주주의가 공유하는 시민사회와의 연결고리이다. 상상력을 통해 예술을 꽃피울 때 민주주의도 만개한다. 상상력이 민주주의에서 날개를 펼칠 때, 예술과 시민사회는 빛을 발한다. 상상력은 다양성, 시민적 동감, 공동의 습속에 열쇠가 된다. 타인을 포용하는 존재로 우리 자신을 성숙시키고, 이해관계의 폭과 편협한 자아의 한계를 확대시키는 것이 바로 상상의 힘이다. 그래야만 비로소 우리는 민주주의 공동체에서 살기에 적합한 존재가 되는 것이다. 민주 시민은 폭정을 근절하고 자유를 수호할 수 있는 비판적 상상력을 갖추어야 한다. 예술가에게는 인습에 저항하고 창조성을 극대화해주는 상상력이 필요하다. 심지어 예술이 인습을 숭앙하고 취향을 억압하고 민주주의적 관습을 고사시키는 악역을 담당하더라도, 민주주의는 예술을 필요로 한다. 오직 성숙한 민주주의만이 예술과의 연계를 완전히 소화할 수 있다. 역설적으로 신생 민주주의, 즉 예술이 성장하고 성숙할 필요성이 절실하지만 그런 사회의 정부는 오히려 예술을 지원할 가능성이 낮다. 자유사회로서 미국의 성숙함 덕분에 능동적인 유럽 모델을 별로 두려워하지 않게 되었고, 예술을 독점하거나 감시하지 않으면서 지탱한 것이다.

분명히 말해, 예술은 민주 시민과 민주 정부의 적극적인 지원과 이해 없이는 생존할 수 없다. 민주주의는 건강한 예술 정책과 활발한 예술 공동체 없이는 살아갈 수 없다. 민주 시민과 정부가 예술을 적극적으로 지지할 때 민주주의는 더욱 발전할 것이며, 예술 역시 그러할 것이다. 민주주의는 예술가와 예술을 육성하고 지원함으로써 아주 많은 것을 얻을 수 있다. 예술가들이 고집불통에 외골수에 비뚤어져 있고 반항적이고, 때로는 감사할 줄도 모르고 항상 불만에 가득 차 있어도, 그들은 민주주의의 정수인 자유로운 영혼이 뿌리내린, 자유를 키워내고 표현하는 존재인 것이다.

이상에서 제시한 시민사회를 재건(시민사회가 있는 곳에서는 재활성화)하기 위한 여섯 가지 방법은 사회적 현실주의, 즉 시민사회의 강건한 민주주의적 전망을 강조한다. 말하자면, 시민은 정부와 사적 영역 사이에서 확실하게 독립된 영역을 차지해야 한다. 시민사회가 신비스러운 규범적 이상이나 향수에 가득 찬 추억 속의 머나먼 존재이거나, 더 나쁘게는 변덕스러운 시민을 엄중하게 꾸짖어대는 학자들이 만들어낸 일종의 사회과학적 조형물이 아니라는 사실을 보여주는 존재가 바로 시민이다. 오히려 시민사회 개념은 사회를 더욱 시민적이고 민주적으로 만들 수 있는 법적이고 협력적인 전략을 고안해내기 위한 적극적인 정치적, 시민적 중요성을 갖고 있다. 시민사회의 이론은 현실적이고 실용적인 잠재적 실천력을 갖는다. 그러므로 초당파적이며 진보적이다.

　법적인 조치와 더불어 추진되는 위의 여섯 가지 재건 방안과 정부-시민사회 간의 동반자 관계는 현대 시민사회의 결함이 일으키는 두 가지 심각한 문제를 해결해주지는 못한다. 하나는 정치적 담론의 비시민성이 증대하고 있고, 다른 하나는 점점 자동화되는 노동 현장에서 모든 종류의 공공 노동과 활동(여가 활동 포함)을 임금노동과 분리하고 있다는 문제다. 이러한 현상은 노동시장을 교란하고 비참한 변칙을 양산한다. 예를 들면, 의미 있는 고용이 이루어질 수 없는 장기적인 문제를 안고 있는 상업 영역에서 하찮은 '진짜 일자리'를 여성에게 보장한다는 명분으로, 일하면서 복지 원조를 받게 하는 정책이 등장했다. 실제로는 가족의 가치와 시민적 덕목 함양에 필수적인 가정 생활을 유지하고 자녀를 양육하는 가장 중요한 '일터'에서 여성을 내몰려는 의도를 담고 있을 뿐이다. 이 두 가지 문제는 단순히 정부와 시민사회 간에 동반자 관계를 발전시킨다고 해서 해결될 수 없다. 이 문제들은 시민적 영역의 요체를 개발하여 시민의 자원을 활성화하려고 노력하는 사회에서 노동의 미래 및 시민성의 의미와 관련된 근본적인 딜레마를 제기한다. 시민의 자원은 여전히 희망을 주는 요소이지만 통신기술의 놀라운 발전, 노동력의 축소, 시장의 세계화로 인해 심각한 도전에 직면해 있기 때문이다. 나머지 장에서 이러한 딜레마를 살펴볼 것이다.

04

시민사회의 의사소통과 담론

시민사회는 대화의 장이며, 시민의 대화가 진행되는 영역이다.[46] 시민사회의 건강을 회복시킴으로써 담론의 시민성을 복원하고 시민의 사적인 대화 및 정치적 대화를 좀 더 공적이며 의미 있게 만들어감으로써 시민사회를 치유할 수 있다.

구체적으로 말하자면, 시민사회는 시민성을 강화함으로써 시민이 나누는 정치적 대화를 유익하게 이끌어갈 수 있다. 우리가 가장 먼저 해야 할 일은, 공적인 시민의 목소리에 정당한 시민적 표출 양식을 제공해줌으로써 한때 위축되고 침잠했던 시민이라는 직함에 새로운 의미를 부여하는 일이다. '시민적'이라는 말은 매우 중요한 접두사다. 그것은 '사회' 앞에 붙을 수 있을 뿐만 아니라 '불복종'과도 결합한다. 그러므로 '시민적'이라는 용어는 민주주의의 본질이라고 할 수 있는 정치적 갈등이 전개되는 과정에서 타인을 고려하고 비독단적인 관용을 베푼

---

46 이 절은 나의 논문의 일부다. "An American Civic Forum", in *Social Philosophy and Policy*, vol.13, no.1, Winter 1996, pp. 269~283.

다는 의미를 함축하고 있다.

보통 '시민적'이나 '공적'이라는 용어의 의미는 고정된 것이 아니다. 그 말 자체는 열정을 내포하면서도 궁극적으로는 어떤 내용으로도 채울 수 있는 수사다. 실제로 시민성은 순응성이나 평정함을 의미하는 것으로만 자주 사용된다. 이러한 의미에서 1996년 대통령선거 기간 중 시민적 요소의 오류를 지적하는 논쟁이 벌어졌다. 즉, '말 경주'(이것은 보통 매우 '떠들썩한 경주'를 의미한다)가 벌어지기를 바라는 활달한 전통주의자의 입장에서 시민적인 것은 참기 어려운 일이었기 때문이다. 그러나 시민적 저항이 고요하게 일어날 수는 없다. 심도 깊은 담론은 매혹적인 오락은 될 수 없어도, 갈등을 회피하지 않으며 결코 깊은 잠에 빠져 있지도 않다. 불행한 일이지만, 상업적인 사회에서는 오락이 정보를 왜곡한다. 그러므로 방송은 정치적 논쟁이나 토론을 위해 공중에 '자유' 시간을 제공하자는 의견에 동의하지 않는다. 그러한 시민적 활동을 후원해줄 광고주를 찾아낼 수 없기 때문이다. 아무도 보지 않는 방송이 무슨 의미가 있는가? 시청자가 경쟁 프로그램에만 눈을 돌린다면 어떻게 할 것인가?

시민적 대화는 공적 대화의 첫 번째 조건이다. 그러나 대화를 공적으로 만든다고 해서 저절로 그 대화가 시민적인 것은 아니다. 라디오에 출연해 말하는 것 자체가 시민적이지는 않더라도, 최소한 공적으로 크게 의견을 피력하는 일은 될 수 있다. 매우 자극적인 오락적 요소가 깔려 있더라도 말이다. 불행히도 시민성과 공적인 발언을 전혀 별개의 것으로 만들어버리는 자극적인 폭언은 시민성에 문제가 있다는 것을 모두에게 알릴 수 있는 완벽한 모델이다. 참석자들은 남의 말을 듣지 않고 자기 말만 하려 들고, 도그마를 그냥 받아들이고 이의를 제기하지 않으며, 반대자를 인정하기보다는 비난하고, 잘못된 일은 모두 다른 사람의 책임으로 돌린다. 언론 매체, 특히 TV에 대한 평가는 지극히 자극적이라거나, 소문을 포장한다거나, 겉만 번지르르한 편견에 사로잡혀 있다는 것이다. 헤겔이 상기해주었듯이, 역사가 평화로운 시기는 없었으므로 공적인 대화가 선호하는 주제는 전쟁이다. 레이건 행정부 시절 교육부 차관이었던 체스터 핀 주니어(Chester Finn, Jr.)와 나는 TV에 출연하여 신중하고 시민적인 대화를 나누었던 적이 있다. 첫 번째 대화가 마무리된 후 연출자의 요청에 따라 우리는 논쟁을 재개했다. 방송 연출자가 이번에는 "좀 더 자극적이고 도발적으로 토론을 진행해달라"라고 부탁했다. 우리는 연출자의 부탁을 들어주기로 했지만, 결국 격렬한 토론이 전개되면서 토론의 공통적인 기반은 사라져버렸고, 서로의 차이점을 인정하면서 이뤄진 기본적인 이해는 날아가버리고 말았다. '더 좋은 TV 방송'을 위해 의도적으로 '갈등'—훨씬 무미건조하고, 진실성이 떨어지고, 생산성도 매우 낮은—을 설정한 것이었다. 궁극적으로 방송을 위해 재촬영이 이루어졌다. 이것이 바로 공적이라고 하는 TV의 맨얼굴이다.

〈크로스파이어(Crossfire)〉나 〈맥로플린(McLaughlin)〉 같은 TV 쇼에서 상대방에게 소리를 질러대는 출연자를 보면, 사적 영역에서 일반인들이 정제된 공적 목소리로 시민적 연설을 시도하는 일이 얼마나 멀고 먼, 어려운 일인지 알 수 있다. 많은 사람이 사적 영역에서 서로의 차이점을 인정하거나 공적인 대화를 나누기 위해 오히려 상대방에게 고함을 질러대는 실수를 범한다. 셸던 해크니(Sheldon Hackney)가 칭송한 미국의 의미를 주제로 전국적인 대화를 개최하려는 발상에 대해 조지 윌(George Will)은 조롱을 퍼부었다. '전국인문과학후원재단(National Endowment for the Humanities)'의 회장은 그 행사를 가장 중요한 업적으로 만들고자 했다. 윌은 우리 모두 이미 TV 토크쇼에 식상해 있다는 사실을 들면서 반대했다. TV 토크쇼가 다루는 주제가 무엇이든 간에—연예계 소식, 상업 광고, 대중 선동, 정치

등등―미디어에서 시도하는 행사는 시민적 대화가 아니라 오히려 정반대다. 어떤 프로그램이 특이하게 시민적인 주제를 잡고 시작할 경우, 일단 시청자를 잃어버릴 위험을 감수하고 들어간다. 그러나 시청자를 붙잡아두기 위해 품위는 접어두고 출연자들끼리 무례한 말싸움을 붙여 편집하지 않은 채로 방송을 내보낸다. 그 전형적인 예가 클린턴 대통령의 '성 추문' 관련 방송이었다.

우리는 시민적 협의가 품고 있는 공적인 양면성을 이해할 필요가 있다. 시민들이 정부 서비스를 제공받기 위해 내야 하는 세금을 거부하면서도 정부 서비스는 극성스럽게 요구하는 것처럼 시민성도 마찬가지다. 우리는 그런 서비스를 공짜로 얻길 바라면서도 그에 대한 시민적 비용을 감당하는 데는 매우 인색하다. 이론적으로는 원하지만 실천하기를 피하는 것이다. 미디어에 대해서도 마찬가지다. 시청자들은 불미스러운 추문을 퍼뜨리는 장사치들을 그저 지켜볼 뿐이다. 그러는 동안 시민성을 상실해가고 있다.

대화를 공적이고 시민적으로 만들어주는 고유한 특징(물론 미디어 속 대화에서는 찾아볼 수 없다)을 꼽아보면 다음과 같은 아홉 가지 속성이 있다. 물론 이들 간에는 일종의 긴장 관계가 있다.

공동체 협력적인 시민사회의 시민성을 표현하는 공적인 목소리는 가시적이고 명확한 공통의 기반, 협력적 전략, 공동의 이해관계, 공공 복리를 바탕으로 형성된다. 이것이 의미하는 바는 그러한 목소리가 개인적 목소리를 모아놓은 것 이상이라는 점이다. 그러나 공적인 목소리를 만드는 데 참여하지 않은 시민에게 그것을 강요하는 외적인(이질적인) 목소리가 되어서는 안 된다. 공동의 목소리는 개인으로서 개인들이 공유하는 것이며(그러므로 개인의 이해관계를 표현한다), 각 개인이 공유하고 있는 것을 보여준다(이러한 측면에서 그들을 공동체로 규정한다).

시민의 협의 시민의 공적 목소리는 협의적이고 자기반성적이며 성찰적인 비판적 특징을 갖는다. 즉, 인내심을 가지고 반복하며, 충분한 시간을 갖고 비판적으로 교차해가며 확인 작업을 한다. 이러한 노력을 통해 공적 목소리의 확실한 차이점, 냉정함, 임시성이 보장된다. 또한 그것은 마치 부부가 '두 사람임'을 부정하지 않고도 일심동체가 되는 좋은 결혼과 마찬가지로 변증법적이며 서로의 차이를 포기하지 않고서도 이질성을 극복해나갈 수 있다.

포용성 시민성의 공적 목소리는 포용성이 강하다. 광범위하고 다양한 목소리를 포괄한다. 이러한 측면이 공통의 습관을 필요로 하는 조건과 모순적으로 보일지도 모른다. 그러나 민주적인 공통의 습관을 통해 차이를 부정하기보다는 그 차이를 인정하고 포용한다. 일종의 상상에 근거한 초개인적, 전체주의적 공동체에서 개인을 매수하기보다는 오히려 무엇이 공유될 수 있는지 찾는다. 자유와 평등을 희생시키면 공통의 습관은 배제의 전략을 통해 쉽게 확보될 수 있다. 민주성을 유지하려면 다종다양한 목소리뿐 아니라 상대적인 반대의 목소리도 공존해야 한다. 이것이 바로 포용성을 진정으로 시험할 수 있는 측면이다. 공적 목소리는 주변적인 존재에게는 일종의 마이크 역할을 한다. 정부의 헤게모니와 사적 영역의 독점으로 인해 소외된 자들은 권력을 박탈당했기 때문이다. 사적 영역에서의 논쟁은 동호회 활동과 유사하다. 그것은 임의적이며, 자기 선택적이고, 소외당할 수 있다. 〈크로스파이어〉 같은 쇼에서 소란스러운 반박이 오고 가지만 진정한 반대나 침묵하는 소수는 여기서 전혀 관심을 끌지 못하는 것과 마찬가지다. 기술적으로는 정부에서의 논쟁이 모든 사람에게 개방되어 있지만, 너무 전문적이고 기술 관료적이기 때문에 나름의 방식으로 폐쇄성이 강하다. 개인이 시민사회 목소리의 일부가 되는 일은 권리이자 의무이므로 누구도 거부당해서는 안 된다. 물론 포용성은 비용을 수반한다. 그것이 무정부 상태를 초래할 수도 있다. 불협화음이 없는 다양한 목소리를 만드는 일은 고도의 예술이다. 이것은 특별한 시민적 관행을 통해서만 할 수 있는 일이다. 누군가를 배제하면서 진행되는 공동의 대화는 명쾌할 수 있지만, 비민주적이며 결국 사회구성원을 위험에 빠뜨릴 것이다. 다른 한편, 지나치게 포용성을 강조하다 보면 대화는 와글와글 시끄러워진다. 그것이 민주적일 수는 있지만 오히려 공동체를 유지하는 데는 해가 될 수도 있다.

임시성 개방적이고 포용적인 공중은 진보하는 정치적 조직 그 자체이기 때문에 공중의 목소리는 항상 임시적이며, 개선과 진보의 과정에 놓여 있고, 심지어 모순적이기도 하다. 라디오 대화 프로그램에 대한 항의를 차단하는 폐쇄 전략―전화 끊기, 아무 소리 못 하게 하기, 자르기 등―은 가장 비시민적인 성격을 드러내는 것이다. 진정한 공중의 대화는 끊임없이 계속되고 아무 방해도 받지 않아야 한다. 더욱 진전된 논쟁으로 나아가기 위한 잠시의 휴식만이 있을 뿐이다. 이것이 제퍼슨이 19~20년

마다 매번 작은 혁명을 일으키도록 추천했던 이유일 것이다. 제퍼슨에 의하면, 설령 헌법에 의한 원칙이고 그 내용이 정당해도 스스로 신봉하지 못하는 원칙은 세대가 변함에 따라 그 정당성을 잃어버린다.[47] 공중의 목소리가 갖는 특징은 도그마에 저항하는 면역성을 갖게 해주며, 민주주의의 관용성과 개방적인 정신을 표현한다. 또 이러한 특징을 통해 공중이 조상에 의해 구속당하지 않는 이유, 또한 후손을 속박할 수도 없는 이유, 그리고 각 세대가 나름의 신념을 가지고 헌법적 민주주의 전반에 대해 반드시 재정비해야 하는 이유 등을 설명할 수 있다.

듣기 공중은 목소리를 가지고 있을 뿐만 아니라 귀도 갖고 있다. 듣기의 기술은 말하는 기술만큼이나 중요하다. 사적 이익은 누군가가 자신의 필요와 욕구를 확실하게 말함으로써만 확인될 수 있고 표출될 수 있다. 공적 이익은 사람들이 오직 서로의 이야기를 들을 때, 그들이 자신의 주장을 조절하여 다른 사람의 목소리를 들을 수 있고 그와 동감할 수 있고 그와 조화를 이룰 수 있을 때만 확인되고 표출될 수 있다. 그렇지 않으면 전혀 조정에 도달할 수 없다. 듣기는 시민성의 특별한 가치다.

---

47 "자유의 나무는 때로는 애국자와 폭군의 피로 쇄신되어야 한다. 그것이 자연의 거름이다." Thomas Jefferson, *Letter to Colonel Smith*, Nov. 13, 1787.

만일 정부가 말하기 및 말하기의 차별적 기술이 압도하는 '의회'(말에서 시작해서 말로 끝나는)를 선호한다면, 시민 포럼은 '듣기 능력(audioment)'을 요구한다. 여기서 평등주의적인 듣기의 기술이 자라나기 때문이다. 퀘이커교도처럼, 시민의 집회에서 시민은 침묵을 두려워해서는 안 된다. 모인 사람들이 침묵할 때 비로소 분산되고 허약하고 불확실하고 힘없는 목소리가 대화에 참여할 가능성이 생기고, 약자의 목소리가 들리기 때문이다. 그러므로 듣기는 포용성의 강력한 수호자가 된다.

배우기 공중의 목소리는 공중의 귀를 원한다. 이와 마찬가지로 시민 대화에 참여하기 위해서는 배우기에 대해 개방적인 태도를 지닐 필요가 있다. 배우기는 듣기의 가장 위대한 성과다. 배우기를 통해 예전에 주장한 의견에 대해 스스로 문제를 제기하고 예전의 입장을 변화시킬 수 있다. 말하기는 고정된 의견의 교환일 뿐이고 정치가 결코 변하지 않는 입장이 중재되는데 불과한 일련의 협상 과정이라면, 시민권은 상처를 입을 수밖에 없다. 〈크로스파이어〉 쇼에 나온 고집으로 똘똘 뭉친 지식인이 다른 사람에게 다음과 같이 외치는 모습을 상상해보라. "나는 그런 생각을 해본 적이 없소. 아마도 내 생각을 검토해보고 입장을 바꿀 필요가 있겠지요. 나는 당신이 방금 지적한 것을 생각해보고 진정으로 그것을 받아들일 때까지 더 이상 그 문제에 대해서는 언급하지 않을 것이오." 또 청취자에게 다음과 같이 말하는 라디오 방송 진행자를 상상해보자. "나는 이제야 당신을 좀 더 이해할 수 있을 것 같아요. 나는 당신이 말했던 것을 생각해보는 데 며칠이 걸릴 거예요. 아마 마음을 바꿀 수도 있겠죠." 이런 일은 상상조차 불가능한가? 그럴 것이다. 극단으로 치닫는 대화의 전제는, 사람들이 절대로 변하지 않고 뒤바꿀 수도 없는 이해관계에 의해 규정되는 한에만 시민이며, 대화는 그 이익을 표출하고 판결하는 기회를 주는 것 이상의 역할은 아무것도 할 수 없다는 것이다. 한편, 배우기를 중시하는 태도의 전제는 의견이 변하고 입장이 수정되고 발전할 수 있다는 것이다. 말하자면, '적'과의 대화를 통해 공통의 기반을 발견한 시민이 이렇게 말할 수 있다. "당신의 편익을 고려하는 것이 실제로 내게도 이익이 됩니다."

수평적 의사소통 정부와 유권자와의 대화는 흔히 양자 관계이며 수직적이다. 엘리트와 추종자 간의 쌍방 대화가 이루어지는 곳에서 지도자는 선거구민과 대화하고 때로는 유권자의 이야기를 듣기도 한다. 그러나 공적 목소리는 '지도자'와 시민들 간이 아니라, 시민들 사이의 다양한 목소리를 통해 수평적 대화를 이끌어낸다. 지도자와 시민 간 양자 관계는 공동체로 대치되고 단일한 통합적인 관점이 아니라 다양한 관점을 중첩시키면서 발전적인 상호 연관성을 찾아내는 것이다. 우리가 인정하고 있듯이, 시민사회가 쇠퇴하는 가장 확실한 신호는 시민들이 대화를 나눌 수 있는 비정부적 공간―이발소, 광장, 마을회관, 잡화상, 학교 운동장, 공공 도서관 등―의 실종이다. 해리 보이트는 그 공간을 대화할 수 있고 이야기를 들을 수 있는 "자유 공간"이라고 부른다.[48] 고속도로, 차도, 패스트푸드 식당, 백화점은 시민성이 없는 공공 공간이다. 우리에게 남아 있는 몇 개 안 되는 공공 기관은 기금이 부족하고, 통제되고, 상업적 이익에 의해 포위당했다. 공립학교와 대학이 민간 부문에 팔릴 수밖에 없는 현실을 알고 있다. 절실하게 필요한 전기 설비를 얻기 위해 강의실을 상업적인 후원 기관에 넘겨주고(채널 1과 같은 곳), 독점적 판매권과 유명 대학의 이름을 사용하는 조건으로 수백만 달러를 대학에 주기로 약속하는 기업과 상업적인 계약서를 쓴다. 교회 역시 영리 기관과 공생하면서 분열적이고 극단

---

[48] Boyte and Evans, *Free Spaces: The Sources of Democratic Change in America*, 19.

주의적이며 대중 선동적인 정치가의 도구로 전락한다. 이것은 성직자들 간, 그리고 신도 간의 세계보편주의적인 통합 및 의사소통과는 거리가 먼 것이다. 상업적 이익을 추구하며 민영화되고 있는 미디어는 공적 세계에 대한 정보의 창을 제공하는 것이 아니라 근거 없는 소문과 추문, 즉흥적인 의견을 팔아먹으며 산다.

특별히 협력적이고 호혜적인 정치(내가 내 것을 가지면, 당신은 당신의 것을 가질 수 있다)가 엘리트-대중 간의 수직적인 대화에서 나올 수는 있지만, 진정으로 공적인 목소리는 수평적인 대화를 통해서만 만들어진다. 그러므로 적절한 공간이 부족한 현실에서 시민 포럼은 나름의 지리적 공간을 창조해내야 한다.

상상력 상상력이 없다면 공적 목소리의 시민성은 존재할 수가 없다. 그것은 능동적인 시민임을 보여주는 가장 중요하고 유일한 상징이다. 타인의 필요와 욕구가 자신의 것과 비슷하다고 상상할 수 있다면, 확대된 공동체의 복지가 사적 이익을 증진하기 위한 조건으로 인식될 수 있다면, 개인적 이익이 타인의 이익을 포용하면서 발전하고 확장될 수 있다. 상상력이 없다면 인간은 편견에서 벗어나지 못한다. 피부색이나 종교를 넘어

서서 외모는 달라도 본질은 같은 존재의 영혼을 바라볼 수 없다면 사람이 무슨 의미가 있는가? 공적인 목소리는 이타주의의 행위가 아니라 상상을 통해 공동 이익으로 재구성된 자기 이익의 산물로, 다른 사람의 이익을 인식하고 타인과 공감대를 형성할 수 있는 사적인 자아를 구성하는 요소다. 흄이나 루소 등 다양한 이론가들이 상상력과 공감을 인류가 터득한 사회적 기술의 핵심이라고 생각한 것은 우연이 아닌 것이다.

권한 행사 공적 대화는 힘을 발휘할 수 있다. 시민성이 권한을 행사한다. 시민적인 대화는 공유되는 대화이자 공유되는 행위의 기반이고, 대화자는 실천하는 자로 전환된다. 권리는 소극적인 사유를 보장해준다. 그러나 권리는 다른 사람을 대상으로 주장되므로 혼자 된다는 것을 의미한다. 권리가 자유방임적으로 행사될 경우, 그들은 상대에게 행동하지 말 것을 명령할 수 있다. 다른 한편, 책임감은 타인과 우리를 연결해주고 활동하게 만든다. 만일 잭과 질이 엘로이즈(Heloïse, 1101(?)~1164, 프랑스의 수녀로 아벨라르의 제자이자 애인)와 피에르 아벨라르(Peter Abelard, 1079~1142, 프랑스 철학자)에게 책임감을 느낀다면, 잭과 질은 그들과 공감할 뿐만 아니라 그들을 위해 무엇인가를 해야 한다(여기서 저자는 잭과 질, 엘로이즈와 아벨라르라고 하는 역사와 영화의 주인공 이름을 예로 들어 상징적으로 설명하고 있다―옮긴이). 행동하지 않고 그 결과에 대해서도 예견할 수 없는 대화는 놀이에 불과하거나 시간 때우기나 지적인 연습에 불과할 뿐이다. 방송의 토크쇼는 실제로 어떠한 논리에도 맞지 않기 때문에 그 쇼에 등장하는 미사여구는 분노와 과장을 불러일으킬 수 있다. 쇼에서는 구체적으로 아무것도 논의되지 않는다. 대화는 공동의 작업과 행동의 원칙에 도달하는 것을 목표로 하지만 극단으로 가는 것은 피하려고 한다. 온건성을 추구하려는 전제가 명확하다면, 대화하는 사람은 갈등을 해결하기 위해 서로 협력하면서 문제를 풀고 공동의 목적을 보호할 수 있다. 그리고 시민적 대화는 임시적이므로(이미 살펴보았듯, 이것이 그 장점 중 하나다), 시민의 행동은 잠시 논쟁이 중지되고 휴식을 취하는 그 순간 이루어질 수 있다. 바로 이때 결정적인 행동이 가능해진다. 그러므로 공적 대화에서 '공적인 것'은 행동의 결과에서 나타난다. 이러한 특성은 사적인 대화와 매우 큰 차이를 보인다. 사적인 대화에서는 공적인 결과로 나타나는 것이 아무것도 없기 때문에(그런 결과를 낳는 경우가 있다고 해도), 공통적인 것은 아무것도 없고 각자의 주장만이 끊임없이 펼쳐진다. 진정한 공적 대화는 공적 행동으로 이어지기 때문에 그러한 결정에 도달하지 못할 경우에도(이 경우는 결정에 도달하지 못한다) 나름대로 공적 결과를 초래하는 행동이 될 수 있다.

근본적으로 시민적 대화는 행동을 함축하고 있는 특성으로 인해 공적 대화에서 풀기 어려운 딜레마를 불러일으킨다. 사람들이 이러한 시민성 모델의 강점을 이해하고 있는 경우에도 왜 공적 대화는 좀 더 일반화되지 못할까? 현실에서 미디어의 대화는 행동과 유리되어 있고 그 무책임성 때문에 무시민성을 양산해낸다. 물론 언론인들은 그렇지 않다고 강변한다. 이제 뉴스는 오락이고 코미디일 뿐이지, 자유사회에 필수 불가결하지 않다. 언론인들은 신문보다는 광고를 팔고 뉴스보다는 스포츠 중계에 주력한다. 러시 림보(Rush Limbaugh)가 클린턴 대통령이 살인죄를 저질렀다는 익명의 정보를 인용한 것은 짧은 삽입 광고의 방송 가격을 책정하는 기준이 되는 시청률을 폭발적으로 올리기 위한 헛소리에 불과했다. 그러나 살인죄를 기소하는 대배심원에게는 전혀 다른 문제다. 탄핵 시도는 미국 의회가 할 수 있는 가장 중대한 사안이다. 그런데 대통령의 부적절한 행동과 배신을 고발하는 라디오 방송은 그저 청취자의 관심을 붙잡

아두기 위한 수단으로 전락할 뿐이다.

  행동을 유발할 수 있는 대화―정치에 관한 뉴스―는 고도의 책임감을 가져야 한다. 정치와 마찬가지로 결과에 영향을 미치기 때문이다. 시민성은 예의나 교양하고만 연관되는 것이 아니다. 그것은 책임의 문제다. 왜 불복종이 시민적일 수 있는지 보여주는 이유가 되기도 한다. 공적 대화는 시민사회 권력의 특별한 형태다. 공동의 행위를 위한 어젠다를 형성하고 공동체의 목표를 추구할 수 있는 언어를 제시해준다. 또한 공적 대화를 통해 무책임한 정부를 탄핵하고 목표 달성 실패에 대한 책임을 묻기도 한다. 그러므로 공적 대화가 권한을 갖는지의 문제는 대화가 공적인지 여부를 결정하는 시험대가 된다. 이것은 대화가 시민적인지 여부가 그 대화의 책임감 여부를 결정하는 가장 중요한 기준이 되는 것과 마찬가지다. 시민성은 이성을 바탕으로 무자비한 폭력에 대응한다. 시민성을 통해 민주주의(이성의 정치)와 폭정(폭력의 정치)을 구분할 수 있다. 비시민성은 무례한 정치적 담론을 가리키는 말이 아니라 정치적 폭력이 격식만 갖추고 있음을 의미한다. 시민사회의 이성을 존중하는 진정한 시민 미디어를 육성할 때, 정치는 갈등이 없는 상태가 되는 것이 아니라 책임 있고 이성적인 권한을 행사하는 것이 된다.

시민이 내는 공공의 목소리는 정부의 공식적이고 단일한 목소리와 다른 방식으로 표출된다. 또 사적 영역의 다양하고 특수한 이해관계를 둘러싸고 빈번히 발생하는 비시민적 대화 등에 집착하는 태도와는 전혀 다른 방식으로 변화한다. 이런 분명한 차이에도 불구하고, 공통의 습관 또는 적대감이 존재하고 책임감이나 이질적인 사익 추구 욕망에도 불구하고, 타인의 이해관계를 인정해주는 특징이 있는 한, 시민적인 공공의 대화는 정치의 방향 및 노선과 연결되어 있을 뿐만 아니라 정치의 본질 자체와도 분리할 수 없다.

지금까지 제시한 아홉 가지 시민적 대화의 특징은 분명히 규범적이다. 그러므로 제도가 이런 특징을 의도적으로 양성할 때만, 그리고 시민이 정치에 일관적으로 접근할 때만 비로소 현실적으로 실현될 수 있다. 우리는 정치로부터 빵만 원하는지, 서커스를 원하는지, 경주를 원하는지, 아니면 시민적 자치 정부와 궁극적인 민주주의를 실현해줄-아마 재미는 별로 없겠지만-역할을 원하는지 결정해야 한다.

이 지점에서 민주주의적 시민사회의 요소가 제기하는 실질적인 도전에 부딪힌다. 우리는 이미 명목적으로 현재의 정치체제에 속해 있지만 시민사회의 매개적 공간을 차지하기 위해 자신을 재배치(아마도 재규정)할 필요가 있을 것이다. 그러나 대개 시민의 조직이 진정한 공적 목소리를 낼 수 있도록 해주는 제도는 여전히 건설 중이다. 이러한 제도의 적은 현 체제에 대한 불충분한 이해에서 나타날 뿐만 아니라 현 체제가 유발하는 모든 감미로운 유혹을 통해서 만들어진다. 우리는 실제로 저질적이고 부정적인 광고에 친근감을 느끼고 있지 않은가! 또 비난받아 마땅한 비시민성의 알약을 스스로 집어먹는 것은 아닌가! 이것이 바로 우리의 패러독스다. 시민사회를 건설하기 위해서는 시민성이 필요하다. 문제는 시민성이 시민사회만이 창조할 수 있는 행동, 태도, 제도를 바탕으로 자라난다는 점이다.

또한 시민사회의 재건은 우리 사회에서 노동의 위상과도 긴밀하게 연관되어 있다. 이미 시민사회와 사적 시장을 얼마나 쉽게 혼동하는지 살펴보았다. 우리 시대 노동의 위상에 대한 도전은 ― 그리고 인간의 노동이 기계와 전기로 점차 대체되는 현실은 ― 우리 자신에 대한 도전인 동시에 시민사회에 새로운 기회를 몰고 왔다. 다음 세기쯤 '노동 이후'의 시대로 진입한다면 지금까지 논의한 민주주의, 시민성, 시민사회에 관한 주장이 매우 결정적인 영향을 미칠 가능성이 높아질 것이다.

05

시간, 일, 여가의 재구성

: 시민사회는 민주주의를 위해 무엇을 해야 하는가

시간은 매우 희소한 자원이다. 이를 두고 노동, 여가, 시민사회가 서로 경쟁하고 있다. 직장 생활을 하면서 짬짬이 여가 시간을 갖는 현실에서 시민사회가 요구하는 시민적이고 자발적인 다양한 활동까지 하기에는 시간이 너무 부족하다고 우리는 늘 불평한다. 어떤 사람들은 아주 부담스러운 두세 가지 직업을 동시에 가진 상황에도 사회적 보람을 얻기 위해 일에 몰두하지만, 현실적으로 그렇게 사는 일은 가능하지 않다. 한편 사회적인 책임감이 각별한 사람들조차 오늘날 정치와 관련된 활동(투표, 배심원 역할, 납세 등)은 상당한 양의 공적 업무를 필요로 하므로 시간이 허락하는 범위를 넘어선다는 사실을 강조하는 실정이다. 여기서 시민사회의 약속을 방해하는 동시에 강화할 수도 있는 몇 가지 역설에 부딪힌다.

첫 번째 역설은 노동윤리를 복지개혁 정치의 핵심 가치로 외치면서 우리가 노동 이데올로기를 재강조하는 바로 그 순간,

노동윤리를 실천할 노동의 기회는 사라진다는 직업 환경의 경제적 현실이다. 어쩌면 실업률은 줄어들고 있을지도 모른다. 그러나 그럴듯한 고용 전망이 실질 고용을 앞지르고, 직업을 유지하는 것이 경력을 쌓는 일보다 중요해지고, 정규직보다는 하청이나 자문(컨설턴트) 업무가 더 늘고 있다. 이렇게 교묘한 비고용과 일자리 축소 등으로 인해 '완전 고용' 상태에 있는 노동력이 경제를 추동하는 유일한 힘이다. 현실적으로 노동자와 그 가족은 늘 불안한 직종에 종사하거나 연금 혜택도 받지 못하고 두 개 이상의 직업을 동시에 가져야 하는 낯설고 유동적인 취업 현장에 내몰리지 않기 위해 열심히 싸우고 있다. 한 가지 예를 들어보자. 대학은 정년보장 교수가 은퇴하면 이득을 본다. 건강보험과 퇴직연금 혜택까지 합쳐서 계산해보면 교수는 1년에 네 과목을 가르치면서 15만 달러가량을 받는다. 이에 비해 박사과정 대학원생이나 박사학위 소지자 강사에게는 1년에 과목당 2,500달러를 지급하므로, 네 과목을 가르치면 1만 달러만 지불하면 된다(저자는 미국 대학을 예로 들었는데, 구체적인 수업 시간과 임금은 다르지만 한국 대학도 구조는 흡사하다 — 옮긴이). 물가가 오르는 경기 회복기가 되면 강사들은 생계를 유지하기 위해 다른 학교에서 강의를 두세 개 더 얻어야 한다. 평생 시간강사로 일해야 할지도 모르고, 학교 외의 다른 기관에서도 가르쳐야 한다. 좋은 대우를 받는 종신직 '동료' 교수에 비해 서너 배의 강의 부담을 지면서도 건강보험이나 연금 혜택을 받지 못한다. 시간강사는 정년을 보장받지 못하고, 집도 없고, 동료들과의 네트워크도 없다. 강의에 대한 열정도 없고, 자신이 가르치는 학생들(학생들 역시 매 학기 교체된다)과 아무 관계도 맺지 못한 채 학계에서 '경력'을 쌓아간다. 그러나 시간강사들은 여전히 '고용되어' 있을 것이고 전문 직업인이지만 단발적으로 고용되므로 두 개 이상의 '직업'에 종사할 수밖에 없다. 노동부 통계에 의하면, 시간제 직업은 매년 완전 고용 경제의 성장을 보여주는 사례로 집계된다.

물론 고용주들은 노동 배치의 새로운 유연화를 추구할 뿐이라고 주장할 것이다. 활발한 활동을 벌이고 있는 노동자 옹호 단체 회장인 사라 호로위츠(Sara Horowitz)는 "그러나 현실적으로 이러한 유연성이 의미하는 바는 사람들이 점차 아무 혜택도 따르지 않는 노동에 종사한다는 사실"이라고 지적한다.[49] 노동

---

49 Steven Greenhouse, "Item in Tax Bill Poses Threat to Job benefits," *The New York Times*, July 20, 1997, p.18에서 인용. 회사를 "재구조화"하는 데 능숙한 규격화된 기업들은 피고용인들을 "자문역", "독립적인 계약자" 등으로 재규정하고 있다. 이를 통해 기업은 연금, 건강보험을 비롯한 여러 가지 전통적인 혜택을 제공하지 않는다. 노동자들에게 고임금을 받는 것이 좋은지, 아니면 고임금보다는 혜택을 보장받는 것이 더 나은지 질문해본 결과, 응답자 중 62%가 임금 인상보다는 혜택이 유지되는 것이 좋다고 답변했다.

자들은 의료보험이 없는 것은 물론이고 20세기의 성과로 평가받는 중요한 노동 관련법 - 예를 들면, 연금, 최저임금제, 직업 안정, 실업보험, 나이 차별 철폐 등등 - 의 보호도 받지 못한 채 일한다. 시간제 노동자의 절반 정도가 더 오랜 시간 일하기를 원한다. 말하자면, 자발적인 시간제 노동자보다는 어쩔 수 없이 시간제 노동에 종사하는 사람들이 훨씬 많은 것이다.[50]

피고용자들 사이에서 부익부빈익빈 현상이 날로 증가하고 있다. 지나치게 임금을 많이 받는 소수와, 힘들게 일하지만 고용 안정을 보장받지 못하는 다수의 노동자 사이에 있는 엄청난 차이는 새로운 경제적 현실을 상징적으로 보여준다. 윌리엄 윌슨(William Julius Wilson) 등의 사회학자는 빈곤과 도시의 붕괴는 도시 중심의 직업이 사라진 결과라고 분석했고, 한편 제레미 리프킨 등의 경제학자는 현재 우리가 알고 있는 직업이 조만간 사라질 것이며, "노동이 필요 없는 정보사회"로 고통스럽게 이행할 것이라고 예측하고 있다.[51] 제조업체와 서비스 기업은 점차 규모가 줄어들 것이고 생산성 증가에 대한 전통적인 대응 -

---

[50] Robert Kuttner, "Take the High Road on Labor", *The Berkshire Eagle*, Aug. 10, 1997, p. A9. 커트너에 의하면 인력파견회사인 Manpower, INC.가 오늘날 미국에서 가장 큰 고용주다. Chris Tilly, *Half a Job*도 참조.
[51] William Julius Wilson, *When Work Disappears: The World of the New Urban Poor*(1996); Jeremy Rifkin, The End of Work(1995), p.59.

예를 들면, 새로운 산업이나 지속적인 경제 성장에 의해 농촌 실업이 상쇄되었던 것처럼, 새로운 경제 영역이 생겨나는 현상—역시 한계에 다다랐다. 매우 전문화되고 자동화된 새로운 정보기술은 농업, 산업, 서비스 영역에 고용되었던 거대한 노동군을 더 이상 필요로 하지 않는다. "노동보다 '기하급수적으로 몇 배 더한 생산력'을 보여주는" 컴퓨터에 의한 새로운 "생산 체제"에서 "기술 변화—노동 배치—의 핵심 요소는 경제 성장의 영향을 받지 않는다."[52]

바로 이러한 측면에서 반(反)정부, 반(反)복지 이데올로기는 노동문제야말로 빈곤 및 복지 문제의 해결책 중에서 가장 핵심적으로 추진되어야 한다고 주장한다. 가장 진보적인 개혁파들조차도 "미국 내에서 미국인을 위해 좋은 직업을 창출"하라는 적극적인 요구(흔히 보호무역주의자들의 입장이다)를 하는 동시에 기업의 축소와 작업장의 해외 이전에 반대하고 있다.[53] 언론인 토머스 프리드먼(Thomas Friedman)이 "오늘날 상당량의 직종 폐

---

[52] Stanley Aronowitz and William DiFazio, *The Jobless Future; Sci-Tech and the Dogma of Work*(1994), p.21. "사회적 임금의 축소와 실업의 분위기 속에서 그저 그런 신통치 않은 임금을 받는 시간제 직종이 완벽한 완전 고용을 대신하는 것은 만성적인 과잉 생산과 과소 소비를 피하려는 경제 체제의 능력을 왜곡시키는 경향이 있다. 이것은 또한 William Greider가 그의 책 *One World, Ready or not*(1997)에서 설명한 글로벌 경제에 대한 분석의 주제이기도 하다.

[53] Kenneth M. Dolbeare and Janette K. Hubble, *USA 2012: After the Middle Class Revolution*(1996), p.89.

지는 기술 변화와 탈규제에 의해 일어나고 있으며 29%만이 자유무역에 의해 발생한다"[54]라고 지적했는데도 불구하고, 앞의 주장이 힘을 얻는다. 미국에서 교도소 수용 인원 증가(현재 110만 명에 이르며, 이 숫자는 1980년에 비해 세 배나 증가했다)로 인해 일자리의 부족이 더욱 심각해지고 있다. 투옥 비용(1년에 250억 달러에 달한다)은 수감자에게 일을 시켜서 충당한다.[55] 이것은 범죄자가 선량한 시민들로부터 직업을 "훔쳐서" 감옥 안에서 경력을 쌓을 수 있도록 공인해주는 셈이다. 새로운 노동 복지(workfare, 한국에서는 이것을 '생산적 복지'라고 부른다—옮긴이) 프로그램 역시 경제적 사다리 가장 밑바닥에 있는 직종에 타격을 가하고 있다.

둘째, 많은 사람이 해고당하면서, 예전과 같은 수준의 임금을 받으면서도 전보다 더 많이 일해야 하고 심지어 휴가 비용도 받지 못하는 사람들이 이전보다 훨씬 더 미움을 많이 받는 역설이 빚어진다. 노동력 중 3분의 1 정도가 일주일에 45시간 이상 일한다. 몇 년 전만 하더라도 그 비율은 4분의 1 정도였다.[56] 일자리가 없는 사람들은 스스로 비참하게 생각하면서('여가 시간'을 가지고 있으면서도) 자원봉사 활동에 나선다. 그들이 강

---

54 Thomas L. Friedman, "Down With Chips!", *The New York Times*, Oct. 6, 1997.
55 "Need Work? Go to Jail", *U.S. News and World Report*, Dec. 9, 1996, p. 66.

요된 자유 시간을 분노, 비판, 낙담으로 지내는 것은 이해할 만하다. 우리를 지배하는 노동 문화로 인해 사람들은 창조적인 여가가 아닌 고용을 통해서만 안도감을 느낄 수 있다. 노동과 복지를 연계시키는 데 성공한 사람들은 "일이 없으면 하루 종일 우울했고 밤에도 잠을 잘 수가 없었다"라고 말한다. 이 사회가 새로운 일터에서의 활약에 박수를 쳐주기 때문에 "나는 이제야 아기처럼 잠들 수 있다"라며 기뻐하는 것이다.[57] 실업자가 게으름 때문에 잠을 못 잔다면, 이와는 반대로 직장에 다니는 사람은 정신없이 일해야 하기 때문에 시민사회가 요구하는 활동은 고사하고 가족이나 휴식을 위한 시간을 전혀 내지 못한

---

56 Princeton Survey Research Associates Poll, U.S.A. Today, Aug. 29, 1997, 표지 기사. 여론 조사에 의하면 1997년 노동력의 33%가 일주일에 45시간 이상 일한다고 응답했고 이는 6년 전 27%에 비해 상승한 것이다. 1991년 쇼(Schor)는 미국인이 1970년대에 비해 1990년대 들어 1년에 평균 163시간 이상(한 달 이상) 더 일하고 있음을 밝혀냈다(Juliet Schor, *The Overworked American*, 1991). 노동 시간이 증가하는 이유는 일에 대한 열정이 늘어서가 아니라 "머물 수 있는 적당한 장소를 찾아가기 위해 점점 더 빨리 달려야 하는 《이상한 나라의 앨리스》 같은 상황에 빠져 있는" 가족들 때문이다. Barry Bluestone and Stephen Rose, "Overworked and Underemployed", *in The American Prospect*, March/April, 1997, p.64.
앨리 러셀 호칠드(Arlie Russell Hochschild)는 목표를 이루기 위해 더 이상 열심히 일할 필요가 없는 사람들 중에 쉬는 것보다 일하는 것을 더 좋아하는 사람들이 존재하는 것은, 노동 문화가 가정이나 시민사회의 문화에 강한 영향을 미치고 있다는 사실을 보여준다. 한때나마 사람들이 가정이나 이웃에서 찾아볼 수 있었던 시민적, 사회적 가치를 노동 현장에서 찾으려 할 때 이제는 노동과 여가 가치가 완전히 합체되는 것이다. Hochschild, *The Time Bend: When Work Becomes Home and Home Becomes work*(1997). 참조

57 Don Terry, "Public Housing Program Opens Door to World of Work", *The New York Times*, Jan.6, 1997.

채 필사적으로 일에 매달린다. 그 결과 사회단체 활동에는 매년 회비 납부 실적만으로 조직의 '회원'임을 입증하려는 행태가 늘어나는 반면, 시간과 노력을 쏟아부어야 하는 조직 활동 참여는 줄어들고 있다.[58]

마지막 세 번째 역설은 시민사회의 자발적 측면에 내재한 모순에서 발생한다. 자원봉사 활동이 미국을 비롯한 여러 국가에서 점점 증대하는 반면, 특정한 유형의 수입, 동기, 자원봉사를 연관시키려는 뿌리 깊은 편견을 둘러싸고 논란이 계속되고 있다. 또한 노동을 수반하지 않는 복지 혜택 제공에 반대하는 이데올로기는 수당을 받거나 교육적 목적을 갖는 자원봉사를 비판한다(3장에서 언급했듯이, 이것이 클린턴 대통령이 제안했던, 전국적 서비스를 제공하는 기업의 교육 및 봉사 프로그램에 대한 대표적인 비판이다). 이러한 논리가 지적하는 윤리적 불균형이 의미하는 바

---

58 이것은 자발적 결사체의 회원에 관한 퍼트넘의 연구 결론이기도 하다. 그의 글 "Bowling Alone", "The Strange Disappearance of Civic America", *The American Prospect*, Winter 1996 참조. 자발주의의 쇠퇴를 과대평가했다고 퍼트넘을 비판하는 많은 학자는 소극적 활동 형태와 적극적 활동을 구분하지 않는다. 앤드루 그릴리(Andrew Greeley)는 미국에서 자원봉사가 1980년 이래 오히려 증가하고 있다고 주장하지만, 그 역시 그 수치가 종교적인 요소(자원봉사 활동의 기본 통로)와 관련해서만 그렇다는 점을 인정한다. 다른 나라와 비교해보면, 이미 미국은 선두를 놓쳤다. Andrew Greeley, "The Other Civic America: Religion and Social Capital", *The American Prospect*, May-June, 1997. 한편 시드니 버바(Sidney Verba)와 그의 동료들은 자원봉사 활동이 경제적인 편향성, 즉 가난한 사람들에 비해 부자들에게 편중되어 나타나는 경향이 있다고 지적한다. Sidney Verba, Kay L. Schlozman, and Henry E. Brady, "The Big Tilt: Participatory Inequality in America", *The American Prospect*, May~June, 1997.

는, 우리가 아무것도 주지 않고(말하자면, 노동이다!) 무엇인가를 얻고자 해서도(즉, 수당!) 안 되지만, 또한 무엇인가를 주었는데 아무것도 받을 수 없어도 안 된다는 것이다. 전통적인 산업이나 서비스 분야의 노동이 실종된 문제를, 자발적 봉사, 가사 활동, 그 밖의 공공 업무의 수행과 소득을 연관지어 해결하겠다고 시도하는 시점에서, 이러한 해결안의 부적절성을 비판하는 입장인 것이다.

이러한 패러독스는 노동과 소득의 본질에 관한 신념 및 노동과 인간 존엄성의 신념에서 발생한 것으로 1,000년이 넘는 역사를 지닌다. 사실상 이러한 신념은 아주 가까이 있는 해결책과는 동떨어진 문화와 관습을 만들어낸다. 경제는 21세기로 접어들었는데, 가치는 19세기에 정지한 문화지체 현상이 나타나고 있는 것이다. 시민사회의 재활성화는 경제적 변화에 의해 가능하지만 문화지체 현상으로 인해 위기에 직면해 있다.

물론 항상 그런 것은 아니다. 역사의 흐름을 보면 마치 신의 섭리와도 같은 조화를 통해 임금노동은 인간 생존에 필요한 소득 및 경제 번영에 필요한 생산성을 동시에 제공해주었다. 말하자면 문명에서 노동은 인간 삶의 의미, 존엄성, 사회적 지위를 가져왔다. 경제의 건전성이 민주주의 성장에 영향을 미치는 것은 물론이고 그 조건도 되기 때문에 노동은 자유로운 사회의 가치를 지탱해주는 근간으로 인식되었다. 이러한 연관성은 근면, 검소, 노동을 강조하는 프로테스탄트의 엄격한 윤리와, 자본주의적 민주주의 발전 간의 고전적인 관계에서도 분명히 나타난다.

그러나 역사에서 불가항력적인 경제 법칙으로 나타난 현상은 사실 우연의 결과라고 할 만하다. 개별 노동자의 소득과 전체 사회의 생산력이라는 두 역사적인 성취물 간의 조화는 강력한 도덕적 논리를 반영한다. 만일 인간이 먹어야 산다면 일해야 한다는 것이다. 도덕적 논리는 경제적 필요에 부응하기 위해 발전했고 경제적 필요란 상황에 따라 바뀐다. 말하자면 제한된 생산성은 비효율이 낳은 우연한 결과이고, 동물적 노력으로서의 노동이 초래한 산물이다. 소비와 생산은 임금 관계로 연관되지만, 소비하고 생산하는 조건은 그렇지 않다. 사람들은 구매력을 유지하기 위해 임금을 필요로 하므로 시장사회에서 소비는 임금에 의존한다. 그러나 생산성을 유지하기 위해 임금 소득자가 반드시 필요한 것은 아니다. 결국 에덴동산의 신화는 노동 없는 번영과 고통 없는 출산을 의미한다. 생산성의 증대가 신화적 상상력을 맘껏 펼칠 수 있는 미래의 에덴동산에 대한 낙관적 전망을 토대로, 마르크스와 엥겔스, 그 후계자들로 이어진 경제적 유토피아에 대한 충동이 계속해서 힘을 얻었던 것이다. 프리드리히 엥겔스는 경제적 속박의 종식에 관해 다음과 같이 상상력을 펼쳤다.

> 무정부적인 사회적 생산은 체계적이고 명확한 조직에 의해 대체된다. 개인적 생존을 위한 투쟁은 사라진다. 처음으로 인간은 나머지 동물의 세계와 확연히 구분되고, 동물적인 생존 조건에서 벗어나 실제로 인간으로 등장한다. …… 이제 인간은 필요의 왕국에서 자유의 왕국으로 상승하는 것이다.[59]

유토피아를 지향하는 사람들은 꿈을 꾸지만 현실주의자들은 더 많이 일할 것만 꿈꾼다. 노동 생산성의 증대를 통해 생산과 소비가 분리되고 효율적인 기계가 등장하는 일이 역사적 현실로 실현되더라도 유토피아적이기보다는 파괴적일 가능성이 크다. 즉, 인간이 자연의 속박이나 지배자의 압제에서 벗어날 수 있는 시민문화의 확산이나 전 세계적 자유의 실현을 가능하

---

59 Frederick Engels, *Socilaism: Scientific and Utopian*, in Karl marx and Frederick Engels, Selected Works II(Moscow, 1965), pp.140~141.

게 하는 것이 아니라, 전 세계적으로 실업과 빈곤의 확산을 불러오는 전주곡이 될 것이다.[60] 언론인 윌리엄 그레이더(William Greider)는 스탠리 아로노비츠(Stanley Aronowitz)와 마찬가지로 "값싼 노동력과 비싼 기계"의 수렴 현상을 음울하게 예측하고 있다. 그에 의하면, 결국 재화의 지속적인 과잉 공급과 소비의 과소 공급이 나타날 것이다. "취업을 위한 입찰 경쟁"이 일어나 세계적 기업은 "전 세계적으로 임금을 밑바닥"까지 끌어내릴 것이고 "노동의 공급은 마르는 일 없이 늘 새롭게 넘쳐날 것이다."[61]

그레이더의 딜레마―지나친 효율성, '노동 거래'의 증대, 직종의 지속적 감소, 노동자의 수입 감소 및 소비에 필요한 현금 부족 현상, 더욱 심각한 노동의 과잉 공급 확대―를 따져보는 것이 쉬운 일은 아니다. 노동과 소득, 노동과 부 간의 외면적인 자연적 조화는 정치적·도덕적 체제가 노동의 핵심 규범을 중심으로 발전하고 있다는 사실을 의미했다. 노동은 우리의 가치 체계에 뿌리내리고 있으며 근대 초기부터 시민문화의 중심

---

60 노동의 꿈은 그럴듯한 표현이다. 최근에 일자리를 구한 전 복지연금 수령자에 의하면, "나는 다시 꿈을 꿀 수 있다. 매일 아침 일어나면 기분이 좋다. 일하러 갈 수 있다는 것이 행복하다." Don Terry, "Public Housing Program Opens Door to World of Work", *The New York Times*, Jan.6, 1997에서 인용.

61 William Greider, One World, *Ready or Not: The Manic Logic of Global Capitalism* (1997), pp.69~70 그 이하 참조.

을 차지하고 있었다. 청교도주의는 노동을 가치와 연결했다. 청교도들은 노동이 인간의 죄를 사면해주기 위한 신의 명령이라고 믿었기 때문이다. 존 로크의 자유주의에 의해 노동은 모든 가치의 중심에 놓였다. 그는 인간의 육체적 노력과 자연의 자비를 결합시켜 노동이 등장했다고 이해했으며, 노동이란 개인의 본질적 자아를 일상의 세계에 존재하는 비활성 물질에 투사시킨 것이라고 인식했다. 마르크스는 이것을 로크적인 "노동 가치 이론"으로 받아들였고 혁명의 합리적 근거로 전환했다. 인간이 임금을 벌기 위해 노동해야 한다면, 그들이 창조한 모든 것("잉여가치") 또는 모든 생산 비용을 제하고 나서 남은 이윤을 처분할 자격을 가져야 한다고 주장했다. 오늘날 현대 민주주의에서 노동은 사회적 지위, 인간적 존엄성, 수입, 공화주의적 가치, 사회의 모든 자원에 접근하는 데 필요한 핵심 열쇠로 기능한다. 주디스 슈클라(Judith Schklar)는 마지막 책(가장 독창적이다)이자 공적 가치에 대한 고전적인 개념을 담은 《미국의 시민의식(American Citizenship)》에서 시민의식과 정치(인간의 활동 중 주체적이며 가장 고귀한 형태)를 동일하게 취급하면서, "시민의식의 윤리적 기반으로 정착된 자아 지향적인 '소득'의 환상, 즉 경제적 자립의 환상" 때문에 시민의식이 미국에서 아주 빠르게 사라지

고 있다고 주장했다. 그녀의 지적에 의하면 "'돈을 벌어야만' 비로소 우리는 시민이 된다".[62]

오늘날 정치적·도덕적 체제를 형성하고 있는 관념적 기반은 다음과 같다. 책임 있는 인간은 노동하는 존재이고, 공동의 번영에 필수적인 재화―가족의 부양 및 번영에 기반이 되는―의 생산에 참여한다는 것이다. 결국 나이 때문에 은퇴를 강요받는 패러독스 때문에 정년퇴직이 행복한 자유가 되지 못하고 재난이 될 수밖에 없다. 이데올로기는 경제적 발전 속도를 따라잡을 수 없다. 진보주의자나 보수주의자 모두 도덕성과 시민권의 핵심 요소로서 노동에 집착한다. 제임스 카빌(James Carville) 같은 진보주의자조차 대중적 논쟁을 불러일으킨 《우리가 옳고, 그들은 틀렸다(We're Right, They're Wrong!)》에서 "노동 및 노동을 위한 훈련은 매우 중요한 가치다. 이것이 바로 우리나라를 세운 가치이기도 하다"라고 썼다.[63] 윌리엄 윌슨(William Julius Wilson)에 의하면, 빈민 지역의 가난과 절망의 원인은 인종주의의 발호나 가족의 붕괴가 아니고 노동의 실종이다. 경제적 민족주의자, 사회적 진보주의자, 급진적 평등주의자 모두에게 해결책은 직업, 직업, 더 많은 직업이다. 오래된 직업, 새로운 직업, 전통적

---

62 Judith N. Shklar, *American Citizenship: The Quest for Inclusion* (1991), p.67.
63 James Carville, *We're Right, They're Wrong!* (1995), p.xvii.

인 직업 등은 정규직, 시간제 일, 필수 직업, 실업자를 위해 인위적으로 만들어내는 일자리 등으로 재조정되어야 한다고 주장되고 있다.[64]

이렇게 보면 새로운 것은 아무것도 없다. 전통적 가치 체계의 틀에서 벗어나지 못한 채 현대의 진보주의는 정치적 해방과 보통선거권을 위해서가 아니라, 경제 정의, 직업, 공평하고 균형 잡힌 임금을 위해 항상 투쟁해왔다. 정치적 주장은 다르지만, 같은 맥락에서 현대의 보수주의도 여성과 남성 모두 정부로부터 어떤 혜택을 받든지 그 대가로 일상적인 노동에 참여해야 한다는 점을 힘주어 강조한다. 만일 공평하게 노동의 수당을 받으려면 그에 걸맞은 노동을 해야 한다. 특히 '임금'이 복지나 그 밖의 정부 연금의 형태를 취한다면 더욱 그렇다. 복지의 도덕적 내용은 노동 복지가 되어야 한다고 주장하는 것이다.

최근 정부가 지원하는 복지프로그램에 대한 반발이 거세다. (특히!) 10대의 미혼모(또는 부)가 '노동을 통한 소득' 없이도 아이를 키울 수 있을 정도의 돈을 정부로부터 지원받는 상황에 대한 반발이 확산되고 있다. '노동을 통한 소득'이란 노동의 대가를 의미한다. 그것은 가사, 양육, 시민의 자원봉사 활동도 아

---

64 William Julius Wilson, *When Work Disapperas: The World of the New Urban Poor* (1996).

니고 문화 활동이나 자유를 만끽하는 행위도, 여가를 위한 행위도 아니다. 사적 영역에서 노동에 대한 임금은 노동과 소득을 연결시키며 노동과 존엄성, 직업과 권력, 사회적 지위를 연관시키는 기능을 수행해왔다. 적절한 소득을 수반하지 않는 노동은 일종의 노예 상태, 즉 노예의 임금을 의미하며, 노동하지 않고 수입을 얻는 것 역시 또 다른 형태의 노예, 즉 복지에 대한 의존을 의미한다. 이러한 개념 규정은 노동의 도덕적 논리가 민주주의 체제에서 작동하는 방식을 말해준다. 이 논리는 민주주의 체제의 정당을 가상의 쌍둥이 역할을 하는 것으로 인식하는 관점과 연결된다. 정당은 한편으로는 소득을 '버는 수입'으로 확정하는 정책의 공식을 만드는 역할을 하고, 다른 한편으로는 수입을 노동에 연결하는 논리를 개발하는 역할을 담당한다. 여성이 아이와 함께 집에 머무는 것('가족의 중요성')을 더 지지하는— 다른 조건이 같다면—입장을 취하더라도, 국가가 복지 비용을 지불한다면 엄마들이 비용을 부담해야 하므로 그 혜택에 대한 '대가'를 지불하기 위해 양육 외에 무엇인가를 해야 한다고 믿는 사람들이 많다. 사적 영역에서 노동은 의무 조항이다. 이러한 도덕적 사고를 바탕으로 노동력이 생산성과 성장의 동력으로 작동함으로써 산업사회 경제 발전이 촉진되었다. 그러나 이 논리는 자동화, 로봇, 구조적 재조정을 통해 노동 없는 생산성, 직업 없는 번영을 추구하는 첨단 정보사회에서는 일종의 재앙이다.

이와 같이 겉으로 보기에 자연적인 균형 상태에서 노동과 생산성의 관계는 선진 산업사회의 윤리가 허용하는 것 이상으로 항상 우연적이고 변화무쌍하다. 어떤 사람들은 노동하고 또 어떤 사람들은 노동하지 않는 현실뿐만 아니라(노동 다양성의 현실이기도 하고, 분배적 정의의 문제이기도 하다), 노동으로 계산되는 것과 어떤 노동이 인정받을 수 있는가를 둘러싸고 늘 논쟁이 벌어진다. 그리스 사회에서 노동 그 자체는 단지 동물적 생존을 위한 것으로 규정되었고, 여가는 자유, 정치, 진정으로 '인간적인' 존재를 표현하기 위한 조건으로 여겨졌다. 노동은 동물이나 노예, (가사를 돌보는) 여성에게 배당되었고, 시민(남성)은 정치, 문화 등 공적 업무에 종사했다. 즉, 사적인 가정경제는 '일벌'에게 맡겨둠으로써 시민은 사적 영역으로부터의 자유를 향유했다. 시민들에게 친숙한 신은 여가가 창출한 신비한 존재였고, 올림피아산 포도밭에서 일하는 노동자가 아니었다. 요제프 피퍼(Josef Pieper)는 《여가: 문화의 토대(Leisure: The Basis of Culture)》 (1963)에서 "일하기 위해 태어난 인간에게 동정을 베풀고자" 신이 축제와 여가 시간을 선포해주었다. 그 결과 음악의 신과 더불어 "인간은 축제에 참여해서 자신을 풍요롭게 만들 수 있었고" 이를 통해 "다시 똑바로 서서 지탱할 힘을 얻었다"라고 회상한다.[65] 한나 아렌트 및 고전적 공화주의를 높이 평가하는 독일과 미국의 학자들이 노동하는 인간(homo laborans)과 배우, 예술가, 연출가 등의 제작자, 유희인(遊戱人, homo faber, homo ludens)을 항상 구분한다. 후자의 창조적이고 생산적 활동은 육체적 노동수단에 불과한 인간을 그 이상의 존재로 만드는 역할을 담당했다.[66] 아리스토텔레스의 관점에서 명상적 철학자로서의 인간은 최고의 가치를 지니는 존재이며 명상적 신이 즐기는 고귀한 여가를 추구하는 존재다.

고전적 공화주의의 시대가 지나면서 육체노동은 시민적 가치 체계로 통합되었고, 여가는 고전주의 시대와는 정반대로 게으름을 연상시키는 것이 되었다. 그러나 인본주의에 바탕으로

---

65 Joseph Pieper, *Leisure: The basis of Culture* (1963), p.19 플라톤의 구절을 쉽게 바꾸어 쓴 것이다. 최근 들어 노동과 경제를 다루는 문헌에서 오랫동안 무시된 이러한 주제는 서배스천 데 그래지어(Sebastian de Grazia)의 고전적 작품에서 매우 상세하게 검토되고 있다. *Time, Work, and Leisure* (1962) 참조.

66 Hannah Arendt, *The Human Condition* (1958) 참조. 아렌트의 복합적인 논의는 명상적인 삶보다는 능동적인 삶을 더 높게 평가하고 있다. 물론 행동은 명상에 근거를 두어야 한다. 아렌트가 몸을 통한 노동과 손노동 간의 "이상한" 구별을 통해 인식한 것에 의하면, 그녀 역시 육체노동자, 즉 노동하는 인간(homo laborans)보다는 창조자, 제작자(homo faber)를 선호한다. 또한 아렌트는 육체노동자로서의 근대 인간의 승리가 근대적 삶의 수많은 병폐와 연관되어 있다고 지적하고 있다.

둔 유토피아적인 고전주의 세계는 노동의 속박으로부터 자유를 추구하는 상징으로 여전히 생생하게 남아 있다. 생산의 역사는 노동 생산성 증대의 역사가 되었고, 처음에는 기계, 다음에는 전기, 그리고 디지털의 시대로 발전해온 기술에 의해 강화되었다. 효율성의 증대는 인간 노동에 대한 의존성이 불가피하게 감소하는 것을 의미했다. 황소가 사람의 일을 대신했지만, 수레바퀴는 황소의 효율성을 몇 배 증가시켰고 증기와 내연기관은 수레바퀴의 효율성을 배가했다. 효율성의 증진을 통해 산업은 인간 노동에 대한 의존도를 줄일 수 있었으며, 자유로의 여정에 새로운 발걸음을 내디딜 수 있었다. 고전적 민주주의는 노예제에 의존하여 소수에게만 여가를 향유할 수 있게 해주었다. 말하자면, 다수는 노예 상태에 있었고 그들을 지배하는 소수에게만 자유가 허용되었다. 고대의 자유는 불평등의 산물에 불과했지만, 이제 만인을 위한 자유의 약속이 가능해졌다. 이것은 인간 노동으로부터 생산성을 해방시킴으로써 실현되었다. 엥겔스는 "자유 왕국으로의 상승"이라고 표현했고, 니체는 자기 혁명적 인간의 영웅적 업적이라고 칭송했다.

오늘날 우리는 "노동의 종식"을 예측할 수 있고, 자동화에 의해 인간 노동의 필요성은 급격하게 변할 것이라는 사실을 누구도 부인할 수 없다. 한때 인간 존재의 자연적 속성으로 인식되었던 노동은 이제 극복할 수 있을 뿐 아니라 극복의 대상인 비효율성이 낳은 매우 우연적인 산물로 보인다. 100여 년 전만 해도 대부분의 미국인이 미국 내 동료 시민에게 공급할 식량을 생산하는 농장에서 노동을 했지만, 이제는 2%도 안 되는 인구가 모든 미국인과 미국 밖의 전 세계인들에게 식량을 제공한다. 미국인들이 먹을 식량은 미국 땅에서 농사를 지어야 한다고 생각하는 사람이나, 후손에게 물려줄 식량을 생산하는 땅은 스스로 경작해야 한다는 생각을 도덕적으로 강요하는 사람은 더 이상 없다.

산업경제는 한두 세기 동안 농업에 뒤처져 있었다. 그러나 자동화가 신전됨에 따라 산업사회의 구조적 재조정이 이루어지고, 사회구성원 중 일부만이 세계 인구 증가에 필요한 재화와 서비스의 생산을 담당할 것이다.[67] 비서, 은행원, 전화 교환원에 의존해서 살던 사람들이 현재 경험하고 있듯이 서비스 관련 직종조차도 자동화되고 있기 때문이다. 예측할 수 있는 것처럼,

---

67 리프킨은 서비스 경제 – 특히 회계사, 은행원, 변호사, 중개인 등 "새로운" 직업이 많이 나타나는 영역에서 화이트칼라가 제공하는 서비스 경제를 의미한다 – 도 자동화의 힘에 굴복할 것이라는 사실을 설득력 있게 보여준다. 결국 서비스업종도 농업이나 제조업과 같은 운명에 처할 것이라는 점을 강조한 것이다. ATT 등 첨단 정보 기업에서 일어나는 해고, 감원 등이 대표적인 사례다. (2025년 현재 AI 기술 등장으로 인한 서비스업종의 재편 현상을 덧붙여야 할 것이다 – 옮긴이)

리프킨이 노동의 종식이라고 부르는 상황을 초래한 현재의 경제적 추세가 경제적, 시민적 제도마저도 변화시킬 수 있어야 더 이상 문제가 없을 것이라는 점은 분명하다.

그러나 예전과 마찬가지로 여전히 사회적 지위가 노동의 공헌도에 따라 정해진다고 믿고 있다. 임금노동 제도를 통해 소비자로서의 여성과 남성의 수입은 생산 참여도와 직접적인 관련을 맺고 있다. 설사 생산이 그들의 존재를 필요로 하든 아니든 상관없다. 노동에 의해 규정되는 경제적 참여는 수입과 소비에 결정적인 요소일 뿐만 아니라 가장 가시적인 민주주의의 가치, 즉 사회적 지위, 권력, 존엄성에 영향을 미친다. 19세기의 가장 민중주의적인 진보주의자 유진 데브스(Eugene Debs)가 "정직한 노동으로 정직한 소득을 얻는 사람이야말로 귀족"이라고 단언할 수 있었던 것과 마찬가지로, 현대의 민중주의적 진보주의자 제임스 카빌 역시 이렇게 주장한다. "사랑과 신뢰를 제외하고 당신이 이 세상에 베풀 수 있는 가장 신성한 일은 노동이라고 진심으로 믿는다."[68] 같은 맥락에서 신자유주의자 미키 카우스(Micky Kaus)는 새로운 "시민적 자유주의"를 주창하고 있다.

---

68 카우스는 자신의 책에서 데브스를 인용했다. Micky Kaus, *The End of Equality* (New York, 1992), p.136. Carville, *Ibid*.

사실상 자유주의자들은 완전한 시민권의 전제조건으로서 노동을 상정한다. 노동윤리는 통합적, 평등주의적 문화의 토대로서 사회적 위상을 갖는다. 이러한 문화에서 가난한 사람들은 물론 부자도 얼마나 돈을 많이 버는가가 아니라, 그들이 거기에 비중을 두느냐의 여부에 따라 스스로를 판단한다.[69]

그러나 카우스의 논리가 지닌 문제는, 현대 경제에서 기계와 컴퓨터, 로봇에 의해 노동의 중요성이 이미 상당 부분 축소되고 있으며 노동은 '사람들의' 중요성을 평가하는 도구로서는 더 이상 필수적인 요소가 아니라는 점을 간파하지 못했다는 것이다. 이제는 더 이상 경제적 이유 때문이 아니라 노동을 신성시해야 하는 도덕적, 심리적 이유로 인해 "노동하는 존재의 중요성"이 남아 있는 것이다.

임금노동이 이렇게 신성시되면, 현대 경제가 이미 시작한 노동과 생산성을 분리하려는 시도는 신성모독죄나 광폭한 이단이 되고 기존의 정치적, 경제적, 도덕적 제도에 대해 도전하는 것이다. 점차 노동력의 상당 부분이 구경꾼으로 취급되는 경제

---

[69] Kaus, p.140.

고도성장 시대에 어떻게 대처할 것인가? 인구의 80%를 고용했다가 100년도 지나지 않아 이제는 2%만을 고용하는 농업경제에서 벌어진 상황이 오늘날 산업경제에서 일어나고 있는 상황 그 자체다. 그리고 곧이어 서비스 부문에서도 일어날 일이다. 제레미 리프킨에 의하면, "기계가 노동자를 완전히 대체하는 직종이 생겨남으로써 해당 국가는 사회 과정에서 인간의 역할에 대해 다시 생각할 수밖에 없다. 공식적인 대량 고용이 더 이상 존재하지 않는 사회에서 수백만 명에 대한 기회와 책임을 재규정하는 일은 앞으로 다가올 시대가 직면할 가장 어려운 사회적 문제가 될 것이다."[70] 노동을 신성시하는 전통적인 논리에서 볼 때, 새롭게 강요되는 여가는 이단처럼 보인다. 리프킨 등의 경제학자들에 의해 제안된 "기술적" 해결책이 "생계 유지를 위해 직접 돈을 벌지" 않아도 생계를 꾸려갈 수 있는 사람들이 "특권을 누리거나" 인간의 게으름을 멸시하는 내용을 담고 있다면 그 방안이 성공하기는 어려울 것이다.

생계를 위해 일하는 사람이든 아니든 전 사회구성원에게 노동에 의해 창출되지 않은 생산성의 과실을 배분하기 위한 새로운 방법을 찾아내야 한다. 그렇지 않으면 많은 시민들이 경

---

[70] Rifkin, p.xv.

제적, 사회적 의미에서(낮은 수입과 낮은 지위에 처한) 점점 가난한 사람들이 될 것이다. 이론적으로 광범위한 노동력 없이 유지될 수 있는 체제는 그들로 인한 정치 불안 때문에 흔들리거나 결국 파괴될 것이다. 새로운 형태의 계급 전쟁이 일어날 것이고, 가장 역설적인 사태는 노동 없는 세상에서 모든 재화를 살 수 있을 만큼 충분한 돈을 버는 소비자가 없을 것이라는 점이다. 이러한 체제는 경제적 부적합성 때문이 아니라 지나치게 딱 맞아떨어지기 때문에 실패하고 말 것이다. 노동의 실질적인 투입 없이 효율적으로나 생산적으로 잘 돌아가는 경제 체제의 능력이 문제가 된다. 그러나 이러한 체제가 실패할 경우 이를 극복하기 위한 유일한 수단은 맬더스적인 방법이 될 것이다. 말하자면, 기아, 불평등, 내란, 전쟁 등의 대재앙이 인구를 감소시키고 궁극적으로는 새로운 직업을 창출하면서 기존의 모든 경제적 수단을 파괴해버린다. 그러나 우리가 알고 있듯이 지난 5,000년 동안 일어났던 문명의 몰락이 규모를 제대로 축소하기 위한 효율적인 방법으로는 보이지 않는다. 상황이 이렇다면 과연 우리는 대안이 있는가?

다섯 사람 중 겨우 한두 사람 혹은 단 한 사람만이 사회구성원의 필요를 충족시킬 만큼 재화를 생산하는 세상을 상상해보

자. 여전히 일자리를 차지하고 있는 소수가 올리는 엄청난 생산성을 통해 나머지 사람들, 즉 실업자와 월급을 받지 못하는 사람이 어떻게 혜택을 받을 것인가? (물론 그러한 소수란 대부분 지식 노동자를 의미한다. 로버트 라이시(Robert Reich)는 이들을 '상징적인 분석 노동자'라고 지칭한다.) 오늘날 전문가와 주식 소유자가 효율성 증대에 주된 역할을 담당한다는 평가가 일반적이며, 노동자들은 규모의 축소로 고통을 겪는다. 그러므로 대다수 노동자들은 다음과 같은 의문을 제기할 수밖에 없다. 이미 불필요한 존재가 되어버린 노동자가 사회에서 지위를 얻는 것이 무슨 의미가 있는가? 사회가 무료로 노동자에게 줄 수 있는 생계비를 직접 '버는 것'이 무슨 의미가 있는가? 효율성을 창출하는 데 노동자들이 한때 일정한 역할을 담당했지만 이제는 그들을 쓸모없는 존재로 전락시켜버린 효율성을 공유하는 것이 무슨 의미가 있는가? 게으름이나 낙담 없이 여가 시간을 갖는 것은 무슨 의미가 있는가? 효율적인 경제 분배 시스템을 통해 결국 모든 사람이 노동 여부에 관계없이 사용할 수 있게 될 재화에 대한 독립성과 가치를 느끼는 것은 무슨 의미가 있는가?

우리 시대의 복지 혜택 수령자의 삶을 휘젓고 있는 의존적 증후군을 보면, 여전히 노동을 통해 가장 중요한 가치를 인정받는 세상에서 직업 없이 살아가는 일이 얼마나 황폐하고 무의미한 일인지 잘 나타난다. 실제로 지난 몇십 년 동안 부분적으로는 사회적 지위와 인간적 존엄성을 쟁취하려 발버둥쳤던 중간계급 여성들이 임금노동으로 내몰린 현상을 보면, 사적 영역 주변부에서 노동 없는 직업에 종사하는 일이 얼마나 비참한지 적나라하게 드러난다. 이것은 역설적으로 사적 시장에서의 노동이 경제적으로 과다해진 그 순간에 오히려 공적 노동의 유형-공동체를 위한 서비스, 자녀 양육, 시민적·문화적 노력, 여흥을 위한 작업 등-이 더욱 필요해지면서 일어난 일이다.

"각자 능력에 따라 일하고, 필요에 의해 가져간다"라는 것은 19세기 급진주의자들의 주장이었다. 그러나 하는 일도 없고 기여하는 바가 아무것도 없는데도, 대부분'에게서' 더욱 많은 '필요'가 계속 발생한다면 도대체 어떻게 될까? 다음과 같은 주장은 얼마나 급진적인가? "우리 모두의 필요가 충족되고도 그 대가로 각자가 해야 할 일은 전혀 없다!" 이것은 또 얼마나 도덕적으로 파괴적인가! 노력 없이 얻는다? 이마에 땀 한 방울도 흘리지 않고 얻는다? 과연 에덴동산이 다시 온다는 말인가? 이러한 의문에서 나타나듯이 노동과 생산성의 분리는 그에 적합한, 특별하고 역설적인 도덕적 공식의 필요성을 제기하고 있다.

노동의 가치를 계속 유지해야 하는 경제의 기술적 조정 과정에는 잠정적 해결책이 분명히 있을 것이다. 전 세계적 인구 통제가 실제로 인구 감소에 성공적이었던 것처럼 전 세계적인 노동의 과잉 공급 역시 줄어들 것이다(극소수의 잠재적 소비자를 희생시키는 식이 될 테지만). 잠정적인 구조조정이 이미 유럽에서 실험 중이다. 생산성 증대로 일자리 수가 줄어들면서 남아 있는 직업의 분할이 이루어지고 형평성을 고려하면서 재조정되고 있다.

프랑스의 조스팽 사회주의 정부는 2000년까지 모든 프랑스 노동자가 임금 감소 없이 일주일에 35시간씩 일하도록 하는 법을 도입했다. 이러한 조치를 통해 더 많은 일자리가 만들어질지를 두고 이론적 논쟁이 전개되었다. 조스팽은 일종의 보장책으로 70만 개에 달하는 새로운 일자리를 만들어내겠다고 제안했다. 그중 절반은 시민사회의 영역에서(정부가 그 비용의 80%를, 민간 영역이 20%를 담당한다) 창출되는데, 이러한 혁신을 통해 임금을 받을 가치가 있는 노동으로서의 '공공 노동'의 이념에 공식적인 지위가 부여될 것이다. 정부는 파업 압력을 감수하면서 트럭 운전사의 조기 퇴직도 법제화했다. 조기 퇴직은 노동자를 시장 밖으로 나가게 하여 젊은이에게 일할 자리를 만들어주는 효과가 있지만, 이미 과부담 상태에 빠진 사회보장 체제에는 무거운 짐을 지우는 것이기도 하다. 실제로 프랑스 총리가 궁극적으로 직면할 것은 이러한 야심만만한 혁신의 비용을 어떻게 감당할 것인가 하는 문제다. 특히 35시간 노동과 조기 퇴직을 통한 일자리 창출이 가져올 효과가 감원 문제를 상쇄시킬 수 있는가가 관건이다. 조스팽 경제 계획의 의의는 고용, 공공 영역에서의 노동, 여가 문제 등이 더 이상 사기업의 생산성 및 이윤 창출과만 연관된 문제가 아니라 정부의 책임하에 있다는 사실을 서방 세계 최초로 인정한 것이다.

유럽의 다른 지역에서도 국가와 사적 영역 모두 노동시장의 위기를 기술적으로 해결하기 위해 노력하고 있다. 독일의 자동차 회사(예를 들면, 폭스바겐이나 BMW 등)는 노동조합의 동의하에 노동 일수를 줄여 주당 노동시간을 30시간 이하로 만들었다.[71] 실업의 공포로 인해 오스트리아, 독일, 스위스 등에서 외국인 혐오증이 증대하고 있다. 외국인 노동자가 국내 노동자들이 전통적으로 기피하던 일을 하고 있는데도 말이다. 20년 전까지만 해도 직종은 그럴듯하게 분담되었다. 여성과 남성은 가족의 생계를 위해 반나절 근무만 해도 되었고, 직장은 물론 가정을

---

[71] 리프킨은 그러한 기술적 해결책을 명쾌하게 검토하고 있지만, 그러한 해결책에 강력하게 저항하는 도덕적, 문화적 편향에 대해서는 주의를 기울이지 않은 것이 아쉽다.

돌보는 일을 병행할 수 있었다. 이것이 바로 베티 프리단(Betty Friedan) 등이 주장하는 이상이기도 하다.[72]

클린턴 행정부에서는 전 노동부 장관 라이시가 주도한 직업 재훈련과 다중 경력 쌓기를 위한 교육이 실행되었다. 그 프로그램의 진정한 논리적 전제는 직업의 해외 유출이 문제이지, 전 세계적으로 직업의 수가 감소하는 것이 문제는 아니라는 점이다. 오늘날 미국의 실업률이 놀라울 정도로 낮다는 점은 분명히 사실이다. 그러나 일부 사람들이 주장하듯이 "노동의 쇠퇴"는 환상이며, 재화의 생산과 시장의 경제적 변화가 낳는 단기 효과에 불과할 것이다. 역사의 급격한 변화는 19세기 말 수백만의 농업 노동자를 들판에서 쫓아내 새롭게 포장해서는 단 몇십 년 만에 산업도시에서 새롭게 성공을 거두게끔 만들었다. 그러나 오늘날 그와 같은 새로운 경제적 부문이 무한정 생겨나지 않는다. 대부분의 고용 정체 현상을 흡수해준 서비스 영역에서 '사람'을 필요로 하던 일이 자동화의 대상이 되고 있다. 어느 경우이든 새로운 직업 중 상당수는 비정규직이거나 임금 수준이 형편없다. 또한 제조업의 완전 고용직이 누리는 전통적인 혜택을 받지 못하고 있다. 더구나 예전에는 하나의 직업만으로도 감당

---

72 *Liberating Feminism* (1976).

할 수 있었던 생계를 책임지기 위해 가족 구성원이 두 개 이상의 직업을 가져야 하는 경제에서 그런 일은 별 의미가 없다.

평생 한 직장을 다닐 수 있는 가능성보다는 "평생 취업할 수 있는 가능성"에 주목하는 것은 정보 산업이 지배하는 경제에서 노동 한계성의 증대를 은폐할 수 있는 한 가지 방법이다. 경제 호황이나 끝없는 직업의 연결 고리에 대해 논의해봐야 노동자에게는 공허할 뿐이다. 최근의 조사에서 밝혀진 바와 같이, 노동자의 3분의 2 이상이 "한 세대 안에서 성취한 최고의 경제적 환경에도 불구하고…… 노동자의 직업 안전감은 훨씬 떨어졌고, 직업 스트레스는 예전보다 훨씬 더 높다"라고 느낀다.[73] 국민소득 중 기업의 비중이 11%까지 상승한 반면, 기업 이윤에 대한 노동자의 기여도는 8%로 하락하면서(실질임금도 낮아지고 있다), 그러한 위기감이 더 팽배해지고 있다.[74] 현 경제 추세에 대한 열광적인 지지자인 연방준비위원장 앨런 그린스펀(Alan Greenspan)조차 이렇게 말할 정도다. "경제가, 구체적으로 고용 시장이 전반적으로 잘되고 있다고 믿는 것과 개인적 상황에서 느끼는 안전감은 별개의 것이다. 기업 구조조정의 가속화와 기술 지체에 대한 극심한 공포심이 그러한 인식 격차를 더욱 확

---

[73] *Beth Belton, "Workers Less Secure", U.S.A. Today, Aug.29, 1997, p.1.*
[74] *Ibid.*

실하게 넓히고 있기 때문이다."[75]

실업은 노동자뿐만 아니라 생산자에게도 문제가 된다. 생산자에게는 노동자가 소비자이기 때문이다. 대량생산의 시대가 열리기 시작한 바로 그 순간, 헨리 포드는 포드 차를 만드는 사람들이 그것을 살 만큼 충분한 소득이 없는 한 생산성의 증대는 아무 쓸모가 없고 자동차 산업은 실패하고 말 것임을 간파했다. 그 이후 아무것도 변하지 않았다. 인간의 노동력을 투입하지 않고서도 자동차를 만드는 시대가 오더라도 소비자가 살 여유가 없다면 팔 수 없다. 임금에 의해서든, 효율적 생산성의 혜택이 분배되는 다른 형태의 소득에 의해서든, 노동자들이 구매력이 있어야 하는 것이다. 생산자에게 피고용인보다는 소비자가 훨씬 더 중요해질 때 구매력을 증대시키기 위한 전략적 수단이 마지못해 채택될 수 있을 뿐이다. 그러나 기업들은 마치 어쩔 수 없다는 듯이 계속해서 규모를 축소하고 있다. 그들은 지속적으로 '성장'에 대해 주장하고 합병할 때조차도 새로운 직업이 생겨난다고 강변한다. 보잉 사와 맥도널더글러스 사가 효율적인 이윤 창출을 위해 한 회사로 합쳐지는 과정에서 실제로 두 회사가 제공하던 모든 일자리를 유지할 수 있었

---

[75] *Ibid.* 인용.

을까?[76] UPS(United Parcel Service)가 유리한 조건으로 팀스터스(Teamsters)와 새로운 계약을 체결하고도, 계약 조건을 이행하기 위해 규모를 축소해야 했다. 결과는 어떠했을까? 임금은 높아졌지만 일자리는 줄어들면서 경제적 양극화를 드러내는 사례가 되었다.

아무리 신중하게 전략적으로 구조조정을 해도 실제로는 대부분 공통의 결함을 지니고 있다. 노동 변화의 장기적인 추세를 무시함으로써 그 방법은 자동화되는 지식 기반 경제에서 결과적으로 감소 추세를 보이는 직업의 수를 분배, 분할, 유지하기 위해 경쟁하거나 노력하고 있을 뿐이다(이것은 무의미한 헛된 노력으로 보일 수 있다). 예를 들면, 주간 노동시간 줄이기, 루스벨트 시대에 나왔던 WPA(Works Projects Administration, 공공사업촉진국) 방식의 정부 지원 일자리 만들기, 소비자가 차에 직접 가스를 넣지 못하도록 한 뉴저지주의 조치, 일자리 분할 및 공유, 조기 퇴직, 교육 및 재훈련 프로그램 등이 노동의 위기가 가속화하는 것을 조금은 지연시킬 수 있다. 그러나 그런 시도가 예전의 상태로 노동의 위상을 복원시키거나, 산업자본주의가 노동집약

---

[76] 10억 달러 이상이 소요되는 합병을 위한 구조조정 비용은 연방정부에 전가할 가능성이 크다. 즉, 납세자의 몫이 될 것이다. William Hartung, "Military Monopoly", *The Nation*, Jan. 13/20, 1997.

적 시대의 절정에서 창출했던 것처럼 장기적이고 고임금을 제공하는, 연금 및 보험 등이 보장되는 일자리를 제공할 수는 없다. 장기적으로 볼 때 노동의 의미 자체가 재규정되거나 임금에서 완전히 분리됨으로써 인간의 복지가 '생계'를 위해 종사하는 ('돈을 벌어야 하는') 노동에 의존하지 않는다는 인식의 전환이 필요하다.

노동의 종말이 사회적 지위나 인간 존엄성에 미칠 치명적인 영향은 경제적 해결 수단을 통해 잠정적으로 잠시 지연될 수 있다. 그러나 시민사회는 영구적인 개선 방법을 마련해야 한다. 즉, 생산으로부터 소득을, 생산자로부터 소비자를, 사회적 지위로부터 노동을 분리해야 한다. 이것은 노동과 연관된 시민적 가치 체계의 기념비적이고 역사적인 변화를 의미할 것이다. 기술 경제의 맥락에서 실행 가능한 방안이 있어도(리프킨, 아로노비츠 등은 그러한 전환을 위해 몇 가지 전략을 신중하게 제시한 바 있다) 쉽게 넘기 어려운 정치적, 도덕적 장벽이 가로놓여 있다. 그리고 몇 세기 동안 가치 체계와 시민 자격 요건의 기반으로서 작동해온 도덕적 논리에 대한 혁신이 필요할 것이다.

임금노동을 기반으로 건설된 문명이 과연 그러한 전환의 길로 나아갈 수 있을 것인가? 현재의 '일 중독' 사회가 '유한계급',

게으름, 경제적 기생주의 등에 대한 경멸을 전제로 여가 시간을 바라보던 관행에서 벗어날 수 있을까? 아리스토텔레스부터 그래지어에 이르기까지, 여가에 대한 찬양자들은 여가에서 지식인이 추구하는 가치의 근간과 문명의 기원을 찾아냈고 나태와 무력함을 연상시키는 요소를 분리하려 노력했다.[77] 그러나 노동 윤리를 근간으로 하는 우리의 문화로 인해 여가와 나태의 차이를 구분하기는 매우 어렵다. 앞으로도 우리의 문화에서는 남성이든 여성이든, 무직자를 타인의 노동 덕분에 먹고사는 경제적 기생충으로 인식할 가능성이 높을 것이다. 초생산적 경제에서는 노동을 통해 돈을 벌어야 할 경제적 이유도 없고 받아줄 일자리가 없어도 무직자들을 효율적인 소비자로 만들기 위해(그리고 그들은 살아가는 데 필요한 것을 얻기 위해) 그들을 인정해주어야 한다.

경제적 측면만이 아니라 정치적 측면에서도 다양한 도전이 나타난다. 우리는 노동과 생산성이 분리되는 새로운 경제적 논리를 강화해줄 도덕적 근거와 시민적 근거가 필요하다. 맥월드

---

77 Sebastian de Grazia, *Time, Work and Leisure* (1962). 파커(Stanley Parker)는 자신의 책 *The Future of Work and Leisure*(1971)에서 공적이고 능동적인 여가의 유형을 제시하고 있다. 그리고 조프르 뒤마제디에르(Joffre Dumazedier)는 *Towards a Society of Leisure* (1967)에서 여가 정책이 민주주의를 보존하는 데 미치는 영향을 강조한다. 또한 T. Goodale and G.Godbey, *The Evolution of Leisure* (1988); Max Kaplan and Phillip Bosserman, eds., Technology, *Human Values, and Leisure* (1971) 등 참고.

가 지배하는 세계 경제 시대에—제3의 영역에서 활동할 수 있는 시간과 공간이 거의 없는—시민사회의 딜레마가 오히려 희망을 줄 수 있다. 노동과 임금의 결합을 통해 우리 문명의 덕목 중 많은 부분이 완성되었다면 또한 수없이 많은 악덕의 근원이기도 하기 때문이다. 시민의 시간을 독점하고 노동 자체만으로 사회적 지위를 규정하는 등 노동은 사회적, 시민적 논란을 불러일으킬 수 있는 내용으로 꽉 차 있다. 민주주의는 여가 시간, 시민사회에 관해 교육받을 수 있는 시간, 심의를 위한 참여 시간, 배심원으로 봉사할 시간, 시장으로 취임하여 활약할 수 있는 시간, 다양한 시민 활동에 자원봉사할 수 있는 시간 등을 기반으로 하여 자라난다. 사회주의가 자유로운 저녁 시간을 빼앗는다고 빈정거렸던 오스카 와일드는 옳았다(3장에서 인용한 바 있다). 그에게는 급진적인 정치적 원칙을 조정할 만한 여유를 보장해주는 자유로운 저녁 시간이 없었다. 시민사회의 옹호자는 저녁 시간 및 주말을 보장받는 것에 관심을 기울여야 한다. 일반 시민은 노동에 종사하느라 민주주의에 참여할 시간이 없기 때문에 대의제도에 의존할 수밖에 없고, 이러한 제도에서는 일반 시민을 위해 누군가가 통치 업무를 대행했다. 대의제 정부가 불가피하게 과두제화할 수밖에 없다는 '철칙'은 피통치자가 통치에 관심을 기울이거나 참여할 시간이 없기 때문에 사실로 굳어졌다. 엄밀한 문자 그대로의 의미로, 초기 민주주의적 공화정에서 민주주의는 자기 통치를 의미하는 것으로 이해되었다. 민주주의는 많은 시민을 필요로 했고 시민이 노동의 부담에서 벗어난 꼭 그 정도만큼 번성할 수 있었다. 최초의 '자유로운 사회' 아테네의 경우, 자유로운 아테네 시민이 노예제에 의해 완전한 자유 시간을 향유한 시민이 될 수 있었던 것은 역설적이다. 그들은 평화를 이야기하고 전쟁에 대해 토론할 만큼 자유로웠다. 노예가 노동하고 재화를 생산해주었기 때문이다. 스위스 역사에서는 초기 공동체적인 직접 민주주의의 형태가 700여 년 전에 건설되었다. 목축경제가 겨울 동안의 긴 여가 시간을 만들어줘서 자유로운 스위스인들이 이웃 국가의 용병 요구에 응할 수 있었을 뿐만 아니라 산악 요새를 방어할 수 있는 농민 군대를 만들고 그 제도를 발전시킬 수 있었던 것이다.

　이와는 대조적으로 끝없이 노동을 쏟아부어야 했던 유럽의 농업경제 사회에서는 에드워드 밴필드(Edward Banfield)가 나중에 도덕적으로 후진적인 사회로 규정지은 유형이 등장했다. 이 사회는 노역에 시달리고 수동성이 지배하는 사회였다. 카를 마르크스는 농업사회의 이러한 특징을 "농촌 생활의 어리석음"이라고 비판했다. 즉, 인간의 속박 양식의 전주곡으로서 임금 노예와 다를 바 없이 땅에 얽매여 있었던 것이다. 해 뜰 때부터 밤늦게까지 이어지는 노동은 시민적 국가 경영을 연습할 시간도, 자유의 실험에 빠질 시간도 남겨주지 않으며, 예술의 기쁨은 아예 포기한 채 상업에 집착하거나 문화의 상업화를 초래할 수밖에 없다. 산업사회는 시간을 운영하는 방식에서 최악의 경우다. 프롤레타리아는 끝없이 이어지는 고된 노동의 나날 속에서 소중한 여유를 찾을 여지가 없거나, 혁명 또는 개혁의 주장에만 빠져 있기 때문에 시민성이나 문화에 가까이 갈 엄두도 낼 수 없었다. 오늘날에는 전파를 타고 나오는 곡예와 오락에 만족하며 지낼 뿐이다. 직장에서 일하고 백화점에서 물건을 사고 TV를 시청하는 일은 정치, 예술, 시민문화를 향유할 시간이나 공간을 남겨주지 않는다. 물론 해고당하거나 권한을 박탈당한 사람은 예외다. 그러나 실업의 현실과 비참함은 시민적 참여의 기회나 여가의 수준을 높일 기회가 되기는커녕 절망의 구렁텅이로 가라앉는 길일 뿐이다. 보통선거권을 행사함으로써 많은 것을 실현할 수 있는 일반인들은 1년에 한 번꼴로 치르는 선거에서 투표권을 행사하기도 쉽지 않다.[78] 문화적, 도덕적 인식의 전환이 이루어지지 못하기 때문에, 실업자와 복지연금을 수령

하는 빈곤층이 시민적 자원봉사 활동이나 문화적 자기 계발에 자유 시간을 활용함으로써 주변적 존재로 전락하지 않으려고 노력하는 여유도 찾아보기 힘들다.

현재의 상황이 얼마나 역설적인지 이렇게 설명해볼 수 있다. 인간이 수천 년간 건설하려고 노력해온 노동 없는 세상이 드디어 열리려는 문턱에 서서 다시 노예 상태로 되돌아가려고 몸부림을 치고 있는 것이다. 우리에게 다시 사슬을 돌려달라며 외치고 있는 셈이다. 기술의 놀라운 업적이 베풀어주고 제공해준 자유를 반납하고, 다시 일자리를 돌려달라고 애원한다! 우리는 감당하기 어려운 자유의 부담을 지기보다는, 민주적 시민사회를 다시 끌어안기보다는, 경제적 부흥의 이름으로 개인 노동을 포기하기보다는, 인류의 진보를 명분으로 공공 노동의 무게를 견디기보다는, 차라리 노동하겠다고 외친다!

민주주의의 논리는 분명하다. 만일 생산성이 노동을 요구하고 노동이 사회적 지위 및 권력과 연관되어 있다면, '2류'들로 구성되는 대의제도를 통해 민주주의가 운영될 수밖에 없다 ('1류' 인간은 생산에 매달리느라 민주주의에 관심을 기울일 수 없을 것이

---

78 미국 대선 투표 참가율을 보면 약 50% 정도에 맴돌고 있다. 유럽의 높은 수준에 비해 낮아졌다는 사실이 통계 자료를 통해 분명히 나타난다. 자료를 분석해보면 가난한 사람, 청년층, 주변 계층(미국의 경우 유색인종)의 참여율이 떨어진다. 예를 들면, 18~25세에 속한 다섯 명의 젊은이 중 단 한 사람만이 투표에 참여하는 실정이다.

다). 민주주의에는 여가 시간이 필요하지만 현대 사회에서는 그것을 가질 수 없기 때문이다. '임금노동자'의 직함이 '시민'이라는 직함보다 더 큰 존경을 받는 사회에서 투표는 자유 재량권에 속하지만 노동은 의무라는 도덕적 규정을 채택한다고 해서 누가 비난할 수 있는가? 시민적 덕목과 가게 주인이나 농민의 노동을 연결시키고 시민권을 보유한 재산 소유자와 부의 축적을 정당화하는 전형적인 칼뱅주의자의 가치를 결합시킴으로써 미국의 초기 공화주의자들은 여가 없는 노동경제와 대의제 민주주의라는 피상적인 시민적 가치를 뒤섞어버렸다. 바로 이러한 혼합이 오늘날 문제를 일으키는 것이다. 슈클라는 무엇보다도 노동이 민주주의의 핵심적 가치 중 가장 중요하다는 사실을 분명하게 지적하고 있다. 그러나 탈근대적인 경제 효율성이 실현된 상황에서 노동의 역할 감소는 경제적인 문제뿐만 아니라 정치적인 쟁점이 되고 있다. 노동의 종말은 시민의 지위를 위협할 뿐 아니라 그 존엄성에도 위협을 가하고 있기 때문이다.

이 문제는 앞으로 논의할 두 가지 측면을 상호연관시킴으로써 기적에 가까운 전망을 제시해준다. 인간의 노동을 쓸모없게 만들어버린 고도로 효율적인 생산성이 실현됨으로써 그동안 정부와 시장의 거대화로 인해 시민의 시간이 실종되었던 현실이 적나라하게 드러났다. 역설적으로 이것은 시민적 삶을 재구축할 수 있는 특별한 기회가 될 것이다. 그러한 두 측면이 수렴되는 지점에서 탈근대적인 초효율 경제의 노동력 노후화와 연관된 인원 삭감과 실업은 시민사회의 전망으로 전환될 수 있다. 즉, 여기서 말하는 시민사회는 시민문화가 궁극적으로 상업적 굴레를 벗고 노동에서 해방된 시민을 중심으로 형성되는 '여가사회'를 의미한다. 우리의 인생을 노동으로 채워버렸던 시간의 상업화가 경제적 변화로 인해 해소되는 것처럼, 시민적 공간을 장악해버린 거대한 상점은 정치적 의지에 의해 새롭게 복원될 것이다.

노동에서의 해방이야말로 노동을 통한 해방의 최종적 승리다. 실제로는 에덴동산에서 이마에 구슬땀을 흘리며 하루의 식량을 벌기 위해 긴 시간 동안 일을 해야 했기 때문에, 그동안 인류는 인간의 노동이 아니라 상상을 통해서만 인간의 욕구를 채울 수 있었다. 그러나 드디어 낙원으로 도망갈 수 있는 기회가 다가왔다. 기계와 로봇, 컴퓨터가 인간의 상상을 현실화시켰기 때문이다. 놀라운 기술의 진보가 에덴을 지배하는 신의 대리자가 되어 우리를 자유롭게 만들어서 상상을 목적 그 자체로 즐길 수 있게 해주었다. 즉, 교육, 연극, 정치, 예술을 결사와 창조의 형태로 표현할 수 있는 것이다. 사적 시장은 공공 노동과 시민적 업무, 예술과 가족을 위한 활동, 이웃과 정치체제, 종교와 학교에 필요한 수단을 제공해준다.[79] 물질적 욕구(쇼핑!)가 아니라 문명을 추구하기 위해 노동의 물질적 혜택을 활용할 수 있는 기회를 얻은 것이다. 만일 노동은 수단이고 문화는 목표라는 사실을 자각할 수 있다면, 생산과 소비라는 유혹의 폭군으로부터 자신을 구원할 수 있을 것이다.

여기서 우리에게 필요한 전략은 경제적이거나 기술적인 것이 아니라 정치적, 문화적인 특성을 핵심으로 한다. 노동과 마찬가지로 취미 활동도 보장받을 수 있고, 시민적 자원봉사 활동에 대한 참여가 상업적 노동처럼 소득을 얻고, 적절한 분배를 통해 욕구를 조정하며, 상상력이 보상받을 수 있는 가치로 인정받고, 예술과 문화에 대한 사회적 지원을 보장하고, 최고 품질의 교육ー특히 시민 교육ー을 받을 수 있는 등 이 모든 혜택이 모든 사람에게 개방되는 것을 의미한다. 그리고 경제적 전략은 다음과 같다. 정치적 의지를 통해 노동과 임금이 일단 분리되면 상당한 정도의 혁신을 실행에 옮길 수 있다. 예를 들어 법학자 브루스 애커먼(Bruce Ackerman)의 제안을 살펴보자. 모든 사람

---

79 이것은 Harry Boyte가 "공공 노동"이라고 지칭한 것의 진정한 약속이다. Boyte and Kari, *Building America: The Democratic Promise of Public Work* (1997).

에게 일생에 한 번씩 자본금을 제공하여 전 사회구성원이 경제적 투자에 참여할 수 있는 주식 소유자의 사회를 만든다. 그리고 토니 애킨슨(Tony Atkinson)은 모든 종류의 시민 참여에 따라 붙는 "참여 소득"을 제안한다. 이를 통해 생산성을 기준으로 하는 소득 분배를 임금노동과 분리시키자는 주장이다(영국의 블레어 수상이 이끄는 노동당 정부도 이 제안에 흥미를 보인다).[80] 그러나 이러한 경제적 전략의 실행에 앞서, 기본적으로 문화적 관점의 변화가 필요하다.

새로운 시대가 열리고 있는 이 순간에 남아도는 시간을 가진 사람들이 열등감을 전혀 느끼지 않아야 한다는 사실이 무엇보다 중요하다. 스스로 원하지 않은 여가라고 해도 부러움의 대상이나 좌절, 게으름, 분노를 넘어선 의미를 지닌 기회로 활용해야 한다. 그러나 어쩔 수 없이 부정적인 감정을 느끼는 이유는 지금까지 시장에서의 적극적인 노동과 능동적인 삶을 동일시했기 때문이다. 연극에서도 여가의 신이나 그 약속으로부터 우리를 갈라놓은 산업과 '노동'을 동일시한다. 그러나 가사 노동이나 가족의 일뿐만 아니라 공공 노동이나 시민 활동도 언제든지 자유롭게 실행에 옮길 수 있어야 한다. 시장에서의 임금노

---

[80] Bruce Ackerman, *The Stakeholder Society* (1998); Tony Atkinson, *Public Economics at Work* (1997).

동이 의무 조항이 되어서는 안 된다. 오히려 시민 활동이 의무가 되고 임금노동이 자유로워야 한다.

최근의 상황을 살펴보면, 실업자와 해고자, 열악한 임금을 받는 사람들—정보 사회에서 버려지거나 대표적인 복지 혜택 수령자인 편모/편부, 가사 일에 종사하는 아버지 등—이 "자유의 왕국"에 들어갈 준비가 되어 있는 잠재적인 유한계급의 자격을 갖춘 것 같지는 않다. 경제학자 레스터 서로우(Lester C. Thurow)에 의하면, "미래의 모습은 아무런 경력도 쌓지 못한 채 이 회사 저 회사를 전전하는 무력한 미국의 노동자들이다."[81] 서로우는 노동 중심의 문화에 의거해 비관주의를 피력한다. 말하자면 사회적 지위와 존엄성이 노동과 더불어 사라져버리고, 거론할 만한 유일한 '경력'은 임금을 주는 직장에서의 경력뿐이며, 여가 시간은 책임성과 시민적 의무를 생각할 수 있는 기회가 되기보다는 삶의 방해 요소로 인식되는 문화인 것이다. 페미니즘은 가사노동 문제로 인해 상당히 어려운 과정을 거쳐왔다. 가정이란 경제적 작업장의 공적인 가치도, 금전적인 보상도 없는 곳이기 때문이다. 가정의 가치를 소중히 여기는 문화적 보수주의자들조차 집에 머물면서 아이를 키우는 여성들이 아무런

---

[81] Lester C. Thurow, "What's Ahead for Working Men and Women", *The New York Times*, Aug. 31, 1997, p.E 9.

보상도 받지 못한다는 사실에 분노하고 있다. 그러므로 복지 혜택을 받는 엄마들을 '일터'로 내모는 것이 보편적인 현상이 되고 있다는 말이 있다. 적합한 일도 없고 경제적으로 그들의 노동을 필요로 하지도 않고 가정 내 여성의 '노동'이 자녀와 사회에 일반적으로 더 엄청난 혜택을 줄 수 있는데도, 여성은 일하러 밖으로 나간다.

직장에서의 해고, 전업주부, 복지 혜택을 받는 엄마, 가사 노동자, 실업자, 금전 보상이 없는 자원봉사 활동 등은 모두 권력, 지위, 직함 또는 기본적으로 존엄성을 갖추는 일과는 거리가 먼 것으로 취급되고 있다. 그러므로 현 경제 체제에서 노동 역할의 변화는 시민적·도덕적 가치 체계가 변한 후에야 가능해질 것이다. 그래야 새로운 공적 의미를 전제로 확실하게 '노동'할 수 있다.[82] 시간을 많이 가진 사람들이 우리가 기대하는 시민이다. 주부와 퇴직자 및 효율적인 생산 체제에서는 더 이상 "필요하지" 않은 사람들이 시민사회에서는 더욱 필요한 사람들이 될

---

82 많은 이론가가 여가와 시민의식을 연결하려는 시도에 대해 회의적인 것만 봐도 이러한 시도가 얼마나 어려울지 짐작할 수 있다. Kenneth Roberts가 대표적이다. 그는 자신의 책 *Contemporary Society and the Growth of Leisure*(1978), pp. 145~146에서 다음과 같이 쓰고 있다. "여가는 오히려 시민조직에 수많은 노력을 쏟고, 헌신하려는 의지를 억제시켜왔다. …… 참여는 아무런 보상도 주지 못한다. …… 시민 참여는 대중이 즐길 수 있는, 많은 보상이 따르는 여가 활동에 속하지 않기 때문이다." "여가의 증대가 새로운 유형의 참여 민주주의를 만들어내지도 않았고 그럴 가능성도 없어 보인다"라는 로버츠의 결론은 나와 같은 관점을 가진 사람들에게는 일종의 도전인 셈이다.

수 있다. 경제적 자본 형성의 부담에서 자유로운 일반인들이 사회적 자본의 잠재적인 창조자가 될 수 있다는 말이다. 민주주의의 실천을 통해 나이가 들어 퇴직한 사람들이 오랫동안 노동에 종사하면서 잃어버렸던 가치를 되찾아 시민으로 다시 태어나는 기회를 잡을 수 있다. 그러면 마침내 시민사회는 그 자체의 노동력을 가질 수 있다. 즉, 민주주의가 가장 거대한 고용주가 되는 것이다. 시민으로서의 활동이 모든 직업 중에서 가장 인간다운 업무로 다시 태어날 것이다.

앞에서 그려본 시민성에 어긋나는 방식으로 역사가 진행되었다고 한다면—거대한 정부와 시장 영역 사이에 있는 시민사회를 압살하면서—이제 역사는 시민성과 더불어 발전하려는 모습을 보여주고 있다. 끝없는 노동에 더 이상 의존하지 않아도 되는 새로운 풍요로운 세상에 대한 마르크스의 예견이 실현될 수 있는지를 둘러싸고 논쟁이 격렬하게 전개되기도 하지만, 실제로 우리 사회는 시민사회의 재건을 꿈꿀 수 있는 상황으로 나아가고 있다. 공적 노동만이 아니라 공적 놀이 문화도 있고, 시민적 노동만이 아니라 문화적 여가도 있으며, 소동이 아닌 재미가 넘치고, 생계 부담에서 벗어난 삶의 향연이 펼쳐질 수 있는 사회로 조금씩 전진하고 있다는 말이다. 우리가 직면하고 있는 매우 분명한 문제는 역사가 시민사회의 재건을 허용해주고 있느냐가 아니라 지금까지의 습관에 길든 우리 인간이 역사의 약속을 잘 실현할 수 있는가 하는 것이다. 그리고 과감한 정치적 상상력과 도덕적 전환을 통해 노동에 찌든 이 사회의 결함을 활짝 편 민주주의의 자원으로 바꾸어놓을 수 있을지의 문제다. 즉, 시민사회는 다시 한번 진정으로 시민의 공간을 마련할 준비가 되어 있는데, 과연 우리가 그것을 받아들일 수 있을까?

옮긴이의 글

 이 책의 원제는 *'A Place for Us: How to Make Society Civil and Democracy Strong'*이다. 직역하자면 '사회를 시민적이고 민주적으로 강하게 만드는 방법'이다. 민주주의를 제대로 작동하게 만드는 것이야말로 인류 앞에 놓인 가장 거대한 도전이다. 저자 벤저민 바버(Benjamin R. Barber)는 이러한 문제를 포괄적으로 진지하게 고민하는 대표적인 논자 중 한 사람이다. 그는 우리에게 《강한 민주주의 *(Strong Democracy)*》(1984), 《지하드 대 맥월드》(1995) 등으로 유명하다.
 나는 이 책을 2000년에 처음 읽었고, 한국 사회에 소개할 방안을 모색하다가, 일신사와 연이 닿아 2006년에 번역서를 출간했다. 의도한 바는 아니지만 딱 20년 만에 재출간하는 셈이다. 그사이 저자가 암으로 투병하다가 2017년 세상을 떠났다는 소식도 접했다. 절판 이후 지속적인 수요가 있었는데도 재출간이 성사되지 못하고 마음만 무거웠는데, 정한책방의 천정한 대표가 재출간을 제안했다.

2024년 12월 3일 밤, 비현실적인 장면이 TV에 비치고 있었다. 국회 상공에 헬기가 날았고, 총을 든 군인들이 국회의 유리창을 깨고 있었다. 시민들은 맨몸으로 국회 앞으로 달려가 총을 든 군인 앞을 막아섰다. 일부 군인과 경찰은 시민들에게 밀려나 주었고, 서강대교를 건너지 않은 부대도 있었다. 국회의 계엄 해제 결정을 전후한 시점인 4일 새벽, 강원도 양구군에 인접한 춘천시에 사는 지인은 계속 헬기 소리가 들린다고 했다. 21세기에 접어들어 사반세기 가까이 지난, 2024년 대한민국에서 일어난 일이다.

그 후 123일 동안 한국 사회에는 '내란증후군'이라는 단어가 등장했고, 긴긴 겨울 시민들은 넉 달이 넘도록 거리에서 추위를 견디며 분노하고 아팠다. 마침내 4월 4일 오전 11시 22분, 대통령이 파면되었다. 법과 제도를 총으로 뒤엎는 일은 일어나지 않을 테고, 역전되지 않을 것만 같던 민주주의 제도에 왜 이런 일이 일어났는가? 지금 우리가 통과하는 이 시기를 어떻게 이해해야 하는가? 어떻게 살아야 하는가?

오늘날 전 세계는 갈등과 범죄와 전쟁으로 들끓고 있다. 전 세계 민주주의에 위기가 일상화된 것 같다. 이러한 정치사회적 환경에서 시민은 민주주의를 어떻게 받아들이고 지켜야 하는가? 민주주의는 쇠퇴하는 걸까? 시민적 덕목과 공동체에 무슨 일이 일어나고 있는가? 시민사회는 실체인가? 시민사회는 지식인이 만들어낸 허구적 개념에 불과할까? 아니면 존재하지도 않았던 과거의 영광을 꾸며놓은 지적 조작물인가? 우리는 어떤 시민사회를 바라고 있는가? 이러한 끊이지 않는 의문에 더해 시민사회가 민주주의의 사회적 공간이 될 수 있는 공통의 기반을 찾아내고 유지하는 일은 불가능해 보이는 현실이 펼쳐지고 있다.

저자는 오늘날 우리가 얼마나 쉽게 시민사회와 시장을 혼동하고 있는지 지적한다. 저자가 주장하는 강건한 민주주의에서는 시민사회가 정부의 살아 있는 몸체이듯, 정부는 시민사회가 공유하는 팔이다. 순응성을 강요하는 공동체주의 모델도, 시장에 대한 정부의 영향을 제거하려는 자유주의의 모델에 대해서도 비판적 입장을 취한다. 시민 문화가 궁극적으로 상업적 굴레를 벗고 노동으로부터 해방된 시민을 중심으로 형성되는 '여가사회'가, 그리고 공공의 공간이 우리가 추구할 수 있는 시민사회라고 주장한다.

이러한 시민사회를 건설하기 위해서는 시민성이 중요하다. 민주사회가 되려면 사회의 목표와 발전 방향을 인식하는 시민들이 집중적이고 능동적으로 관심을 가지고 참여해야 한다. 또한 후속 세대의 정치사회화에 대한 성찰이 절실하고 긴급하다. 저자는 시민사회를 실재하도록 만들고, 시민적 논쟁을 발전시키고, 공공의 담론을 시민화시키고, 기존의 지배 이념을 넘어서는 가치를 찾아내기 위해 실천적 전략을 제안하고 있다.

시민사회의 기본 축은 시민성과 공공성이다. 그러나 정부도 시장도 공공의 목소리를 내기 위한 채널이 되어주지는 못한다. 그러므로 시민들 스스로 시민사회를 창조할 첫걸음을 뗄 것을 제안한다. 구체적으로 시민사회를 지원하기 위한 6가지 공적 조치를 제시하고(3장), 시민적 담론의 9가지 특성(공동체, 시민의 협의, 포용성, 임시성, 듣기, 배우기, 수평적 의사소통, 상상력, 권한 행사)을 통해(4장) 시민사회 내부의 선거에 대한 무관심, 부적합한 교육, 특정 이익집단의 불신 등 시민들이 기존에 가지고 있던 무력감과 환멸을 타파할 것을 강조한다.

시민성을 키우는 데 필요한 중요 조건으로서 '시민의 공간'에 대한 저자의 주장이 다소 이상적으로 들릴 수 있다. 시장도, 정부의 영역에도 속하지 않는, 공적이고 시민적 담론을 나눌 수 있는 공간을 만들어내는 것 자체가 이미 시민사회가 제대로 움직이고 있다는 증거일 것이다. 마지막 5장에서 저자의 주장은 상당히 진보적이다.

근대 사회 이래 형성된, '노동하지 않는 인간'에 대한 경멸을 우리가 과연 극복할 수 있을까? 그가 말하는 엄청난 기술의 발전이 인간의 노동을 대신함으로써 '노동의 종말'을 맞은 결과, '가진 건 시간밖에 없는' 사람들을 가치 있는 존재로 인정해주는 분위기가 시민사회에서 형성될까? (청년) 실업자나 퇴직자가 '잉여 인간'에 불과하거나, 인생의 낙오자도, 사회 불안 요소도 아닌, 민주적 시민사회를 운영해가는 '인적 자원'으로 부활하거나 재평가되어야 한다는 저자의 주장은 구조적 재조정이 일상화되는 21세기의 경제 체제에 시사하는 바가 크다. 물론 그런 '부활'이 가능하려면, 사회의 지향 가치와 사회구성원의 역할에 대한 인식이 우선 바뀌어야 하고, 시민의 자기성찰 능력이 필요하다. 현대 사회가 어디로 나아가는지, 그리고 민주주의 미래에 대해 생각하는 사람이라면 저자의 주장을 처음부터 마지막까지 진지하게 들어보는 것이 중요하다.

  이 책은 민주주의와 시민사회를 발전시키기 위한 유용한 제안을 풍부하게 담고 있다. 특히 저자의 제안 중 디지털 방송망을 시민사회를 위해 활용한다든가, 인터넷에 시민사회의 공간을 만들고, 예술과 인문학에 대한 재정 지원을 늘리고, 시민사회에 대한 기업의 책임을 늘리자는 것 등은 매우 실질적이고 실현 가능한 방안이다(3장). '착취 없는 노동 관행의 확립'부터 '상업화되지 않은 공공 공간'의 중요성을 강조하는 것까지, 시민사회의 전 영역을 포괄한 저자의 관심은 장점이다. 이 책에서 거론되고 있는 사례는 미국 사회이지만, 기술 발전을 공유하는 속도가 지금처럼 빠른 시대에 다른 국가의 시도와 실험을 살펴보는 일은 충분히 의미가 있다. 필요한 경우 용어 해설과 내용 설명을 덧붙였다.

  이 책은 학술과 교양이라는 두 축을 균형 있게 유지하는 것이 강점이다. 정치학, 사회학 등 사회과학 관련 강의에서 교과서로 삼기에도 충분하고, 시민사회에 관한 깊이 있는 논의가 부족한 우리 사회에서 학생들에게 시민사회에 관한 광범위한 이론적 기반을 확보하는 데 중요한 참고서가 될 것이다. 또한 시민운동 관계자들에게는 유용한 지침서가 될 것이고, 무엇보다 시민사회의 미래, 민주주의의 전개에 관심이 있는 시민, 특히 청년에게 일독을 권할 만한 책이다.

민주주의와 시민사회를 논의하는 수업에서 학생들과 같이 읽고 싶은 생각에 번역을 시작했다. 출간된 지 오래된 책이지만 저자의 제안은 우리가 시민사회의 질적 성숙과 심화에 관심을 가지는 한 계속 유용하리라 생각한다.

2025년
이선향

찾아보기

ㄱ

가족 수호자(Promise Keepers) 108
강건한 민주주의 65~73, 81, 86, 92, 104, 107, 112, 122, 129, 212, 284
문제없어요(No Sweat) 195, 198
게레멕, 브로니슬라프(Bronislaw Geremek) 18
계급 전쟁 259
계몽주의 28
고어, 앨(Al Gore) 184
곰퍼스, 새뮤얼(Samuel Gompers) 66
공공 노동 200, 212, 262, 273, 276~277
공동체주의 15, 32~33, 45~65, 67, 77, 94, 103, 114, 124, 284
공산주의 11, 38, 41, 125
공화당(미국) 12, 37, 40, 78, 89, 123, 142, 173, 199
공화주의 77, 79, 86, 253
  공화주의적 가치 248
공화주의적 시민사회 72
시민적 공화주의 15, 71, 77, 123
과두제 134, 170, 270
광고 101, 144, 150, 161, 184, 188, 193, 197, 219, 231, 234
국가교육협의회(National Association of Education) 200
국가현안포럼(National Issues Forums) 98, 164
국민전선(프랑스) 53
권리장전(Bill of Righrs) 79, 158
그래지어, 서배스천 데(Sebastian de Grazia) 253, 269
그라치아노, 지지(Gigi Graziano) 29
그랜지(Grange) 166
그레이더, 윌리엄(William Greider) 247
그리고리예프, 세르게이(Sergei Grigoriev) 41
그린, 마크(Mark Green) 180

그린스펀, 앨런(Alan Greenspan)　265
그릴리, 앤드루(Andrew Greeley)　243
근본주의　32, 53, 55, 56
글렌던, 메리 앤(Mary Ann Glendon)　124
글로벌 경제　145, 171~198
기포드, 캐시 리(Kathy Lee Gifford)　193
깅리치. 뉴트(Newt Gingrich)　89, 155

ㄴ

남북전쟁　77, 79
넌, 샘(Sam Nunn)　16
네이더, 랠프(Ralph Nader)　180
넷데이즈(Netdays)　156
노동
　가사노동　278
　강제노동　196
　노동 복지　250
　노동시간　186, 263, 267
　노동시장　213, 263
　노동윤리　236~237, 256
　아동노동　186, 193~194, 197
　임금노동 23, 95, 212, 244, 256~257, 261, 268, 274, 277~278
노동 가치 이론　248

노동당(영국)　136, 173, 277
노동기사단(Knights of Labor)　178
노예제　73, 77, 254, 271
노직, 로버트(Robert Nozick)　38
니스벳, 로버트(Robert Nisbet)　61
니체, 프리드리히(Friedrich Niezsche)　254

ㄷ

다원주의　50, 71, 112, 145, 203, 206, 209
데브스, 유진(Eugene Debs)　256
독립선언　128
독립전쟁　165
돌고래 안전 지키기 프로그램(Dolphin Safe Tuna Program)　193
뒤마제디에르, 조프르(Joffre Dumazedier)　269
듀이, 존(John Dewey)　205
디즈니랜드　147, 179
디즈니 사(Disney Corporation)
　147, 149~152, 177, 184, 193

ㄹ

라이시, 로버트(Robert Reich)　260, 264

러너, 마이클(Michael Lerner) 50, 88
레이건, 로널드(Ronald Reagan) 113, 218
로코, 알프레도(Alfredo Rocco) 51
로크, 존(John Locke) 15, 18, 28, 36, 248
로티, 리처드(Richard Rorty) 47, 127
루소, 장자크(Jean-Jacques Rousseau) 17, 229
루스벨트, 시어도어(Theodore Roosevelt) 80
루스벨트, 프랭클린(Franklin Roosevelt) 80, 267
르펜, 장마리(Jean-Marie Le Pen) 53, 60
르네상스 63, 167
리드, 랠프(Ralph Reed) 53, 124
리복(Reebok) 198
리치버그, 키스(Keith B. Richburg) 58
리프킨, 제레미(Jeremy Rifkin) 190, 239, 255, 258, 263, 268
림보, 러시(Rush Limbaugh) 231
링컨, 에이브러햄(Abraham Lincoln) 128

ㅁ

마을회의 99
마이크로소프트 사 161, 171
마르크스, 카를(Karl Marx) 15, 28, 246, 248, 280
맥도널더글러스 사 266
매킨타이어, 알래스데어(Alasdair MacIntyre) 124
메도즈, 도넬라(Donella Meadows) 181
모리슨, 토니(Toni Morrison) 63
몽고메리 워드(Montgomery Ward) 175, 177
무슬림 70, 127, 129
민족공동체(Volksgemeinschaft) 53, 57
민족주의 53, 55, 60, 70, 124~125, 249
민주당 12, 17, 70, 89, 123, 135, 142, 173
민주주의지도자협의회(Democratic Leadership Council) 136
밀러, 니콜(Nicole Miller) 198

ㅂ

바란차크, 스타니슬라프(Stanislaw Baranczak) 31
바르가, 죄르지(Gyorgy Varga) 41
밴필드, 에드워드(Edward Banfield) 271
버거, 피터(Peter Berger) 61

버크, 에드먼드(Edmund Burke) 47, 122
벌린, 이사야(Isaiah Berlin) 39
법적 애국주의 127
베넷, 윌리엄(William Bennett) 16, 20, 61, 93~94, 124
베버, 막스(Max Weber)~48
베오그라드 지침서(Belgrade Manual of Rules) 195
베커, 시어도어(Thedore Becker)~99, 165
벨라, 로버트(Robert Bellah)~44
보수주의 11, 12, 21, 37, 51, 63, 123, 249, 250
보이지 않는 손 135, 140
보이트, 해리(Harry Boyte) 20, 81, 84, 93, 227
복지
  계급복지 18
  반복지 이데올로기 240
  복지국가 18, 53, 113, 136
  복지 수당 150
  복지 정책 87
부시, 조지(George Bush) 113
뷰캐넌, 패트릭(Patrick Buchanan) 51, 53, 124
브랜다이스, 루이스(Louis Brandeis) 176~179
블레어, 토니(Tony Blair) 55, 136
비비치, 아돌프(Adolf Bibic) 29

ㅅ

사르트르, 장 폴(Jean Paul Sartre) 205
사회계약 38, 181
사회주의 53, 146, 262, 270
산업부문재단(Industrial Areas Foundation) 98
샌델, 마이클(Michael Sandel) 20, 77, 85~86, 121, 176~179
서로우, 레스터(Lester C. Thurow) 278
세계무역기구 194, 197
세계은행 155
세넷, 리처드(Richard Sennett) 61
세속주의 57, 109, 111
셀러브레이션(Celebration) 47, 149~151
셀리그먼, 애덤(Adam B. Seligman) 29
소로스, 조지(George Soros) 142
소수인종 보호 정책(Affirmative action) 82~83
슈클라, 주디스(Judith Schklar) 248, 274

슈티르너, 막스(Max Stirner) 38
슐레진저, 아서(Arthur Schlesinger) 209
스미스, 애덤(Adam Smith) 28, 71, 111
스탠더드오일(Standard Oil) 177
스팀슨, 헨리(Henry A. Stimson) 177
시민권 14, 82, 88, 145, 178, 200, 202, 225, 249, 256, 274
시민부흥을 위한 전국위원회(National Commission on Civil Renewal) 16
시민성 39, 60, 87, 105~107, 155, 190, 212, 216~218, 220~222, 224, 227~229, 231~232, 234, 272, 280, 285~286
시민소비자연맹(Civic Consumers Coalition) 194, 197
시장
  글로벌 시장경제 28~29
  시민화된 시장 131
  시장 전체주의 132
  시장과 시민사회 141
  시장 승리주의 89
  시장 옹호론 135
  시장 윤리적 사적 자원봉사주의 115
  시장자유주의 57, 67, 124

신정국가 57

ㅇ

아라토, 앤드루(Andrew Arato) 29
아렌트, 한나(Hannah Arendt) 253
아로노비츠, 스탠리(Stanley Aronowitz) 247, 268
아리스토텔레스 253, 269
애커먼, 브루스(Bruce Ackerman) 276
애킨슨, 토니(Tony Atkinson) 277
앨린스키, 솔(Saul Alinsky) 98, 164
에른헐트, 앨런(Alan Ehrenhalt) 48, 61
에버스탯, 니컬러스(Nicholas Eberstadt) 107
에치오니, 아미타이(Amitai Etzioni) 19, 49, 88
엥겔스, 프리드리히(Friedrich Engels) 246, 254
여가 23, 66, 94, 236~281
여성유권자연맹 70, 156, 163
연구단체운동(Study Circles Movement) 98, 164
열린사회연구소(Open Society Institute) 142

예술과 인문학 발전을 위한 국가 재단
(National Endowments for the Arts and the
Humanites) 148~149
와일드, 오스카(Oscar Wilde) 146, 270
오크쇼트, 마이클(Michael Oakeshott) 63
와일더, 소턴(Thorton Wilder) 63
완전 고용 101, 139, 141, 189, 237~238,
240, 264
워싱턴, 조지(George Washington) 78~79
워싱턴포스트 160
월드와이드웹 156~157
월마트(Wal-Mart) 177, 193
왈저, 마이클(Michael Walzer) 102
위틀, 크리스(Chris Whittle) 161
윌, 조지(George Will) 219
윌슨, 피터(Peter Wilson) 173
윌슨, 윌리엄(William Julius Wilson) 249
유기체적 조합주의 51
이보 부족민(Ibo tribe) 60
이익집단 81~83, 91, 102, 285

ㅈ

자동화 212, 240, 251, 254~255, 264, 267
자발적 결사체 20, 41, 45, 58, 78, 80, 87, 97, 99, 167, 243
자발주의(voluntarism) 68, 71, 115, 199, 243
자유방임 18, 28, 53, 124, 197, 207, 229
자유주의자 11, 18, 37, 40, 45, 52, 67, 102~103, 114, 180, 256
잭슨, 앤드루(Andrew Jackson) 18, 89
전미흑인지위향상협회(NAACP) 68~70
전자투표 99
전체주의 11, 17, 45, 54, 57, 126, 136, 140, 173, 222
정체성 정치 54
제임스, 윌리엄(William James) 118
제퍼슨, 토머스(Thomas Jefferson)
175, 178, 223
젠틸, 조반니(Giovanni Gentile) 51
조던, 마이클(Michael Jordan) 193
조스팽, 리오넬(Lionel Jospin)
136, 262~263
지역 회의 168
지하드 59~60, 141
진보정책연구소(Progressive Policy Institute)
136

ㅋ

카빌, 제임스(James Carville)　249, 256
카우스, 미키(Micky Kaus)　256~257
카리, 낸시(Nancy Kari)　81, 84, 93
케터링재단(Kettering Foundation)
　　20, 98, 164
코반, 앨프리드(Alfred Cobban)　27
코츠, 댄(Dan Coats)　20, 142
코테즈, 어니(Ernie Cortez)　98
코헨, 진(Jean Cohen)　29
크리스톨, 어빙(Irving Kristol)　123
클레본, 리즈(Liz Claiborne)　198
클린턴, 빌(Bill Clinton)　11,
　21, 55, 62, 89~91, 102, 115~117,
　135~136, 142, 154~155, 160,
　198~199, 220, 231, 243, 264
킨킨나투스(Cincinnatus)　79

ㅌ

타운센드, 캐슬린(Kathleen Kennedy
　Townsend)　200
타임워너(Time-Warner)　171, 178
테일러, 찰스(Charles Taylor)　124
테일러, 폴(Paul Taylor)　160

토마스, 딜런(Dylan Thomas)　63
토크빌, 알렉시 드(Alexis de Tocqueville)
　11, 14, 18, 28, 72~73, 78, 87, 89,
　116, 201
톱스필드재단(Topsfield Foundation)　164
퇴니스, 페르디난트(Ferdinand Toennies)
　　44

ㅍ

파시즘　98
파월, 콜린(Colin Powell)　16, 114, 202
파야스, 페트르(Petr Pajas)　130
퍼거슨, 애덤(Adam Ferguson)　28
퍼트넘, 로버트(Robert Putnam)
　　19~20, 88, 115, 243
펩시콜라　41
평등주의　49~50, 68~69, 71, 106, 108,
　225, 249, 256
포드, 제럴드(Gerald Ford)　40
포드, 헨리(Henry Ford)　189, 266
포드 사(Ford Motor Company)　177
포드재단(Ford Foundation)　202
포용성
　51, 69, 102~104, 222~223, 225, 285

포퍼, 칼(Karl Popper) 39

프리단, 베티(Betty Friedan) 263

프리드먼, 토머스(Thomas Friedman) 240

피퍼, 요제프(Josef Pieper) 252

피퍼, 요제프(Josef Pieper)

후쿠야마, 프랜시스(Francis Fukuyama) 19

휘그당(영국) 40, 78

휘트먼, 월트(Walt Whitman) 9

흄, 데이비드(David Hume) 229

흑인연합대학기금
(United Negro College Fund) 203

ㅎ

하디, 토마스(Thomas Hardy) 63

하버마스, 위르겐(Jürgen Habermas) 127

하벨, 바츨라프(Vaclav Hável) 131

하이더, 외르크(Jörg Haider) 53~55, 60

하츠, 루이스(Louis Hartz) 39

해크니, 셸던(Sheldon Hackney) 219

허드슨 리버 스쿨
(The Hudson River School) 209

험프리, 허버트(Hubert Humphery) 179

헤겔(G.W.F. Hegel) 15, 28, 218

현명한 유권자 프로젝트
(Project Vote-Smart) 156

호로위츠, 사라(Sara Horowitz) 238

호칠드, 앨리 러셀(Arlie Russell Hochschild) 242

홉스, 토마스(Thomas Hobbes) 172

환경 단체 83

영문

CNN 17

KKK(Ku Klux Klan) 58, 103

MTV 138, 179, 208

UPS(United Parcel Service) 257